岭南建筑文化与美学丛书·第一辑

唐孝祥 主编

近代广东侨乡民居文化比较

郭焕宇 著

中国建筑工业出版社

图书在版编目（CIP）数据

近代广东侨乡民居文化比较/郭焕宇著.—北京：中国建筑工业出版社，2022.12
（岭南建筑文化与美学丛书/唐孝祥主编. 第一辑）
ISBN 978-7-112-28156-5

Ⅰ.①近… Ⅱ.①郭… Ⅲ.①侨乡—文化—广东—近代 Ⅳ.①D634.1

中国版本图书馆CIP数据核字（2022）第219837号

本书以跨学科交叉综合的研究方法建立研究框架，围绕近代广府、潮汕和客家侨乡民居文化展开比较研究，充分展示近代广东侨乡民居文化的多样性及其发展动因的独特性，改变了人们对侨乡民居文化较为笼统的认知印象。侨汇经济是近代广东侨乡民居建设的根本基础，影响和改变了近代广东侨乡民居的建设规模和发展进程，呈现出广府民系、潮汕民系和客家民系的可比性和差异性。对于近代广东侨乡宗族组织及其结构的变化，从社会结构体系、社会结构层次、社会结构要素层面进行比较可知，近代广东侨乡民居空间格局和空间功能的演化具有民系多样性和差异性。近代广东侨乡的本土传统文化与海外华侨文化相互接触、碰撞、交流与融合，形成侨乡三大民系既相近又相异的人文品格，从而促进了侨乡民居形态演化，塑造了侨乡民居丰富多样的审美文化特征。

本书适合相关专业高校师生、科研院所及从业人员购买阅读。

责任编辑：唐　旭
文字编辑：陈　畅
责任校对：孙　莹

岭南建筑文化与美学丛书·第一辑
唐孝祥　主编
近代广东侨乡民居文化比较
郭焕宇　著

*

中国建筑工业出版社出版、发行（北京海淀三里河路9号）
各地新华书店、建筑书店经销
北京锋尚制版有限公司制版
北京云浩印刷有限责任公司印刷

*

开本：787毫米×1092毫米　1/16　印张：16¾　字数：342千字
2022年12月第一版　2022年12月第一次印刷
定价：76.00元
ISBN 978-7-112-28156-5
（40264）

版权所有　翻印必究
如有印装质量问题，可寄本社图书出版中心退换
（邮政编码100037）

序

岭南一词，特指南岭山脉（以越城、都庞、萌渚、骑田和大庾之五岭为最）之南的地域，始见于司马迁《史记》，自唐太宗贞观元年（公元627年）开始作为官方定名。

岭南文化，历史悠久，积淀深厚，城市建设史凡两千余年。不少国人艳羡当下华南的富足，却失语于它历史的馈赠、文化的滋养、审美的熏陶。泱泱华夏，四野异趣，建筑遗存，风姿绰约，价值丰厚。那些蕴藏于历史长廊的岭南建筑审美文化基因，或称南越古迹，或谓南汉古韵，如此等等，自成一派又一脉相承；至清末民国，西风东渐，融东西方建筑文化于一体，促成岭南建筑文化实现了从"得风气之先"到"开风气之先"的良性循环，铸塑岭南建筑的文化地域性格。改革开放，气象更新，岭南建筑，独领风骚。务实开放、兼容创新、世俗享乐的岭南建筑文化精神愈发彰显。

岭南建筑，类型丰富、特色鲜明。一座座城市、一个个镇村，一栋栋建筑、一处处遗址，串联起岭南文化的历史线索，表征岭南建筑的人文地理特征和审美文化精神，也呼唤着岭南建筑文化与美学的学术探究。

建筑美学是建筑学和美学相交而生的新兴交叉学科，具有广阔的学术前景和强大的学术生命力。"岭南建筑文化与美学"丛书的编写，旨在从建筑史学和建筑美学相结合的角度，并借鉴社会学、民族学、艺术学等其他不同学科的相关研究新成果，探索岭南建筑和聚落的选址布局、建造技艺、历史变迁和建筑意匠等方面的文化地域性格，总结地域技术特征，梳理社会时代精神，凝练人文艺术品格。

我自1993年从南开大学哲学系美学专业硕士毕业后来华南理工大学任教，便开展建筑美学理论研究，1997年有幸师从陆元鼎教授攻读建筑历史与理论专业博士学位，逐渐形成了建筑美学和风景园林美学两个主要研究方向，先后主持完成国家社会科学基金项目、国际合作项目、国家自然科学基金项目共4项，出版有《岭南近代建筑文化与美学》《建筑美学十五讲》等著（译）作12部，在《建筑学报》《中国园林》《南方建筑》《哲学动态》《广东社会科学》等重要期刊公开发表180多篇学术论文。我主持并主讲的《建筑美学》课程先后被列为国家级精品视频课程和国家级一流本科课程。经过近30年的持续努力逐渐形成了植根岭南地区的建筑美学研究团队。其中在"建筑美学"研究方向指导完成40余篇硕士学位论文和10余篇博士学位论文，在团队建设、人才培养、成果产出等方面已形成一定规模并取得一定成效。为了进一步推动建筑美学研究的纵深发展，展现团队研究成果，以"岭南建筑文化与美学丛书"之名，分辑出版。经过统筹规划和沟通协调，本丛书首辑以探索岭南建筑文化与美学由传统性向现代性的创造性转化和创新性发展为主题方向，挖掘和展示岭南传统建筑文化的精神内涵和当代价值。第二辑的主题是展现岭南建筑文化与美学由点连线成面的空间逻辑，以典型案例诠释岭南城乡传统建筑的审美文化特征，以比较研究揭示岭南建筑特别是岭南侨乡建筑的独特品格。这既是传承和发展岭南建筑特色的历史责任，也是岭南建筑创作溯根求源的时代需求，更是岭南建筑美学研究的学术使命。

"岭南建筑文化与美学丛书"第一辑共三部，即郭焕宇著《近代广东侨乡民居文化比较》，李树宜著《闽海系建筑彩绘传统匠作文化》和王东著《明清广州府传统村落空间审美维度》。

本辑丛书的出版得到华南理工大学亚热带建筑科学国家重点实验室的资助，特此说明并致谢。

是为序！

唐孝祥

教授、博士生导师

华南理工大学建筑学院

亚热带建筑科学国家重点实验室

2022年3月15日

前言

近代广东侨乡民居文化是广东传统民居文化乃至中国近代侨乡建筑文化和中国传统建筑文化的重要内容,生动展示了近代中国波澜壮阔的"古今中西之争"文化背景下的侨乡文化演进图景。侨汇、侨房、侨眷是侨乡形成的基本条件,也是形成侨乡民居文化的主要因素。本书借鉴文化地理学等相关研究成果,以近代广东侨乡民居文化为研究对象,划分出广府侨乡民居文化区、潮汕侨乡民居文化区和客家侨乡民居文化区,并就此展开比较研究。

本书以建筑史学和建筑美学为理论基础,借鉴社会学、人类学等人文社会科学的成果及方法,通过田野调查获取案例素材,以交叉综合的理论研究方法,搭建研究框架,揭示基于侨乡独特的侨汇经济、社会结构、人文品格而形成的近代广东侨乡民居文化的多样性和丰富性,探索近代时期的广东侨乡地区中经济、社会、人文动因要素与民居建筑文化活动之间复杂多变的互动关系。

首先,近代广东侨乡侨汇经济是广大华侨家庭的主要经济来源,从根本上改变了侨乡生产生活方式,改变了近代广东侨乡的建设发展进程。

近代广东侨乡的侨汇流向表征了侨乡聚落的分布情况。对应于侨汇资金汇兑网络结构,侨汇流向表现为近交通、近港口、近城镇的空间分布特征。比较而言,广府侨乡因商业联系而形成墟镇与乡村高度集成、集中分布的村镇组团,潮汕侨乡因传统村落扩张形成大型的聚落组团,客家侨乡因地形限制而导致侨乡聚落分散性地分布。在时间维度上,侨汇经济起伏波动,导致广东侨乡民居及聚落建设经历了初兴发展期、繁荣全盛期、低潮衰落期三个发展阶段,而区域性的经济条件差异使得广府、潮汕、客家民系侨乡在各阶段建设规模有所不同。在具体的侨汇资金利用及民居建设模式方面,潮汕和客家侨乡以个人或家庭为单位的独资建设模式作用突出,广府侨乡则以联合个人集资、合股经营的合资建设模式为主导实现聚落发展。

其次,近代广东侨乡社会结构的巨大变迁必然导致生活居住需求变化,促使侨乡民居的空间格局和空间功能演化。

从近代广东侨乡的社会结构体系分析,侨乡多重社会关系网络扩张,导致侨乡聚落空间结构日趋复杂化,各类新式建筑成为聚落内、外的空间节点,令聚落生活重心和聚落空间格局重心发生变化。从侨乡社会结构层次分析,侨乡村落宗族结构加速析分,侨乡民居的空间格局和空间功能随之演化。相比而言，广府侨乡形成邻里街坊式格局，潮汕侨乡则由传统的单一格局，演化为多向度发展格局，客家侨乡聚落的析居现象加快，在整体延续宗族关系的同时，局部形成侨房组团的聚居格局。从近代广东侨乡的社会结构要素分析，华侨家庭的类型、结构、社会功能的变化，导致侨乡民居功能演化，在广府、潮汕、客家侨乡三地则表现相殊，特色各异。

再者，近代广东侨乡人文品格的形成，经历了侨乡本土传统文化与海外华侨文化的接触、碰撞、交流与融合过程，促进了侨乡民居形态演化，塑造了侨乡民居丰富多样的审美文化特征。

近代广东侨乡民居，受侨居地建筑文化影响，在材料技术的革新改进、建筑符号的诠释运用、空间形态的渐进发展以及装饰语言的中外结合等方面，呈趋同演化的趋势。而中外文化交流融合的层次及程度差异，导致广府、潮汕、客家侨乡民居形态演化方式各异。广府侨乡以"合流式"，实现了中外建筑文化的创新性实质融合；潮汕侨乡则以"吸纳式"，通过本土文化吸纳外来文化，实现整合性的有限融合；客家侨乡的"嵌入式"，表现为对外来建筑语言尝试性的借鉴融合。在民系文化格局下，侨乡文化精神的多样性，塑造了近代广东侨乡民居丰富多样的审美文化特征。广府民系开放精神下的侨乡民居表现为世俗化、商品化和个性化的特征；潮汕民系双重性格下的侨乡民居体现出博采众长与复古更化、尊儒崇礼与重商炫富、宏大叙事与精益求精并存的特征；客家民系崇古心态下的侨乡民居显示出回归乡土、宗族崇拜，光宗耀祖、垂裕后昆，进退两宜、尝试创新的特征。

目录

序

前言

第1章 近代广东侨乡民居文化研究的回顾与反思   001
  1.1 研究背景和研究价值   002
    1.1.1 研究背景   002
    1.1.2 研究价值   003
  1.2 多学科视野下的研究综述   004
    1.2.1 侨乡研究视野中的民居研究概述   004
    1.2.2 民居研究视野中的侨乡民居   007
    1.2.3 近代广东侨乡民居文化研究述评   010
  1.3 研究框架   011
    1.3.1 研究对象   011
    1.3.2 研究内容   012
    1.3.3 研究方法   013
    1.3.4 研究目标   014
  1.4 小结   015

第2章 近代广东侨乡民居的文化成因与空间分布区划   017
  2.1 广东汉族民系文化的区划比较   018
    2.1.1 广府、潮汕、客家民系文化区   018
    2.1.2 广府、潮汕、客家民系文化比较   020
  2.2 宗族文化的民系区划比较   021
    2.2.1 宗族制度体系下的聚居传统   022
    2.2.2 传统民居表征的宗族结构要素比较   025
    2.2.3 传统聚落表征的宗族结构比较   030

2.3	移民文化的民系区划比较	**033**
	2.3.1 华侨移民海外的传统及动因比较	033
	2.3.2 华侨移民的类型与收入比较	034
	2.3.3 海外侨居地的社情文化比较	035
	2.3.4 海外侨居地建筑文化比较	037
2.4	近代广东侨乡民居文化的空间区划	**043**
	2.4.1 广东侨乡的形成及分布	043
	2.4.2 广府、潮汕、客家民系侨乡民居文化区的划分	044
2.5	本章小结	**046**

第3章 基于侨乡侨汇经济的近代广东侨乡民居分布与建设比较　047

3.1	侨汇流布表征侨乡聚落的空间分布特征	**048**
	3.1.1 侨汇网络的建构	048
	3.1.2 侨乡聚落分布的共性特征	050
	3.1.3 侨乡聚落分布的个性特征	060
3.2	侨汇波动影响下侨乡民居及聚落的阶段建设	**064**
	3.2.1 初兴发展期	065
	3.2.2 繁荣全盛期	067
	3.2.3 低潮衰落期	070
3.3	侨汇利用不同导致侨乡民居建设模式差异	**073**
	3.3.1 侨汇的建设成就	073
	3.3.2 广府侨乡以合股经营模式为主导	076
	3.3.3 潮汕和客家侨乡以独资建设模式为主导	084
3.4	本章小结	**092**

第4章 基于侨乡社会结构的近代广东侨乡民居格局与功能比较　093

4.1	侨乡社会关系网络扩张导致侨乡空间联系复杂化	**094**
	4.1.1 空间层次结构的多层级特征	095
	4.1.2 空间网络结点的多样性特征	096
	4.1.3 空间关系网络的多重性特征	102
4.2	侨乡宗族结构加速分化促使民居格局演化	**103**
	4.2.1 广府：地缘关系主导下邻里街坊式格局的发展	104
	4.2.2 潮汕：侨商阶层崛起与多向度格局的发展	114

	4.2.3	客家：基于宗族关系与华侨身份建立民居组团	124
4.3	**华侨家庭变化影响居住功能演化**		**133**
	4.3.1	家庭类型变化与居住功能的异国互动特征	133
	4.3.2	家庭结构变化与增强居住独立性的不同形式	138
	4.3.3	家庭社会功能变化与居住地点的差异变化	147
4.4	**本章小结**		**151**

第5章　基于侨乡人文品格的近代广东侨乡民居形态与审美比较　153

5.1	**侨居地建筑文化推动侨乡民居形态演化的趋势**		**154**
	5.1.1	材料技术革新改进	154
	5.1.2	建筑符号诠释运用	159
	5.1.3	空间形态渐进发展	164
	5.1.4	装饰语言中外结合	175
5.2	**中外文化交流的差异性导致民居形态演化方式不同**		**178**
	5.2.1	中外文化交流的"势差"比较	179
	5.2.2	广府：中外文化的"交融式"融合	181
	5.2.3	潮汕：本土文化的"吸纳式"融合	190
	5.2.4	客家：外来文化的"嵌入式"融合	201
5.3	**侨乡文化精神不同导致近代广东侨乡民居审美特征差异**		**209**
	5.3.1	广府：开放精神下侨乡民居的审美特征	209
	5.3.2	潮汕：双重性格下侨乡民居的审美特征	214
	5.3.3	客家：崇古心态下侨乡民居的审美特征	222
5.4	**本章小结**		**228**

附录　本研究田野调查清单　231

参考文献　251

后记　257

第1章 近代广东侨乡民居文化研究的回顾与反思

1.1 研究背景和研究价值

1.1.1 研究背景

近代中国百年声势浩大、波澜壮阔的华人移民风潮，在世界移民史上书写了浓重的一笔。广东地处华南，中外文化交流的前沿，输出移民占海外华侨华人总数的3/4左右，成为最重要的近代侨乡省份。

中国近代侨乡建设的发展与当时政府大力地推动和外来殖民因素的渗透有关。同时，侨乡民间所迸发的力量更需珍视。其一，民间侨汇资金输入促使侨乡建设快速发展；其二，华侨家庭变化形成华侨及侨眷阶层，侨乡社会结构巨变；其三，华侨与侨乡的动态联系，令外来文化的民间传播更为深广。海外华侨产生的决定性影响作用，令侨乡社会文化的发展过程极具特殊性。在各种内外动因作用下，近代广东各地侨乡率先进入早期现代化的进程，建筑文化跨越式发展，丰硕成就引人注目。近代侨乡民居可谓璀璨辉煌的中国民居文化之林中盛开的一朵奇葩，见证了中外文化交流史，反映了近代广东建筑变迁的独特现象。

我国历史文化的根基在农村，广大乡村是物质文化遗产和非物质文化遗产的宝库。在近年传统建筑文化的保护、传承与发展问题备受关注的时代背景下，基于文化多样性和重要性原则开展的传统村落调查、保护和改善工作正在全面推进。自开平碉楼申遗成功距今已10余年，侨乡建筑以其独特的历史风貌和人文价值而蜚声海内外，粤、闽、台、琼、桂、滇等地侨乡民居作为中国近代建筑史不可或缺的重要内容，相关研究已由点及面，大为拓展。

"侨乡民居"在学界既已作为研究对象而单独提出，其形成和发展过程有何独特之处？这是我们首先需要思考的重要问题。一方面，人文社会科学领域对华侨华人研究不断深化和扩展，已充分意识到包括民居文化现象在内的侨乡文化的独特性、重要性和丰富性；而另一方面，建筑学研究领域对此认识有限，以致人们关注侨乡民居，却极易将之湮没于或等同于一般近代建筑类型的特征研究，虽突出了侨乡民居作为近代建筑在实现早期现代化过程中的一般规律，但忽视了侨乡侨汇经济、社会结构、人文品格影响下民居演化的独特性。

进入广东侨乡的研究视野，汉族民系现象突出，广府、潮汕和客家地区的侨乡民居文化因此而形成差异格局。由于量大面广、方言独特、史料缺失等诸多原因，潮汕侨乡和客家侨乡民居研究未及广府的江门五邑侨乡民居研究全面和深入；而不少侨乡民居形制传统，大大降低了人们对两地侨乡民居现象普遍度的关注，仅仅重点围绕某些"洋楼"个案的独立研究，显然不利于整体性地把握各民系侨乡民居文化特征，更无法显示侨乡民居时空分布的规律和特征。

同时更需思考的是，近代广东侨乡民居文化发展，在经历独特的"早期现代化"的过程中，必然呈现建筑文化渐趋相似的倾向，但从广大侨乡村落的民居建筑特征来看，仍显示出明显的民系差异。那么，侨乡民居文化的民系差异具体表现在哪些方面？造成民居差异演化的关键动因有哪些？关键动因与侨乡民居差异演化的相关作用机制又是怎样的？

综合上述疑问，如何从整体上认识近代广东侨乡民居文化独特的发展规律，并从局部区分其民系差异，把握民居文化特征，成为我们研究工作亟待探讨的两大重点问题。

1.1.2 研究价值

1.1.2.1 学术价值

本书研究采用多学科交叉综合的研究方法，将建筑现象的静态描述与人文社会科学的动态研究充分结合，一方面在整体上揭示广东侨乡民居文化的演进动因及演进规律，系统揭示侨乡侨汇经济、社会结构、人文品格对侨乡民居的塑造机制；另一方面，关注于近代广东侨乡民居文化演进过程的内在差异性，实现广府、潮汕和客家侨乡民居文化的归纳比较。

第一，从"侨乡侨汇经济—侨乡民居分布及建设"的角度解读，研究侨汇对侨乡民居建设发展的作用，可以较为清晰地把握近代广东侨乡民居的时空分布情况。针对目前学界对侨乡建筑的关注重点限于局部地区和个别建筑，重点突出而全貌模糊的现状，探究侨汇经济与侨乡建设发展之间的作用关系，厘定近代广东侨乡民居在广府、潮汕和客家民系地区的数量规模、时空分布规律及其民系差异性，将使现有研究的关注对象由点到面，由局部到整体，由城镇到乡村，形成统一体系。

第二，从"侨乡社会结构—侨乡民居格局及功能"的角度解读，寻找侨乡社会结构与侨乡民居建筑及聚落空间内部结构的对应关系及内在联系，揭示侨乡社会变迁的重要作用，实现社会学理论及方法在侨乡建筑研究领域的应用。侨乡民居的变迁，聚落内在秩序的调整，乃是华侨及侨眷阶层在家庭及社会骤变之际而产生的策略性回应。将建筑形态与聚落形态视为社会结构的表征，有利于以社会结构为匙，从"社会—空间"角度解读侨乡民居及聚落功能、格局的变迁。

第三，从"侨乡人文品格—侨乡民居形态及审美"角度解读，基于民系文化和海外文化及其影响的差异性特征，比较研究并揭示近代广东侨乡民居建筑层次多样的文化特征。展开比较分析有助于改变目前人们对于侨乡建筑风貌"中西合璧"形态特征的单一笼统的认识，真实而具体地展现广东多民系侨乡民居文化多样发展的历史现实。

1.1.2.2 实践价值

第一,为基于文化多样性原则和文化重要性开展近代侨乡民居建筑保护工作提供依据。在城乡建设大潮中,因数量庞大、历史晚近,近代历史建筑一直处于较为尴尬的境地,拆迁抑或保护,时常成为社会关注和争论的焦点。侨乡民居建筑的艺术价值、历史价值、文化价值何在?如何保护?如何延续其存在的生命力?本研究为真实、完整地保存保护近代侨乡民居建筑及聚落文化,延续和发展其中的优秀品质提供依据。

第二,为福建侨乡建筑文化的研究提供学术参考。广东和福建为近代中国最重要的两个华侨省份。作为构成南方五大民系区的毗邻省份,两地不仅存有文化渊源的相似性,还具有文化互动的关联性。本研究可为福建侨乡建筑文化的研究提供学术参考。

第三,近代中外文化交流视野中的侨乡建筑文化研究,对于现当代全球化背景下建筑文化的交流及研究具有一定的启发性和参照性。现当代中外建筑文化交流的程度和范围更为深广、内容更为丰富,国内一度产生类似于近代侨乡移植西方建筑文化的现象。本研究紧密结合近代广东侨乡的社会现实,分析了侨乡建筑文化产生、发展、兴盛直至衰退的社会文化动因,对于研究现当代建筑文化的发展演变具有参考意义。

1.2 多学科视野下的研究综述

1.2.1 侨乡研究视野中的民居研究概述

近年来,学界关于"侨乡"的概念、侨乡的形成和发展、地方侨史的编撰、海外华侨的研究等方面取得了大量可喜的成果,侨乡研究呈现由史到论,学科视野逐步扩大的良好态势。第一,由侧重关注经济层面的侨汇资金流动现象,扩展至文化本质及成因的研究;第二,不断借鉴和吸收当前国际学术界的前沿成果,以多学科的研究方法展开研讨,改变以往对侨乡社会变迁"传统—现代""中国—西方"的二元解释,更好地揭示了侨乡社会文化变迁和发展的复杂性、多样性;第三,由史到论,基于田野调查挖掘物质文化景观背后深层的社会动因和价值观念;第四,侨乡研究更为务实,紧扣时代脉搏。对于移民输出带来或积极或负面的影响能加以客观分析,对经济全球化背景下侨乡特征的转变事实予以理性分析。

在充分借鉴历史学、人类学、社会学、经济学等多学科理论及方法进行交叉研究的基础上,侨乡研究涌现了一批"观点新颖、视角独特、内容广泛、价值重大"的研究专题,形成若干"特色鲜明、成果集中的领域"。[①]侨乡建筑的专题性研究日益引起各学

---

① 石坚平. 近年来广东侨乡研究述评[J]. 五邑大学学报(社会科学版),2010,05: 15-19.

科学者的重视。经济、历史、社会、文化等学科的研究进展，为建筑研究提供了非常宝贵的资料和有益的启示。

1.2.1.1 侨汇经济发展与侨乡民居

侨汇经济一直是研究的热点。20世纪80、90年代的《近代华侨投资国内企业史资料选辑 广东卷》①《近代广东省侨汇研究 1862-1949——以广、潮、梅、琼地区为例》②《近代广东侨汇研究》③等论著，以及近年的《四邑侨批与潮汕侨批之比较》④《"四邑侨汇为粤省冠"说辨析》⑤等文，对侨汇经济进行了系统性的基础研究，较为全面系统地分析并比较了广东各地侨汇资金的来源、数额、用途、阶段变化等问题。研究者均注意到海外侨汇主要来源于东南亚和美洲国家两大地区，并注意比较二者的区别。广东各地侨汇差异也十分明显，特别是用于房屋建设及房地产投资的资金数额比较、阶段性变化等，对于厘清侨乡建设的时空分布规律及特征具有重要意义。

近年随着侨批银信历史档案的不断发掘整理，关于侨批银信形成发展过程及其运作机制、侨汇对侨乡的具体影响作用等问题的研究更为深入和具体，如《五邑银信的缘起、特征及其档案文献价值》⑥《从银信看"开平碉楼与村落"》⑦《媲美徽州文书的跨国民间文献——五邑银信》⑧《近代华侨汇款与侨批业的经营——以潮汕地区的研究为中心》⑨《潮帮批信局与侨汇流通之发展初探》⑩《粤东客家山村的水客、侨批与侨乡社会——以民国时期大埔县百侯村为个案》⑪《侨批分析：近代韩江流域"侨乡"的形成》⑫等。见微知著，侨批、银信作为历史档案具有重要的文献价值，使我们得以从微观层面具体了解华侨家庭及个人在近代社会大环境下的个体行为，探析侨乡建设活动中侨汇资金的汇兑及运用、营建制度及营建活动组织的变迁等问题。

1.2.1.2 侨乡社会变迁与侨乡民居

多年以来，广东高校及其他科研院所学者以田野调研为基本方法，长期观察和研究

---

① 林金枝，庄为玑. 近代华侨投资国内企业史资料选辑 广东卷[M]. 福州：福建人民出版社，1989.
② 夏诚华. 近代广东省侨汇研究 1862-1949——以广、潮、梅、琼地区为例[M]. 新加坡：新加坡南洋学会，1992.
③ 林家劲，等. 近代广东侨汇研究[M]. 广州：中山大学出版社，1999.
④ 麦国培. 四邑侨批与潮汕侨批之比较[J]. 五邑大学学报（社会科学版），2005，02：34-36.
⑤ 刘进. "四邑侨汇为粤省冠"说辨析[J]. 五邑大学学报（社会科学版），2005，04：40-43.
⑥ 刘进. 五邑银信的缘起、特征及其档案文献价值[J]. 广东档案，2008，5.
⑦ 刘进. 从银信看"开平碉楼与村落"[J]. 中国档案，2009，03：14-17.
⑧ 刘进. 媲美徽州文书的跨国民间文献——五邑银信[J]. 五邑大学学报（社会科学版），2010，01：7-10.
⑨ 陈春声. 近代华侨汇款与侨批业的经营——以潮汕地区的研究为中心[J]. 中国社会经济史研究，2000，04：57-66.
⑩ 马楚坚. 潮帮批信局与侨汇流通之发展初探[J]. 韩山师范学院学报，2008，02：1-9.
⑪ 肖文评. 粤东客家山村的水客、侨批与侨乡社会——以民国时期大埔县百侯村为个案[J]. 汕头大学学报（人文社会科学版），2008，04：89-93，96.
⑫ 陈春声. 侨批分析：近代韩江流域"侨乡"的形成[A]. 中国社会史学会. 民间文献与地域中国研究[C]. 中国社会史学会，2006：52.

侨乡村镇的社会发展情况。广东省内除广州各大高校外，另外还有广府地区的五邑大学，潮汕地区的汕头大学，客家地区的嘉应学院等地方院校以及科研院所，这些科研单位保持了长久而密切的海外联系，具有天然的地缘和语言优势，对侨乡社情民意的理解透彻，体会深刻，尤以历史学、人类学、社会学角度展开的社会调研成果丰富。

侨乡独特社会结构、社会关系的形成是孕育产生侨乡独特社会文化风貌的基础。

有关华南宗族问题的探讨早在20世纪初已引起学者重视，且一直是人类学、社会学学者关注的重点。如《当代华南的宗族与社会》[①]《中国东南的宗族组织》[②]《"众人太公"和"私伙太公"——从珠江三角洲的文化设施看祠堂的演变》[③]《族谱：华南汉族的宗族·风水·移居》[④]《明清珠江三角洲家族制度的初步研究》[⑤]《世族与豪强大族之辨：明清之际潮州的宗族与社会》[⑥]《聚落形态与社会转型：明清之际韩江流域地方动乱之历史影响》[⑦]《徽州和珠江三角洲宗法制比较研究》[⑧]等著述。清代以来华侨社会关系的建立，与宗族社会关系的变迁是广东侨乡社会发展的两条主要线索，而两者之间交错重叠、互为牵制和作用的关系，又使得我们必须抽丝剥茧，方能从中发现相关的线索。

海外华侨社会与国内的侨乡社会始终保持千丝万缕的联系。郑一省探讨了"多重网络的内容、结构及其在华侨华人与闽粤侨乡互动关系中的作用。"[⑨]《清代闽粤侨眷家庭的变化》[⑩]《南洋华侨与闽粤社会》[⑪]等研究注意到社会单元家庭的变化，即华侨家庭及华侨阶层出现后导致侨乡社会变迁的现象。

以侨乡民居作为研究对象来看，基于社会关系而建立的侨乡聚落，基于家庭使用要求而出现的民居单元，表征社会结构及社会关系并与之同构。上述研究成果虽未以民居为直接的研究对象，但是可以帮助我们了解侨乡民居建设的社会动因及产生侨乡民居文化的社会机制。

1.2.1.3 侨乡文化的多样性与侨乡民居

侨乡文化现象背后本质特征的挖掘亦是研究的重点。三大民系侨乡文化的差异化表现已引起人们的关注，而多学科视野下的交叉综合研究也进一步推动了近代侨乡精神文

---

① 周大鸣，等. 当代华南的宗族与社会[M]. 哈尔滨：黑龙江人民出版社，2003.
② （英）莫里斯·弗里德曼. 中国东南的宗族组织[M]. 刘晓春，译. 上海：上海人民出版社，2000.
③ 陈忠烈. "众人太公"和"私伙太公"——从珠江三角洲的文化设施看祠堂的演变[J]. 广东社会科学，2000，01.
④ （日）濑川昌久. 族谱：华南汉族的宗族·风水·移居[M]. 钱杭，译. 上海：上海书店出版社，1999.
⑤ 科大卫. 明清珠江三角洲家族制度的初步研究[M]. 清史研究通讯，1988.01.
⑥ 黄挺. 世族与豪强大族之辨：明清之际潮州的宗族与社会[A]. 传统中国研究集刊（第六辑）[C]. 2009：13.
⑦ 陈春声，肖文评. 聚落形态与社会转型：明清之际韩江流域地方动乱之历史影响[J]. 史学月刊，2011，02：55-68.
⑧ 叶显恩. 徽州和珠江三角洲宗法制比较研究[J]. 中国经济史研究，1996，04：3-11.
⑨ 郑一省. 多重网络的渗透与扩张：华侨华人与闽粤侨乡互动关系的理论分析[J]. 华侨华人历史研究，2004，01.
⑩ 孙谦. 清代闽粤侨眷家庭的变化[J]. 南洋问题研究，1996，03.
⑪ 陈达. 南洋华侨与闽粤社会[M]. 北京：商务印书馆，2011.

化的挖掘。

司徒尚纪等人有关岭南人文地理的研究，特别是关于广东民系文化区划分问题的探讨，提出民系文化核心区、文化亚区，以及华侨文化区等概念，包括《岭南历史人文地理——广府、客家、福佬民系比较研究》《广东文化地理》《广东华侨文化景观及其地域分异》[①]等，为我们界定华侨民居文化区提供了理论支持和研究基础。

《华侨：侨乡社会经济与文化发展的强大动力——"台山第一侨乡"端芬镇的调查之一》显示了广府侨乡消费文化的繁荣局面；《从沈氏〈家传〉和〈祠堂记〉看早期潮侨的文化心态》[②]，反映出海外潮商对传统儒家文化的持守；有关客家研究的有房学嘉的《梅县丙村温氏宗族生计的历史变迁》《从梅县松口民间谱牒资料看宗族族神的再造》《客家村落文化管窥：以梅县丙村镇温家围龙屋为例》《从民居建构看移民文化：以粤东梅州围龙屋为重点分析》等论文。不少研究成果虽未以侨乡问题的讨论为专题，但其内容却多涉及侨乡民居文化的变迁，使得我们能够多角度、全方位地了解侨乡民居文化。

此外，部分侨乡地区典型聚落的研究已形成较为深入的成果。如广府地区的《凤浦古今：黄埔村与古黄埔港》[③]，潮汕地区的《中国名村——广东前美村》[④]，客家地区的《中国名村——广东茶山村》[⑤]，其研究内容涉及乡村的地理环境、民俗文化、人文传统、民居聚落等，反映了较为全面的学科视野。

总之，以张国雄、梅伟强、刘进、谭金花等为代表的对近代五邑侨乡的研究，以陈春声、王炜中、黄挺等为代表的对近代潮汕侨乡的研究，以及以房学嘉、肖文评、肖文燕等为代表对近代梅州客家侨乡的研究，均体现出对近代广东侨乡内部不同侨乡地域文化差异性的关注。[⑥]展开三大民系侨乡文化特别是民居文化的综合比较研究，已具有较为成熟的研究基础。

1.2.2 民居研究视野中的侨乡民居

1.2.2.1 南方汉族民系民居的研究

广东侨乡民居建筑，是省内广府、潮汕、客家民系传统民居在特定历史条件下的衍化产物，与之相关的研究，首先是南方汉族民系传统民居研究成果的积累。

自刘敦桢教授等建筑史学家开始民居建筑的调查研究以来，我国各地的民居建筑文

---

① 许桂灵，司徒尚纪. 广东华侨文化景观及其地域分异[J]. 地理研究，2004，03：411-421.
② 黄挺. 从沈氏《家传》和《祠堂记》看早期潮侨的文化心态[J]. 汕头大学学报，1995，04：89-94，87.
③ 广州华侨研究会等. 凤浦古今：黄埔村与古黄埔港[M]. 广州：广州出版社. 2011.
④ 罗杨. 中国名村——广东前美村[M]. 北京：知识产权出版社，2012.
⑤ 同上.
⑥ 石坚平. 近年来广东侨乡研究述评[J]. 五邑大学学报（社会科学版），2010，05：15-19.

化研究积累了大量成果。其中包括中国东南汉族五大民系——广府系、客家系、闽海系、湘赣系及越海系民居建筑的相关研究,如《福建民居》[①]《湘西民居》[②]《中国民居建筑》[③]等专著。近年单纯的建筑学调研已逐步扩展为结合社会学、人类学、历史学、文化学、美学等学科理论的交叉综合研究,成果如《客家聚居建筑研究》[④]《中国东南系建筑区系类型研究》[⑤]《闽海系民居建筑与文化研究》[⑥]等,《越海民系民居建筑与文化研究》[⑦]《广府民系民居建筑与文化研究》[⑧]《湘赣民系民居建筑与文化研究》[⑨]《岭南人文、性格、建筑》[⑩]《中国客家建筑文化》[⑪]《广东民居》[⑫]《围龙屋建筑形态的图像学研究》[⑬]《岭南近代建筑文化与美学》[⑭]《祖先之翼——明清广州府的开垦、聚族而居与宗族祠堂的衍变》[⑮]《珠江三角洲广府民系祠堂建筑研究》[⑯]《清代归善县客家围屋研究》[⑰]《桥溪——华南乡土建筑研究报告》[⑱]《梅县三村》[⑲]等专著及博士学位论文。再如《岭南建筑丛书》(第1辑)(第2辑)[⑳㉑],岭南建筑经典丛书岭南民居系列等。[㉒]

这些著述关注于南方汉族民居,呈现基于民系区划把握研究对象的研究思路。

1.2.2.2 侨乡民居文化的专题性研究

在多数有关中国近代建筑历史与文化研究的著述中,多将侨乡建筑、侨乡民居建筑作为重要内容和独特现象予以分析。在近代中国激烈动荡、复杂多元的社会背景下,侨乡民居印证了由民间力量自发主导的文化交流、文化变迁及演化过程,具有其独特的文化重要性。杨秉德认为,早期西方建筑对中国近代建筑产生影响的三条渠道,包括教会传教渠道影响下形成的教会建筑、早期通商渠道影响下形成的殖民式建筑,以及民间传

---

① 高珍民,等. 福建民居[M]. 北京:中国建筑工业出版社,1987.
② 何重义. 湘西民居[M]. 北京:中国建筑工业出版社,1995.
③ 陆元鼎. 中国民居建筑[M]. 广州:华南理工大学出版社,2003.
④ 潘安. 客家民系与客家聚居建筑[M]. 北京:中国建筑工业出版社,1998.
⑤ 余英. 中国东南系建筑区系类型研究[M]. 北京:中国建筑工业出版社,2001.
⑥ 戴志坚. 闽海系民居建筑与文化研究[M]. 北京:中国建筑工业出版社,2003.
⑦ 刘定坤. 越海系民居建筑与文化研究[D]. 广州:华南理工大学,2000.
⑧ 王健. 广府民系民居建筑与文化研究[D]. 广州:华南理工大学,2002.
⑨ 郭谦. 湘赣民系民居建筑与文化研究[D]. 广州:华南理工大学,2002.
⑩ 陆元鼎. 岭南人文、性格、建筑[M]. 北京:中国建筑工业出版社,2005.
⑪ 吴庆洲. 中国客家建筑文化[M]. 湖北:湖北教育出版社,2008.
⑫ 陆琦. 广东民居[M]. 北京:中国建筑工业出版社,2008.
⑬ 吴卫光. 围龙屋建筑形态的图像学研究[M]. 北京:中国建筑工业出版社,2010.
⑭ 唐孝祥. 岭南近代建筑文化与美学[M]. 北京:中国建筑工业出版社,2010.
⑮ 冯江. 祖先之翼——明清广州府的开垦、聚族而居与宗族祠堂的衍变[M]. 北京:中国建筑工业出版社,2010.
⑯ 赖瑛. 珠江三角洲广府民系祠堂建筑研究[D]. 广州:华南理工大学,2010.
⑰ 杨星星. 清代归善县客家围屋研究[D]. 广州:华南理工大学,2011.
⑱ 肖旻,林垚广. 桥溪——华南乡土建筑研究报告[M]. 南京:南京大学出版社,2011.
⑲ 陈志华. 梅县三村[M]. 北京:清华大学出版社,2007.
⑳ 陆元鼎,等. 岭南建筑丛书(第1辑)[M]. 北京:中国建筑工业出版社,2005.
㉑ 吴卫光,等. 岭南建筑丛书(第2辑)[M]. 北京:中国建筑工业出版社,2010.
㉒ 陆琦,等. 岭南建筑经典丛书. 岭南民居系列[M]. 广州:华南理工大学出版社,2013.

播渠道影响下形成的近代住宅建筑，①明确指出近代侨乡民居建筑受早期西方建筑影响系以民间传播渠道为载体。《外来建筑文化在岭南的传播及其影响研究》②《岭南建筑的近代化历程研究》③等文均以侨乡民居建筑作为反映岭南近代建筑特征，体现外来建筑文化影响的典型代表而重点分析。

以近代侨乡民居建筑文化为对象的专题性研究，主要集中于近代华侨最多的粤闽两省，其侧重点主要有：一是关于侨乡建筑形成的历史渊源和背景。《近代华侨投资与潮汕侨乡建筑的发展》④《广东开平碉楼历史研究》⑤等论文从侨乡建筑的兴建史、兴建原因等方面进行建筑史的挖掘和探讨。二是某一类型或某一建筑物的建造技术和设计风格分析。对于侨乡建筑中的典型类型，特别是碉楼、骑楼、洋楼等的案例研究较多。专著《开平碉楼——中西合璧的侨乡文化景观》⑥对开平碉楼进行了完整系统的论述，《中西合璧的联芳楼》⑦《中西结合的联辉楼》⑧等文则对兴梅侨乡的典型案例进行详尽分析，还有《从开平碉楼看近代侨乡民众对西方文化的主动接受》⑨《闽南近代骑楼建筑研究》⑩等文，以及数篇硕博士学位论文。三是某一区域侨乡建筑的文化特征研究。专著《岭南近代建筑文化与美学》⑪重点论及近代岭南五邑侨乡、兴梅侨乡、潮汕侨乡的建筑美学特征，并进行比较分析；三篇系列硕士学位论文《试析近代兴梅侨乡建筑的文化精神》⑫《试析近代潮汕侨乡建筑的审美文化特征》⑬《试论近代广府侨乡建筑的审美文化特征》⑭就此展开较为深入的探讨。此外，《近代中西建筑文化碰撞的产物——粤中侨乡民居》⑮《开放、混杂、优生——近代五邑侨乡民居的特色与思考》⑯《析五邑侨乡传统建筑风貌与特色》⑰《粤中的侨乡村落》⑱《粤中侨乡民居设计手法分析》⑲等论文，还有多篇硕士论文如《台山近代城乡建设发展研究（1854—1941）》⑳《广州东山近代独

---

① 杨秉德. 早期西方建筑对中国近代建筑产生影响的三条渠道[J]. 华中建筑, 2005, 01: 159-163.
② 王瑜. 外来建筑文化在岭南的传播及其影响研究[D]. 广州：华南理工大学, 2012.
③ 彭长歆. 岭南建筑的近代化历程研究[D]. 广州：华南理工大学, 2004.
④ 吴妙娴, 唐孝祥. 近代华侨投资与潮汕侨乡建筑的发展[J]. 华南理工大学学报（社会科学版）, 2005, 01: 53-56.
⑤ 杜凡丁. 广东开平碉楼历史研究[D]. 北京：清华大学, 2005.
⑥ 程建军. 开平碉楼——中西合璧的侨乡文化景观[M]. 北京：中国建筑工业出版社, 2007.
⑦ 吴庆洲. 中西合璧的联芳楼[J]. 广东建筑装饰, 1997, 04: 30-33.
⑧ 吴庆洲. 中西结合的联辉楼[J]. 广东建筑装饰, 1998, 02: 30-31.
⑨ 张国雄. 从开平碉楼看近代侨乡民众对西方文化的主动接受[J]. 湖北大学学报（哲学社会科学版）, 2004, 05: 597-602.
⑩ 陈志宏. 闽南近代骑楼建筑研究[J]. 华中建筑, 2006, 11: 189-192.
⑪ 唐孝祥. 岭南近代建筑文化与美学[M]. 北京：中国建筑工业出版社, 2010.
⑫ 赖瑛. 试析近代兴梅侨乡建筑的文化精神[D]. 广州：华南理工大学, 2005.
⑬ 吴妙贤. 试析近代潮汕侨乡建筑的审美文化特征[D]. 广州：华南理工大学, 2006.
⑭ 朱岸林. 试论近代广府侨乡建筑的审美文化特征[D]. 广州：华南理工大学, 2006.
⑮ 陆映春. 近代中西建筑文化碰撞的产物——粤中侨乡民居[J]. 华中建筑, 1999, 01: 142-154.
⑯ 梁晓红. 开放、混杂、优生——近代五邑侨乡民居的特色与思考[J]. 小城镇建设, 2002, 08: 54-56.
⑰ 汤腊芝, 汤小檀. 析五邑侨乡传统建筑风貌与特色[J]. 建筑学报, 1998, 07: 35-37, 67-77.
⑱ 陆映春, 陆映梅. 粤中的侨乡村落[J]. 南方建筑, 1999, 04: 74-76.
⑲ 陆映春, 陆映梅. 粤中侨乡民居设计手法分析[J]. 新建筑, 2000, 02: 47-51.
⑳ 何舸. 台山近代城乡建设发展研究（1854—1941）[D]. 广州：华南理工大学, 2009: 71.

立式居住建筑研究》[①]等，分别就岭南地区某一特定区域的侨乡建筑进行建筑学、美学和文化学分析。关于福建侨乡建筑文化的研究有博士论文《闽南侨乡近代地域性建筑研究》[②]，《闽南侨乡近代地域性建筑文化的比较研究》[③]等成果，主要从建筑学的角度进行分析和研究。四是不同侨乡区域侨乡建筑文化的比较。此类研究成果极少，《近代岭南侨乡建筑的审美文化特征》[④]对广东侨乡建筑的美学特征进行了归纳比较，这一视角转换和方法创新为本研究提供了新的研究观点、思路和方法。《试比较广东侨乡近代建筑审美文化特征》[⑤]《输入与输出：广东侨乡文化特征散论——以五邑与潮汕侨乡建筑文化为中心》[⑥]《碉楼：一个时代的侨乡历史文化缩影——中山与开平碉楼文化的比较和审视》[⑦]等文也进行了可贵尝试。《近代闽南与潮汕侨乡的中西建筑文化博弈》[⑧]《近代粤闽华侨建筑审美心理描述》[⑨]则将研究视野扩大，就粤闽两省的侨乡建筑文化展开综合比较研究。到目前为止，尚未见粤侨乡各民系建筑文化比较研究的专著。五是侨乡建筑的历史文化价值及保护发展对策。《开平碉楼景观的类型、价值及其遗产管理模式》[⑩]《开平碉楼与村落的遗产属性与保护措施》[⑪]等文从形象定位及其规划建设、交通系统建设等诸多方面就保护及开发问题提出了见解。

1.2.3　近代广东侨乡民居文化研究述评

近年来的学术研究表明，第一，目前对历史村落与民居建筑的研究，多关注文化核心区中的典型民居类型，而对文化亚区中的民居，以及文化核心区中的边缘民居类型的形成机制，特别是其与典型民居类型的层次差异性缺乏研究。第二，广东侨乡民居建筑文化的研究尚不全面、系统。现有成果以五邑侨乡较为丰富，而潮汕、兴梅侨乡地区的研究尚局限于某些典型案例。"近代广东侨乡民居"地域分布情况初见轮廓，但尚不具体，广泛的普查亟待开展。第三，学科视野有待拓展。现有论著多从建筑学角度出发，关注民居建筑的平面布局、立面造型、装修装饰等形制特征的静态描述和总结，对于建筑文化源流及文化

---

① 郑加文. 广州东山近代独立式居住建筑研究[D]. 广州：华南理工大学，2008：18-19.
② 陈志宏. 闽南侨乡近代地域性建筑研究[D]. 天津：天津大学，2005.
③ 陈志宏，曾坚. 闽南侨乡近代地域性建筑文化的比较研究[J]. 建筑师，2007，01：72-76.
④ 唐孝祥. 近代岭南侨乡建筑的审美文化特征[J]. 新建筑，2002，05：66-69.
⑤ 赖瑛. 试比较广东侨乡近代建筑审美文化特征[J]. 南方文物，2005，02：52-57.
⑥ 张应龙. 输入与输出：广东侨乡文化特征散论——以五邑与潮汕侨乡建筑文化为中心[J]. 华侨华人历史研究，2006，03：63-69.
⑦ 胡波. 碉楼：一个时代的侨乡历史文化缩影——中山与开平碉楼文化的比较和审视[J]. 学术研究，2007，05：150-155.
⑧ 李岳川，肖磊. 近代闽南与潮汕侨乡的中西建筑文化博弈[J]. 小城镇建设，2013，12：96-100.
⑨ 李岳川. 近代粤闽华侨建筑审美心理描述[J]. 华中建筑，2013，04：152-155.
⑩ 申秀英，刘沛林. 开平碉楼景观的类型、价值及其遗产管理模式[J]. 湖南文理学院学报（社会科学版），2006，04：95-99.
⑪ 张国雄，谭金花. 开平碉楼与村落的遗产属性与保护措施[J]. 文化遗产，2007，01：148-153.

表现特征的动态挖掘相对薄弱。广东侨乡民居建筑丰富多样的社会价值、历史价值、文化价值、艺术价值、审美价值等客观上要求我们进行跨学科交叉综合研究。第四，研究多限于单一建筑或单一地区，基于民系文化背景而展开的侨乡建筑文化比较研究鲜有人问津。

综合而言，以建筑为视点，就经济、社会、人文动因展开侨乡建筑文化综合性系统分析的理论著述十分少见。早在20世纪初，粤闽侨乡的社会学、人类学乡土调研就已先行开展，而建筑学主导的侨乡民居建筑文化的专题研究，则是近十多年的事情，虽在短期内成绩斐然，但相关成果的理论深度和广度与人文社会学科的研究进展相比，仍显滞后和单薄。而且，无论是建筑学科还是其他人文社会科学学科的研究，单一学科针对单一民系的独立研究，固然可以产生具备专业深度和理论价值的科研成果，但随着建筑文化研究工作不断发展，终究需要在此基础上实现量化整合，实现系统化研究体系的构建。因此，充分借鉴经济学、社会学、人类学、文化学等学科领域前人的研究成果及方法，必然有助于建筑学科的研究发展。

作为近代以来中国最主要的侨乡省份，广东省内的广府、潮汕、客家民系具有天然的地缘和文化联系，与之相应生成的侨乡建筑文化景观内涵丰富，同中存异，展开比较研究具有重要的学术价值和现实意义。

1.3 研究框架

1.3.1 研究对象

一般而言，侨乡的范畴，是根据海外移民数量、海外移民与家乡的关系、海外移民对家乡的影响等因素作为标准来进行界定的，并可进一步划分为重点侨乡和一般侨乡。

民居，指广义层面孕育于一个相对稳定的文化或方言区内的以居住功能为主的建筑或建筑群，反映朴素的平民文化和乡土文化，包括建筑单体和聚落两个层次。目前学术界关于侨乡民居建筑的学术界定，客观上存在几种认识和表述的倾向：其一，从侨乡的概念出发，划定地域范围，将侨乡民居等同于建在侨乡的民居；其二，将侨乡民居等同于"洋楼"风格的民居，突出其独特的文化艺术风格；其三，着眼于建筑营建的主体及过程，认为侨乡民居是指华侨及侨眷参与建设的民居建筑。上述观点是分别基于地域论、风格论和过程论而做出的理解，有其相对合理性和借鉴意义，但也存在一定的局限性，难以全面反映侨乡民居文化之丰富性和多样性。

我们认为，理解"侨乡民居"的内容，可围绕侨汇、侨房、侨眷三个关键词来把握，主要是指海外华侨以侨汇形式投入资金，为侨眷在家乡建设的民居建筑，在具体研究中以挖掘其侨乡特征为重点。

本书研究主要的关注对象是广东省广府、潮汕和客家民系侨乡民居，明确研究对象，有必要对其做出时空界定和说明。本书对于侨乡民居的研究，是基于对广东各地乡村民居普遍调研基础上展开的拓展研究。

在空间区域范围上，主要的调研对象有：广府侨乡，调研广州、中山、珠海、江门等市，重点调研江门五邑地区村镇。潮汕侨乡，调研汕头、揭阳、潮州、汕尾等市，重点调研了澄海、普宁、潮安等县市部分村镇。客家侨乡，调研梅州、河源、韶关等市，重点调研了梅县的村镇。具体的调研村落地点见本书附录。以上研究地点范围的选择，主要是基于文化多样性前提下民居文化相对一致性的原则。重点调研的对象一般为侨乡文化特征突出，近代民居建筑保存质量较高且连续、集中分布的村落。

目前中国行政划分的广东省，经历了历史上多次行政区划的变换调整，各地市辖区范围有一定变化，但这并不影响其地域文化、民系文化相对稳定的一面。在一定的民系文化背景和地域范围内，相关地区的历史发展背景相似，人口流动交往频繁，文化互动广泛，具有一致性和关联性。

需要说明的是，海南岛在历史上曾属于广东省的行政区划，1988年中央政府将海南行政区从广东省划出，另设海南省。海南北部在近代时期也形成了侨乡文化区，但就本研究而言，因广府、潮汕和客家三大民系文化区邻近，且具有较为相似的发展背景和文化渊源，在历史发展进程中形成了较为密切的互动关系，所以三地民居文化更具可比性。为突出重点和突显比较研究的意义，本书将研究范围限定于广东省现有行政区范围的广府、潮汕、客家民系地区，琼北侨乡文化区未予涉及。

从时间维度来看，本书将研究时间跨度限定为19世纪中叶鸦片战争开始至中华人民共和国成立的阶段，主要依据是华侨移民及侨汇的发展史。广东侨乡建设随国际国内政治经济变化而形成阶段性特征。近代鸦片战争打开了中国的南大门，波澜壮阔的大规模移民拉开序幕，广东侨乡的形成发展历史与之对应，至19世纪末20世纪初，位于中国南部沿海和东南沿海的粤闽侨乡的城乡建设已具备较大规模和影响。抗日战争爆发后，侨乡建设渐次陷入停滞状态。

对于各民系地区具体的侨乡民居及聚落时空分布特征，本书第三章将结合侨汇经济的流布进一步深入分析。

1.3.2　研究内容

近代广东侨乡民居建筑孕育于岭南地域文化的土壤之中，是岭南传统文化与西方文化交流和碰撞的产物，是岭南文化开放性、融通性、务实性、创新性特征的物态反映，体现其核心精神和审美情趣。理解"侨乡民居文化"的内涵，可以从文化形态的三个层次，即物态文化、制度文化、精神文化三个层次来把握。就这三个层次而言，华侨因素影响下其发展演进的程度是不平衡的，而具体到广府、潮汕和客家民系，亦显现多样丰富的文化表现。因此，我们将关注的重点和主要研究内容，集中于各民系侨乡民居文化于文化形态三个层次的比较研究。

第一，物态文化层面：研究侨汇经济影响下的侨乡民居文化。作为基本研究内容，近代广东侨乡民居建筑的数量规模、地域分布虽形成初步轮廓，但未有针对各民系地区的统计比较和清晰描述。根据侨汇资金投资情况，可以描绘广东省广府、潮汕和客家民系文化区侨乡民居建筑文化景观的时空分布情况及总体特征：房屋建设是近代侨汇资金的主要用途，在国内外各种因素影响下，近代侨汇经济与侨乡建设呈阶段性变化；而由于各民系地区侨汇资金总额、户均投资额度多寡不同，侨乡建筑的规模和数量分布亦有较大差异。因此从侨汇经济切入研究侨乡民居及聚落的分布特征，有助于获得可靠准确的结论。

第二，制度文化层面：研究侨乡社会结构变迁影响下的侨乡民居文化。探析侨乡社会结构与侨乡民居建筑空间乃至聚落空间内部结构的对应关系和内在联系，揭示侨乡社会转型之际侨乡民居的变迁过程。近代侨乡宗族制度趋于解构，社会变迁深刻而复杂，首先，就侨乡社会结构的宏观变化来看，侨民绅商成为新的社会精英阶层，区别于传统的宗族血缘联系，侨民阶层形成更为广泛的各种新的社会联系，新的社群和新的社区由此形成，作为社会结构表征的侨乡民居建筑、聚落形成了独特风貌。再者，近代侨乡的侨民家庭形态出现了独特的"两头家"和"单一家庭"，作为应对之策，家乡住宅的营建策略发生转向，反映出侨民家庭的基于社会变迁所做出的生活回应。

第三，精神文化层面：研究侨乡人文品格影响下的侨乡民居文化。广府、潮汕和客家民系的本土文化及海外侨居地文化是近代广东侨乡民居建筑文化形成和发展的两大文化来源。一方面，广东广府、客家、潮汕民系文化各具特色，乡土建筑地域特征明显；另一方面，近代广东民间的海外移民，不同民系背景，海外目的地亦有差异。如客家、潮汕移民多前往东南亚国家，而广府移民在美国、加拿大等国家分布较为集中。作为广东侨乡民居建筑文化的两个源头，故居地文化与海外侨居地文化丰富多样，广府江门五邑侨乡地区对于外来文化的吸收表现得最为全面和彻底，潮汕侨乡和兴梅客家侨乡地区则更多表现出传统文化的延续性，对外来建筑文化要素以容纳、吸收为主要特征。据此展开综合比较分析，有助于充分、深入地揭示广东侨乡民居建筑文化的本质特征。

1.3.3 研究方法

民居建筑研究工作的不断推进，必然要求研究方法有新的突破。以跨学科研究的视野，探讨建筑历史及理论研究与社会学、文化人类学等多学科交叉研究的思路和途径，有助于丰富和充实民居建筑研究的基础理论，推动近代民居建筑研究的深化。[①]以此综合性的研究方法，兼顾民居研究丰富的文化内涵和多彩的社会生活，对近代建筑文化中具有独特文化风貌的广东侨乡民居展开研讨，将有助于实现民居研究体系的充实和深化，有助于揭示近代侨乡文化的发展特征。

本研究具有跨学科的特点，本书将以建筑历史和建筑美学理论为基础，运用多学科视野下的交叉综合研究法进行理论分析，比较近代广东侨乡民居的建筑文化。理论层面上，在对建筑学、社会学、文化学等学科中所包含的与侨乡建筑文化相关资料进行收集、整理、分析、研究的基础上，充分运用史论结合、比较研究等多种方法。实践层面上，以田野调查法，深入民间，在对侨乡建筑进行实地考察的同时，广泛收集口头传说、民间信函、刊物等第一手文献资料。

将建筑活动置于广阔的社会时代背景，置于世界文明发展演变的历史进程之中，在审视和观察建筑现象的时候，各学科的研究成果给我们以启发，令我们可以更为全面地理解建筑文化。《中国建筑·形式变迁》《作为社会结构表征的中国传统聚落研究》等著述开阔的理论视野及研究方法，对本研究产生启发作用。近年来广东侨乡建设问题的研究新成果，大多具有多学科交叉研究的方法取向，如《华侨与侨乡社会变迁》[②]《华侨作用下的江门侨乡建设研究》[③]《近代广东侨乡房地产业与城镇发展研究》[④]《潭江流域城乡聚落发展及其形态研究》[⑤]《近代广东四邑侨乡的城镇发展与形态研究》[⑥]《广东开平城乡建设的现代化进程》[⑦]等硕博士学位论文，虽然作者的学科背景和研究侧重点有所不同，但均意识到了华侨因素在内的影响侨乡建设因素的多样性、复杂性，通过引入多学科理论及分析方法，形成了较为深入的见解。

1.3.4 研究目标

本书研究的目标在于：通过田野调查获取案例素材，以交叉综合的理论研究方法搭建研究框架，展现基于侨乡侨汇经济、社会结构、人文品格而形成的近代广东侨乡民居文化的多样特征，揭示近代时期广东侨乡地区经济、社会、人文动因要素与民居建筑文化活动之间复杂多变的互动关系。

---

① 李晓峰. 乡土建筑——跨学科研究理论与方法[M]. 北京：中国建筑工业出版社，2005：120.
② 肖文燕. 华侨与侨乡社会变迁——清末民国时期广东梅州市个案研究[D]. 上海：上海师范大学，2008.
③ 任健强. 华侨作用下的江门侨乡建设研究[D]. 广州：华南理工大学，2011.
④ 胡乐伟. 近代广东侨乡房地产业与城镇发展研究[D]. 广州：暨南大学，2011.
⑤ 张以红. 潭江流域城乡聚落发展及其形态研究[D]. 广州：华南理工大学，2011.
⑥ 姜省. 近代广东四邑侨乡的城镇发展与形态研究[D]. 广州：华南理工大学，2012.
⑦ 于莉. 广东开平城乡建设的现代化进程[D]. 杭州：浙江大学，2013：201.

在对现有学术见解充分借鉴的基础上，我们认为，对侨乡民居文化核心内容的理解，应围绕其"文化地域性格"[①]，关注其独特的地域性、文化性、时代性特征，并以建筑为对象，探究近代广东侨乡民居与侨乡侨汇经济、社会结构、人文品格之间的复杂多变关系，揭示侨乡民居文化形成发展过程中体现的民系特征和文化地域性格。以此作为研究的基点和目标，既是对广东各民系侨乡民居建筑文化复杂多样性问题的客观回应，也是侨乡学术研究及学科发展的趋势所在。

系统综合研究亟待突破的难点在于比较研究的实现。通过比较研究，揭示侨乡侨汇经济、社会结构、人文品格等关键因素影响侨乡民居发展的相关作用是重点内容。

本书研究框架见表1-3-1。

1.4 小结

广东是近代中国最重要的侨乡省份。近代广东侨乡民居文化发展历程独特，具有重要历史文化价值和研究意义。广府、潮汕和客家民系侨乡民居文化内涵丰富多样，形成差异格局。本书拟以建筑历史和建筑美学理论为基础，运用多学科视野下的交叉综合法展开比较研究，不仅有利于从整体上揭示近代广东侨乡民居文化的演进动因及规律，系统揭示侨乡侨汇经济、社会结构、人文品格对侨乡民居的塑造机制，而且充分彰显近代广东侨乡民居文化演进过程的内在差异性，实现广府、潮汕和客家侨乡民居文化特征的归纳比较，为基于文化多样性和文化重要性原则开展近代民居建筑保护提供依据，为福建侨乡建筑文化的研究，以及现当代全球化背景下的建筑文化研究提供参考。

目前侨乡及侨乡民居建筑的研究现状表明，侨乡民居的专题性研究已引起包括建筑学及历史学、人类学、社会学、文化学等学科学者的重视，并体现出基于民系区划把握研究对象，关注侨乡文化多样性的倾向。建筑学主导的侨乡民居建筑文化研究，与人文社会学科的研究进展相比仍显滞后和单薄。拓展研究视野和方法，展开侨乡民居文化的综合比较研究，已具有较为成熟的研究基础，是深化广东侨乡民居文化研究的方向。

本书立足于近代广东广府、潮汕和客家民系典型侨乡地区，将重点研究侨乡侨汇经济、社会结构、人文品格影响下的侨乡民居文化，并就此展开民系比较研究，对侨乡民居的分布、建设、格局、功能、形态和审美进行深入分析，拟实现如下研究目标：展现近代广东侨乡民居文化的多样特征，揭示近代时期广东侨乡经济、社会、人文动因要素与侨乡民居文化活动之间复杂多变的互动关系。

---

① 唐孝祥. 岭南近代建筑文化与美学[M]. 北京：中国建筑工业出版社，2010.

研究框架图　　　　　　　表1-3-1

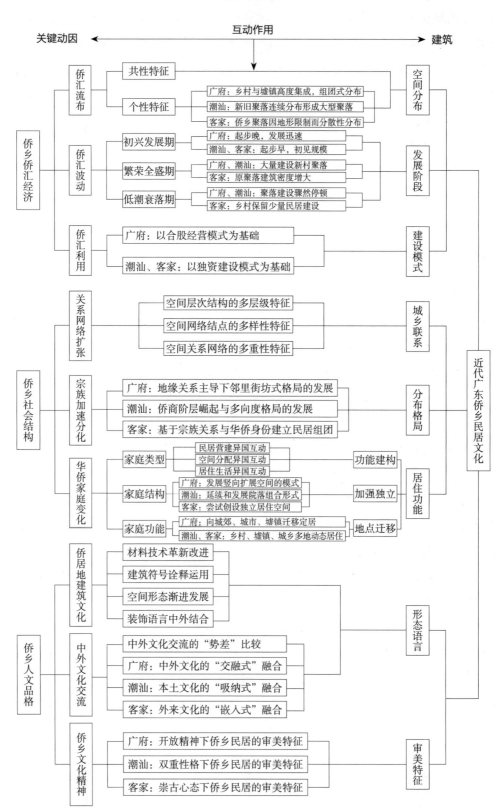

第 2 章 近代广东侨乡民居的文化成因与空间分布区划

广东的广府、潮汕、客家汉族民系侨乡民居文化区的空间界定，是本书展开比较研究的重要依据。

华南地区的汉族民系现象突出，民居文化因此而形成差异格局。汉族各民系除具有汉民族的共同特征外，还因地理环境、历史条件、文化环境等因素的差异而体现较为明显的民系文化特征。因此从民系角度切入展开比较讨论是一个有助于全面深化和把握近代广东侨乡民居文化特征的有效途径。

就文化成因而言，民系文化是近代广东侨乡民居文化形成差异格局的基础；宗族文化不断发展、变迁，贯穿于侨乡民居文化演化的整个过程；近代海外移民涌现，则直接导致侨乡文化形成。近代广东民系文化、宗族文化和移民文化三个层面的比较研究，可以使得近代广东广府、潮汕和客家侨乡民居文化区的界限及概念清晰化。

2.1 广东汉族民系文化的区划比较

2.1.1 广府、潮汕、客家民系文化区

2.1.1.1 中国汉族民系

民系主要是为了描述一个民族内部派生的分支群体、亚文化群体而提出的一个概念，类似于"亚民族"的含义。早在20世纪30年代，学者罗香林就已运用民系概念研究汉族客家人的历史文化。

虽然学界对划分民系的基本原则和标准尚无准确定论，但也基本形成共识，认为一个民系群体，一般具备共同或同类的语言，同源相似的文化，以及特定对应的生活时空。

我国汉民族发源于黄河流域，在长期的历史发展演变过程中，形成南北汉族民系体系。历史上中原地区汉族多次大规模南迁，与南方各地土著居民不断融合而形成南方汉族民系。南方地区幅员辽阔，地理地貌多样，各地发展并不平衡，在宋代基本形成南方五大汉族民系的宏观格局，并在清代末期基本定型，主要包括华东地区越海系，湖南江西两省的湘赣系，东南沿海福建、广东两省局部地区的闽海系，主要分布于广东省的广府系，以及集中分布于闽、粤、赣三省交界地区的客家系。

2.1.1.2 广东汉族民系文化区

针对于区系和区划的相关研究，文化地理学学科领域的成果丰富。如关于区划划定依据的讨论，文化区的具体形式等。依据一定的特征划分文化区的具体研究也是重要内容，包括从中央到地方，不同级别区域范围的文化区划研究。如赵世瑜、周尚意对中国

乡村和城市聚落进行了九种基本形式的划分，对汉文化圈作出五种文化亚区的划分。[①]

司徒尚纪根据文化区的基本概念，依据以下原则划分广东文化区：（1）比较一致或相近的文化景观；（2）同等或相近的发展程度；（3）类似的区域文化发展程度；（4）文化地域分布基本相连成片；（5）有一个反映区域文化特征的文化中心。以此划分的文化区包括两个层级，即四大文化区及其所辖九个文化核心区或文化亚区：Ⅰ. 粤中广府文化区。包括：Ⅰ-1 珠江三角洲广府文化核心区、Ⅰ-2 西江广府文化亚区、Ⅰ-3 高阳广府文化亚区；Ⅱ. 粤东福佬文化区。包括：Ⅱ-1 潮汕福佬文化核心区、Ⅱ-2 汕尾福佬文化亚区；Ⅲ. 粤东北—粤北客家文化区。包括：Ⅲ-1 梅州客家文化核心区、Ⅲ-2 东江客家文化亚区、Ⅲ-3 粤北客家文化亚区；Ⅳ. 琼雷汉黎苗文化区。包括：Ⅳ-1 琼雷汉文化亚区、Ⅳ-2 五指山黎苗文化亚区。在此基础上通过绘制《岭南汉民系分布示意图》《广东文化区划图》，分析了广府系、福佬系、客家系在岭南广东、海南和广西局部的分布情况。[②]

以上有关广东文化区的划分，体现了以民系文化为基础的研究思路。其中，琼雷汉文化区，也即雷州半岛及已经独立设省的海南，被视为"福佬系"的文化分支：自宋元时期开始该地区大量定居闽南和潮汕移民，源于闽南话的雷州话和海南话形成并流行，因此标志着"福佬系"在雷州半岛（含遂溪、海康、徐闻、湛江等地）和海南汉文化地区的分支衍生完成。这一观点主要是从文化源流的角度界定民系文化，突出琼雷地区与闽潮地区文化的历史渊源关系。[③]

但若从文化发展的维度来理解，由于经过了长期的发展演化，雷州文化已经与闽南和潮汕文化呈现较为明显的差异，并具有了较为独立和典型的民系特征，所以目前广东省将雷州民系定为广东第四大民系。特别是从建筑文化分异的角度来观察，广府民居、潮汕民居、客家民居和雷州民居均自成体系。所以，我们赞同将雷州地区作为一个有别于福佬系（潮汕系）的民系文化区单独讨论。

广东省内侨乡的分布与广东民系文化区，有着紧密的对应性和关联性，本章第4节将对此做详细论述探讨。由于本书着重讨论和研究广东省内的侨乡民居文化，故主要关注于侨乡集中分布且侨乡特征突出的广府、潮汕和客家三大民系地区，有关雷州民系地

[①] 赵世瑜，周尚意. 中国文化地理概说[M]. 太原：山西教育出版社，1991：138-149.
[②] 司徒尚纪在《广东文化地理》中对文化区的概念进行了界定：文化区，也叫地理文化区，是一种空间单位，以不同地区人群中盛行文化特征的差异划分；在同一区内，其语言、宗教、习俗、艺术形式、道德观念、社会组织、经济特色以及反映这些文化特征的景观是一致的；一个文化区，是由文化中心、文化核心区和文化辐射区（亚区）组成的；由于文化相互交流和空间占用，所以文化之间没有绝对分明的界线，其文化的一致性只在核心区中最为明显，向外（即文化辐射区）则逐渐减弱，不同文化之间的接触地带实际上是一个过渡地带。岭南文化内涵非常丰富，文化景观多种多样，彼此之间相互交融和渗透，形成了自己的区域个性。详见：司徒尚纪. 广东文化地理[M]. 广州：广东人民出版社，1993：379-380；司徒尚纪. 岭南历史人文地理 广府、客家、福佬民系比较研究[M]. 广州：中山大学出版社，2001.
[③] 司徒尚纪. 岭南历史人文地理 广府、客家、福佬民系比较研究[M]. 广州：中山大学出版社，2001：14-17，56.

区，未予涉及。

相关社会学、人类学及乡村建设发展的研究成果颇为丰富。社会学和人类学对广东汉族民系的研究立足于人的活动这一基本内容展开。通过长时间的田野调查，参与到村落生活之中，以详尽的、长期的、系统的观察分析，发现并展示人的生活状态，探究深层社会文化内涵，充分揭示了广东各民系地区社会生活的典型风貌特征。作为一个空间区域内的整体，广东各民系文化区，具有文化的共性特质，同时又形成了各具特色的文化景观格局，在服饰、饮食、建筑、音乐等社会文化生活的方方面面差异化发展。

2.1.2 广府、潮汕、客家民系文化比较

广东广府、潮汕、客家民系文化的形成与发展研究，广东学界研究成果颇丰。

有关广府民系，在龚伯洪《广府源流》、谭元亨《广府寻根》、刘权《广东人的精神》等著述中多有关注。广府地区开发早，特别是临海的珠江三角洲地区，资源丰富，区位优势明显，经济发展成就巨大，尤以商业繁荣为特征，近代时期成为中国中西文化碰撞、交流最为激烈、最为频繁和广泛的前沿地区。

对于潮汕民系文化，[①]黄挺、黄赞发、陈晓东等学者已有诸多总结和论述，历史上潮汕民系的形成与发展大致经历宋元时期、明清时期、近代时期几个阶段，孕育而成具有鲜明民系特征和地域特征的潮汕文化。潮汕文化在近代以前主要经历了原生文化阶段、儒化阶段、移民文化阶段，由此形成了融本土原生文化、儒家文化、旅外文化于一体的潮汕文化，[②]突出地表现为文化心理和文化性格的二重性。

客家人主要聚居在赣南、闽西、粤东地区。客家民系的研究，早在近代的19世纪中叶到20世纪30年代，就已初步形成研究热潮。近几十年的研究，以胡希张、房学嘉、谭元亨、江金波、肖文评等人著述为代表。粤境内客家系主要分布于山区，重点发展农、林、矿业。客家文化在很大程度上继承了儒家传统文化，祖根崇古意识浓厚，学而优则仕的耕读传家传统，令客家地区人文荟萃，成为"文化之乡"。

陆元鼎、唐孝祥及朱岸林、吴妙娴、赖瑛和吴招胜等人结合岭南建筑文化的研究，分别对广府、潮汕和客家三大汉族民系性格特征进行分析，重点就价值取向、社会文化心理、思维方式和审美理想四个层面内容进行了论述，现进行总结和梳理如下：

广府民系性格的形成深受商业文化的影响。表现为重商崇利、开拓创新的价值取向，开放融通、博采众长的文化心理，恋祖爱乡、实业兴国的思想观念；务实直接、求

---

① 由于闽南移民自福建入粤，故将之俗称为"福佬"，并将之纳入闽海系的范畴，部分学者依此称谓定义民系文化区。本文根据研究的重点，使用目前亦已获得认可的"潮汕民系"概念，以突出研究对象的地域文化特征。
② 陈晓东，适庐. 潮汕文化精神[M]. 广州：暨南大学出版社，2011：12-29.

新求变的思维方式，世俗享乐、个性猎奇的审美理想。潮汕民系独特的民系性格，具有双重性，既具有勇于开放、敢拼敢闯等海洋文化的性格特征，又有崇尚儒学、重人伦道德的内敛性格特征。看似矛盾的双重特征，具体表现于四个核心层面：价值取向上的开拓创新、尊儒而又重商；社会心理上的博采众长、团结而又排外；思维方式上的微观机巧、经验直观；审美理想上的精美细致、雅俗共赏。客家民系的民系性格，突出地表现在重视教育和重视宗族两大层面，具体表现为：耕读传家、崇文重教的价值取向，自强不息、无私回报的社会心理，慎终追远、重本溯源的思维方式，礼乐相济、进退两宜的审美理想。[①]

以上是广东广府、潮汕和客家民系文化形成及发展的内核所在，广东侨乡民居的发展与之密切相关。

2.2 宗族文化的民系区划比较

在中华文化数千年的历史进程中，宗族以血缘关系为纽带，与经济关系、地缘关系相结合，形成制度化的体系，对传统中国的经济、政治、社会、文化的变迁影响深刻，具有重大意义。分析宗族关系的建构和变迁，可以作为研究其他社会文化现象的基本出发点和主要线索。自明代中后期开始，华南乡村部分宗族开始通过编谱牒以记载历史，建祠堂以祭祀祖先，设公尝以团聚族众，并形成以此三大要素为标志的庶民化宗族组织。清代及近代，华南宗族活动更胜于中原地区，[②]探讨清以来的宗族制度及宗族文化，不仅是了解近世中国南方地区社会关系演化的关键，而且对于把握和理解建筑文化现象，也尤为重要。早在20世纪20、30年代，就已经有国内外的学者葛学溥、陈达等对此展开研究。人类学、文化学等学科的学者在近百年的学术研究中，有关华南宗族的人类学、社会学研究关注于宗族村落发展中的社会文化现象及其成因与结构，为本研究提供了研究的理论基础和分析方法。

民居建筑及其构成的聚落形态与中国传统社会结构，具有对应关系，是两个相互关联和互为表征的系统。传统民居建筑及聚落形态的结构特征，能够在一定程度上表示中国传统社会结构的特征。[③]可以说，民居空间系统的属性表现了宗族结构系统的属性。

---

① 上述有关民系性格的分析，参见：陆元鼎. 岭南人文、性格、建筑[M]. 北京：中国建筑工业出版社，2005. 唐孝祥. 岭南近代建筑文化与美学[M]. 北京：中国建筑工业出版社，2010. 朱岸林. 试论近代广府侨乡建筑的审美文化特征[D]. 广州：华南理工大学，2006. 吴妙娴. 近代潮汕侨乡建筑美学研究[D]. 广州：华南理工大学，2006. 赖瑛. 试析近代兴梅侨乡建筑的文化精神[D]. 广州：华南理工大学，2005.
② 据李景汉的研究，在广东省汕头近郊，4973户的17个宗族中有52座祠堂，而在河北定县，有10445户的162个宗族中祠堂仅19座。详见：周大鸣，等. 当代华南的宗族与社会[M]. 哈尔滨：黑龙江人民出版社，2003：37.
③ 张楠. 作为社会结构表征的中国传统聚落形态研究[D]. 天津：天津大学，2010：6.

2.2.1 宗族制度体系下的聚居传统

2.2.1.1 宗族制度的发展

宗族，作为反映社会关系的一种形式，早在殷商时期就已经形成，至周代更为完善。宗族制度经历了四个大的发展阶段：春秋以前的宗法式宗族制度，魏晋至唐代的世家大族式的宗族制度，宋以后的近代祠堂族长的族权式宗族制度，近代以后平民式的宗族制度。从性质上看，宗族经历了从贵族组织向民间组织转化的过程；从功能看，宗族经历了从以政治功能为主到以社会功能为主的过程。[①]

宗族制度在岭南乡村的建立和普及，伴随着中央、地方进行经济和社会管理，快速推进大规模土地开垦，文人士大夫阶层推行礼制教化等活动，是一个复杂的经济结构、社会结构、文化结构的形成过程。

从地方史志、族谱等历史资料的记载情况来看，广东民间建设宗祠的活动早在宋代已经发生，而且南宋也是大量移民进入广东，立基开村的时期，民间的宗族意识开始萌发，但此时的宗族多未形成规模，村落多为杂姓居住。如据佛山市西樵镇上金瓯松塘村流传的族谱等历史资料记载，早在南宋末年区姓先民来此开基，除区姓外，村落内还居住有甘姓等姓氏族裔。从广东现存的古村落来看，多为明、清时期形成规模，即便是传说开基建村于宋代的古村，其遗存建筑也多为晚近时期的清代建设。

明至清初迁界前，以及清代迁界政策取消后，广东民间的宗族获得两次较大发展。明代的岭南经济文化发展迅速，形成第一次发展高潮。在经济层面，中央和地方的税收政策和管理模式深入影响乡村生产，宗族的力量开始在获取生产资源、拓殖土地的过程中充分展示出来，族谱、族田、祭祖等表征宗族组织的形式出现，成为聚族而居居住模式的标志。在社会文化层面，由于明时期岭南士大夫阶层的崛起，成为联系和沟通朝廷与民间的纽带，对于岭南地方社会秩序和礼仪制度的规范的推广、教化，作出了自己的努力。宗族在官方和地方士绅的共同推动下，以士大夫和品官家庙制度主导的宗族逐渐演变成为庶民化的宗族制度，在岭南民间获得全面的发展，宗族村落大量建成，形成基本的聚落形态和结构。

康熙到乾隆年间形成了广东宗族村落建设的第二次高潮。清初制定的海禁和迁界令，使得沿海大量宗族村落的百姓流离失所，初步形成的宗族聚落土崩瓦解。康熙二十二年（1683年）迁界令终止，复界后，曾经荒废的土地、水源等资源得以重新整合和开发，聚落重建过程中，为了强化占有土地资源的合法性，维护自身利益，人们再次以聚族而居的聚居形式共同生活。在迁界前后的动荡年代，在潮汕地区还大量出现堡寨

---

① 周大鸣，等. 当代华南的宗族与社会[M]. 哈尔滨：黑龙江人民出版社，2003：7.

形式的聚落，体现了聚居生活的完整性和独立性，如潮安的龙湖寨、象埔寨，揭阳的龙砂乡村寨，澄海前美村永宁寨等。

康乾盛世，社会安定，农业生产和商业贸易得到发展，随着人口增长，土地拓殖，此时人口与资源的矛盾开始上升，广东沿海的广府、潮汕地区具备天然的海上优势，推动了海外贸易的发展。客家地区的梅州等地与潮汕地区建立联系，成为其腹地城市，梅州与汕头一衣带水，依托韩江流域形成社会文化的频繁互动与交流，并借助潮汕出海口发展了对外交流。寓居海外特别是南洋地区谋生的侨民数量增加，成为特殊的群体和阶层。海外贸易及文化的影响力逐渐显示出来，宗族制度面临再一次的演化契机。

晚清近代以来广东侨乡出现的移民输出现象，与当代农村青壮年劳力输出导致农村社会结构演化，不无相似之处：①一方面，青壮年劳动力远离家乡，家庭主要成员的缺位，导致乡村"熟人"社会特征趋于模糊，同时，华侨家庭经济条件改善，独立生产生活的能力提升，对宗族组织协作力量的依赖程度降低，促使侨乡村民的个体意识萌发；但另一方面，对于身处陌生地区的移民而言，"乡土社会网络"几乎是其唯一可以动用的社会资本。所以，基于宗亲关系建立的"乡土性社会资本"在"乡土外运作"，并作为海外华侨社会关系网络的基础，发挥重要作用，海外华侨同乡、同业经营的经济活动与之相互依托，互为促进。所以华侨需要不断地维系和扩大同乡、同业的乡土社会网络，其主要通过亲自返乡或汇款支持的方式，参与到家乡重大节庆或宗族成员婚丧嫁娶等宗族活动中来，"因为家乡是修补、强化他们在乡土外运作的乡土社会网络的最适宜场域"，由此而导致家乡"熟人社会特征""周期性呈现"，②从另一个角度来看，积极参与宗族活动，恰恰也满足了华侨个人的心理归属需求。

2.2.1.2 分化聚合、聚族而居的聚居传统

聚族而居的同姓村落在华南地区的农村十分普遍。在粤闽两省，宗族和地方村落呈现明显的重叠关系。弗里德曼认为，在广东、福建两省，宗族和村落相一致的倾向是显著的，即亲族关系与地域范围具有高度的一致性。"虽然在中国的其他地方也能看到，但在东南部是最为显著"。③许多村落只有单个的单姓宗族，"在中国的东南地区，这种情况似乎最为明显。"④胡先缙、陈翰笙、奥尔加·兰、弗里德曼等国内外学者对此均形成较为一致的看法。广东的广府、潮汕、客家民系地区的传统村落，大部分为单姓村

---

① 吴重庆分析当代华南农村"空心化"问题认为："从社会资本的视角看，在地的乡土社会的解体，可能只是表明社会资本从农民工输出地向输入地的转移，或者说是乡土性社会资本的乡土外运作，乡土社会资本的运作范围、运作形态发生了变化，而其总的存量不见得减少。这样的情形，尤其体现于今天活跃在全国各地的具有同乡同业形态的经济活动中。"详见：吴重庆. 无主体熟人社会及社会重建[M]. 北京：社会科学文献出版社. 2014.6: 188-189.
② 吴重庆. 无主体熟人社会及社会重建[M]. 北京：社会科学文献出版社. 2014.6: 188-189, 169-177.
③ 周大鸣，等. 当代华南的宗族与社会[M]. 哈尔滨：黑龙江人民出版社，2003: 37.
④ [英]弗里德曼. 中国东南的宗族组织[M]. 刘晓春，译. 上海：上海人民出版社，2000: 1.

落，部分为多姓杂居的村落，但也存在人数较多的大姓。在单姓的传统宗族村落，一个村落仅居住一个"宗族"的成员，宗族和村落在组织上是融合在一起的。

汉族的宗族是以父系血缘为基础、宗法制度为规范的社会组织。明清时期广东的宗族制度体系自上而下形成以"宗族-房支-家庭"为基本结构要素构成的金字塔形层级结构社会。其中，"家庭"是构成宗族结构的最小单位和最基本要素；"房支"是具有血缘关系的兄弟家庭之间析分之后互为区别的界定范畴；家庭、房支横向扩展联系和纵向发展延续，从而形成具有网络结构特征的"宗族"。"族"和"房"在民间的概念和理解是较为宽泛的。广府的宗族有一种说法是，五世可分房，二代可立支派。事实上在很多地方"房"并没有明确的界线，具有非常灵活弹性的意义，适用于"族"在某一特定阶段或特定范围内的大小各类分支。在某个特定的宗族范围来看，依据不同的代际划分标准，可划分界定出大小不同的，包括数代已故祖先及在世后人在内的宗族分支——"房"。

"房"的界限模糊且弹性可变，反映了中国宗族结构中存在一个动态平衡机制，家庭的不断分化与宗族的聚合，表现为分化与统一的矛盾；另一方面，分化的家庭仍然在很大程度上依赖于宗族血缘关系，呈现结合的倾向。因此小家庭与大家庭之间，或是房和宗族之间的关系只是在形式上有一种分离的态势，在实际运行中两者仍然呈现出一种统一的特点，中国的家族文化就是一种分合的文化。①

民居建筑及聚落以有形的物态化空间秩序，实现了宗族体系下的社会秩序，对应表征了宗族结构的构成情况。聚落空间的析分、扩大与宗族层级结构的分化聚合相联系。在单姓村落的内部，每个家庭居住地之间的空间距离，反映彼此之间的血缘亲疏关系。同属某一"房支"的若干家庭组合形成联系较为密切的空间组团，不同房支之间，其日常活动的联系较少，但又依赖宗祠所代表和象征的宗族关系组织起来，形成聚居空间。

从建筑类型的角度来看，完整意义的传统聚落内部，其建筑主要包括祠祭空间和居住空间两种功能类型。广府民系多为祠宅分立形式，客家民系为祠宅合一形式，潮汕民系则两种情形均有出现。虽然每一世代都有分支，但作为组织化的宗族，其内部房支的组织化一般会以祠堂为表征，"房支"成为支祠堂对应的范畴，祠堂因此成为聚落宗族结构的核心象征，与宗族的层级结构体系相对应：宗祠代表宗族的范畴，下属各级别房支的支祠堂，也称为房祠；在家庭层面，则在厅堂设置祖先牌位实现"家祭"。广东传统聚落空间中，祠堂空间不仅是聚落成型的标志，而且是聚落格局中的结构重心，一般居于重要、显著的空间位置，形成以宗祠为重心、支祠为次重心的多层次等级结构体系，表征聚居形式下宗族关系在社会关系网络中的中心、主导地位。宗族既是血缘关系

---

① 周大鸣，等. 当代华南的宗族与社会[M]. 哈尔滨：黑龙江人民出版社，2003：34.

的共同体，又以聚居形式形成特定时空下的地缘关系共同体。宗族在中国古代乡村治理中具有"自治"的特点，有着自我调节的机制。

2.2.2 传统民居表征的宗族结构要素比较

作为居住空间的民居建筑单元，是一个家庭或多个家庭聚居的空间。通过一定形式的空间组合关系，"单元"聚合成为聚落。民居建筑单元表征宗族结构的结构要素，具有相对稳定的规律性特征，广府、潮汕和客家传统民居所表征的宗族结构要素具有较为明显的差异性。

2.2.2.1 广府：突显"家庭"要素

三间两廊为广府民系地区最具代表性的民居形式（图2-2-1、图2-2-2），为"三合天井式"，占地规模一般为100余平方米，符合小型家庭使用的需要。正房三开间，明间为开敞堂屋，与正对的狭长天井连为一体，是家庭公共生活区域。左右次间为卧室。正房两侧伸出的厢房简化为进深浅、面积小的侧廊，其功能为厨房或杂物房。

广府民居建筑单元突显宗族结构的"家庭"要素。

明清广府地区家庭结构的主要类型并非累世同居的大型家庭，而是主干型与核心型为主的小型家庭。"三间两廊"民居建筑单元对应宗族结构中最基本的小型家庭单元，有明确空间边界。在梳式布局体系下，各建筑单元之间无直接的链接依附关系，呈平行并列的空间关系，无明显等级差异，突显了宗族结构体系中"家庭"要素的独立性。

广府聚落采用适应于小型家庭生活的单元化的划分方式，形成"均衡聚居"的平均型聚居模式。人为地强调聚落内部的规格化，空间的分配、占有和使用以平均为原则，

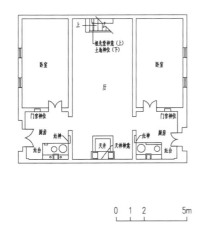

图2-2-1 三间两廊建筑平面图　　图2-2-2 三间两廊建筑外观

使得个体家庭的生活方式、建筑模式相类似：每个居住单元的外在形象十分统一，仅在屋脊、门窗等部位的装饰语言表现差异。因此广府民居及聚落呈现高度的均衡性和相似性，建筑形象整体统一。

有限的土地资源经由宗族统一规划，得以均等共享，各个家庭都能享有条件基本相同的居住空间单元。

2.2.2.2 潮汕：突显"家庭"和"房支"要素

潮汕传统民居形制与中原地区传统民居类似，为三合式、四合式的独立院落或多院落组合形式。常见形式包括小型的"下山虎"（图2-2-3、图2-2-4）"四点金"（图2-2-5、图2-2-6），及其组合衍生而来的"三壁连""驷马拖车""百鸟朝凤"（图2-2-7、图2-2-8）等中、大型民居（图2-2-9、图2-2-10）。以"下山虎""四点金"为基础的空间扩展组合形式为：第一，通过增加进数，扩展院落规模。从"下山虎"到两进的"四点金"，三进的三座落，五进的五座落，甚至更多；第二，通过院落的并置组合、链接依附，形成建筑组团；第三，围护以左右护厝和后包，形成祠堂为中心的大型从厝式民居组群。

潮汕民居建筑单元突显了宗族结构的房支、家庭要素。

聚落内建筑单元的规模大小不等，分别突出了房支、家庭要素。大中型建筑组群形成密集式的建筑单元，以祠宅合一的形式，代表聚落发展过程中产生的强势"房支"；而小型民居则与广府地区类似，是小型家庭的居住单元。

潮汕民系的聚落格局，既能够体现家庭空间独立性又可以促成房支势力的成长。村落内的各房支家族、各个家庭，只要其经济力量允许，就会拓展居住空间，修建祠堂，以显示自身实力。因此基于院落组合的扩展机制，形成了大小宅院参差分布的聚落空间。

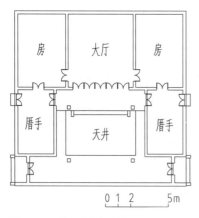

图2-2-3 "下山虎"建筑平面图

图2-2-4 "下山虎"建筑外观

图2-2-5 "四点金"建筑平面图　　图2-2-6 "四点金"建筑内部

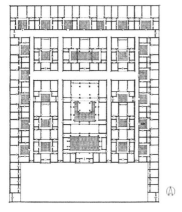

图2-2-7 揭阳德安里新寨平面图
（来源：陆琦.《广东民居》）

图2-2-8 揭阳德安里外观

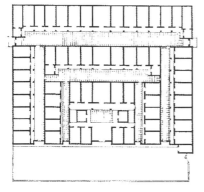
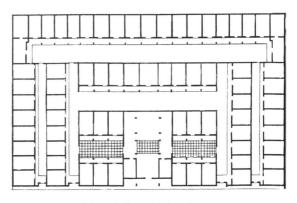

图2-2-9 广东揭阳锡场区锡西乡某宅
（来源：陆琦.《广东民居》）

图2-2-10 广东揭阳新亭区北良乡某宅平面
（来源：陆琦.《广东民居》）

2.2.2.3 客家:突显"房支"要素

客家民居建筑单元以堂横式围屋为主要形式,形成围团式布局的聚落格局。①

堂横式围屋是粤东客家地区常见的民居建筑类型之一,由居中的纵列多进堂屋和两侧的横屋组合而成,依堂屋和横屋的数量规模,有双堂双横、双堂四横、三堂双横、三堂四横等组合。数量的变化反映了客家聚居建筑纵横双向的空间拓展模式(图2-2-11)。

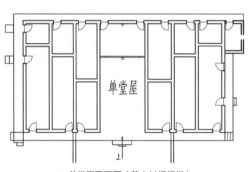

a 单堂屋平面图(茶山村绍德堂)

b 茶山村绍德堂外观

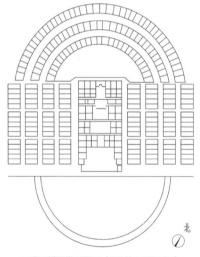

c 三堂四横围垅屋平面(丙村仁厚温公祠)

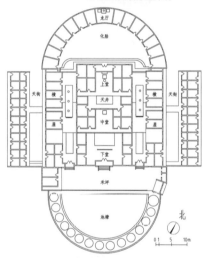

d 三堂双横围垅屋平面(仙花村棣华居)

e 侨乡村鲁国堂(双堂双横一围龙)

f 茶山村伯荣楼(双堂四横)

图2-2-11 堂横式围屋

---

① 陆琦. 广东民居[M]. 北京:中国建筑工业出版社, 2008: 44-46.

梅州地区常见的围龙屋也属于堂横式围屋的衍化类型，在堂屋和横屋的后部增加了半圆形的排屋进行围合。

客家聚落围团式布局一般依宗族血缘关系形成，围屋既保持独立的空间形象，又形成组团式关系。

客家民居建筑单元突显宗族结构的"房支"要素。

从空间的维度来看，围屋作为独立的空间单元和建筑形象，对应各个房支派系，其建筑边界强调"房支"单元的独立性和整体性。

客家围屋为祠宅合一形式。以堂横屋模式形成的空间格局，堂屋居于中轴线，是该围屋内所有家庭共有的礼制空间，作为祠堂祭祀建屋开基祖以来的各辈祖先；两侧的横屋为居住空间，分配于各家庭私有。围屋具有动态扩展的机制，其建筑规模随家族扩大而不断扩展，乃至形成数百人聚居生活的建筑组群。每座围屋以各自的祠堂为核心，成为一个房派聚居的大型居住建筑单元。客家地区多山地丘陵，因而建筑的选址营建受自然地理条件影响显著，而围屋建筑之间的空间关系则退居其次，各座围屋相对独立，自成一体，共存于同一个聚落。禾坪、水塘、风水林及建筑等要素共同组成一个完整独立的人居环境，其空间界限清晰，凸显了"房支"成员居住生活的独立性、整体性。

就围屋内部空间家庭层面的使用情况来看，客家民系民居的独特之处在于围屋内部家庭单元空间界限的模糊化，与广府、潮汕民系具有较大差异。围屋内部的生活模式是在房支统筹下家庭单元的均衡共居。围屋在凸显祖先、长辈地位的同时，弱化各个家庭的差异，个体家庭的概念消融于大家族也即房支体系内。客家聚居建筑放弃了汉民族传统的合院式住宅形制，打破了每个家庭独立的生活起居方式，最大限度沟通了家庭之间的联系。各家庭的居住空间面积划分均等，较之于祠堂空间的高大形象，房屋空间尺度狭小而紧凑（图2-2-12），而且每个家庭在围屋内部的居住用房并非集中于一处，而是分散于多个位置，由此降低了家庭空间的独立性，促进了各家庭之间关系的融合。这种

a 堂屋

b 横屋1

c 横屋2

图2-2-12　茶山村畅云楼（三堂四横）

居住形式表征了以"房支"为单位共同生活的集体意识，充分适应了山区的集体农耕生产方式，是客家人对自身生存环境的积极回应。

潮汕地区大型从厝式建筑群组，其建筑形制与客家的堂横式围屋相似，均具有向心围合特征，但两者内部空间的扩展生成机制和使用方式却存在显著差异：潮汕民居注重家庭居住空间的独立性，客家民居则刻意弱化家庭空间的存在界限。

2.2.3 传统聚落表征的宗族结构比较

广府、潮汕和客家传统聚落所表征的宗族结构具有较为明显的差异性。

2.2.3.1 广府："宗族-家庭"二级结构关系主导

广府聚落内，三间两廊作为形成村落的民居建筑单元，以复制、并置的形式，纵横排列，形成梳式布局（图2-2-13）。梳式布局是广府村落的典型格局，广泛分布于地形较为平坦的珠三角地区。[①]村落内祠宅分立，祠堂并列于前排，引领后排整齐分布的民居（图2-2-14）"房支"的范畴未有明显的建筑空间界限与之对应。"房支"的空间界限模糊地表现为：梳式布局下，由首排房祠引导，纵向道路划分，形成民居单元纵向组合的"房支"组团。当然在实际的居住使用中，因各家庭发展景况不同，宗族内部房屋买卖易主情况发生，纵向的房支"组团"所对应的血缘关系会逐渐模糊。

广府地区商品农业经济起步早，发展快。家庭作为最小的生产单位，成为经济活动的主体。在商业经济比较发达的社会，家庭规模越小，便越利于减缓商业财富共有所造成的家庭矛盾；而以村落为整体的宗族关系，又确保各个家庭具有经济活动和承担一定风险的能力。广府聚落空间结构突出了居住单元的均衡统一性，反映"家庭"要素在经济生产及社会结构中的重要性，在整体上表征"宗族-家庭"二级结构主导的宗族结构关系。

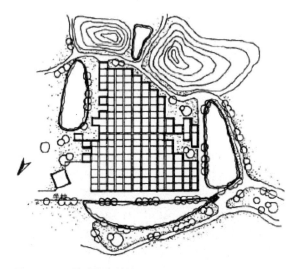

图2-2-13 梳式布局村落
（来源：陆琦. 广东民居[M]. 北京：中国建筑工业出版社，2010.）

---

① 陆琦. 广东民居[M]. 北京：中国建筑工业出版社，2008：38-43.

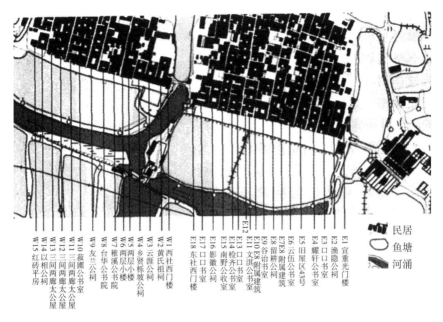

图2-2-14 塱头村首排祠堂分布图
(来源：冯江.《祖先之翼——明清广州府的开垦、聚族而居与宗族祠堂的衍变》)

2.2.3.2 潮汕："宗族-房支-家庭"三级结构关系主导

大型民居建筑组群在潮汕地区村落较为普遍，其建筑分布密集，外围封闭，内部开敞，适应同族人集结聚居，形成单独的、规整的密集式格局；小型民居建筑则按照梳式布局形式分布于周边，最终形成密集式与梳式布局相结合的村落格局（图2-2-15）[①]。

潮汕民系聚落内，宗族、房支祠堂作为村落的族群中心和空间重心，引领大小民居建筑，以密集式与梳式布局相结合的村落格局，表征"宗族-房支-家庭"三级结构主导的宗族结构关系。潮汕村落祠堂分布十分密集，有祠宅合一和祠宅分立两种形式，祠堂的建设与宗族和房支经济力量关系密切，强烈的宗族观念促使村民不遗余力地建设各级大小祠堂（图2-2-16）。即便一些小的房支，无力修建独立的祠

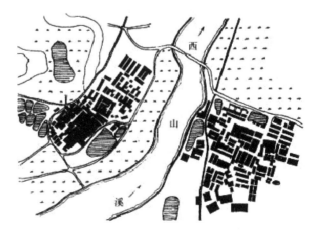

图2-2-15 密集式与梳式布局结合的格局
(来源：陆琦.《广东民居》)

---

① 陆琦. 广东民居[M]. 北京：中国建筑工业出版社，2008：43-44.

堂，也以祖屋的上厅作为祠祭空间，无论祖屋形制规模如何，作为房支开始的标志，其祖厅始终作为公共空间为其子孙所共有，并在每年的重大节日充当祠堂的角色。在梳式布局和密集式布局体系内，民居单元以宗祠为核心，主从关系明确，朝向与其一致，形成了较为单一的聚落空间结构。

图2-2-16　普宁泥沟村祠堂

2.2.3.3　客家："宗族-房支"二级结构关系主导

客家聚落开基始祖所建房屋是一个宗族、一个聚落起源的标志，一般会保留后代中的一至两房在围屋内居住繁衍，并随人口增长而动态扩展建筑规模。其他房支后人则另辟宅基，在祖屋附近新建围屋，形成围屋的组团，由于发展境况差异，各围屋形制规模不等，且互相之间并无密切的空间联系。但若从宗族关系来看，由于每座新建的围屋均设置专属于它的房祠，所代表的宗族关系非常明确，所以聚落空间发展的历史脉络清晰可循，形成了一套按房支辈份逐级向上祭祀的客家祭祖模式。[①]以祖屋为核心的宗族统筹下房支单元的组团共居模式，表征了客家民系宗族结构以"宗族-房支"二级结构关系为主导。

综合2.2.2和2.2.3的内容，小结见下表2-2-1。

民居及聚落表征的宗族结构比较　　　　　表2-2-1

	民居单元	民居单元表征宗族结构要素	聚落布局	聚落布局表征宗族层级结构
广府侨乡	三合式的三间两廊形制	突显"家庭"要素	梳式布局	突出宗族-家庭二级结构关系主导
		突出家庭均一性		
潮汕侨乡	三合式、四合式的独立院落或多院落组合形制	突显宗族结构的房支、家庭要素	梳式布局和密集式布局结合	突出宗族-房支-家庭三级结构关系主导
		显示家庭差异性		
客家侨乡	堂横式围屋为主要形制	突显房支要素	组团式布局	突出宗族-房支二级结构关系主导
		消除家庭私密性		

---

① 吴卫光. 围龙屋建筑形态的图像学研究[M]. 北京：中国建筑工业出版社，2010：38.

2.3 移民文化的民系区划比较

华侨移民海外的目的地呈现民系分异，以江门五邑华侨为代表的广府华侨，以美洲国家为主要目的地，潮汕和客家华侨主要流向东南亚国家。

2.3.1 华侨移民海外的传统及动因比较

学术界常见运用推拉理论分析移民现象。海外移民的产生根本原因是由于人口增长快速，国内沿海地区乡村的生存空间日趋缩小，生存资源大幅减少。为了生存与发展的需要，出现了大批迁移到外地或者外国定居的移民。

广东地处华南沿海，岸线长，港湾多，自古以来经济发达，对外交流频繁，粤人出洋时间早，有着悠久的移民历史。广东是我国海上贸易和移民最早、最多的省份。[①]早在晚唐已有广东人赴东南亚经商，至宋元时期，粤闽经商者渐众，一部分定居当地成为华侨。

明代有郑和下西洋的壮举，也有严苛的海禁政策。16世纪下半叶海禁开放，南洋经商的华侨华人剧增。清代广东同样经历了闭关锁国政策、迁界政策的影响，而且由于连年战争，在鸦片战争前后，赴东南亚的华人中经商者所占比例降低，而大部分为从事体力劳作行业的贫穷农民、手工业者。

受交通条件和国内政治环境影响，出洋人口规模有限，特别是海外移民时常面临政府的惩处，因此返乡回国的人寥寥无几。真正意义上大规模地的移民现象在第一次鸦片战争以后开始出现。

近代时期在欧美国家经济快速发展，影响范围持续扩张的情况之下，世界范围的移民活动日益活跃，而且呈现某些共同的趋势，特别是移民的身份、动机以及类型等较为近似。国际范围移民的趋势及特点，主要就是发展中国家的人口向尚处于开发建设阶段的国家和地区移民，目的地主要分布于美洲、东南亚和大洋洲。世界性范围的苦力贸易一度成为主要的移民形式。中国华南粤闽沿海地区的移民也不例外。

近代广东地区移民海外的根本动因是经济原因，具体可以归纳为国内的"推"力作用和国外的"拉"力作用两个方面。由于国内战争、灾害等原因造成的生存条件的恶化，农业生产经济发展动力不足等生存现实是推动人口外迁的直接原因；而东南亚、美洲、大洋洲国家则面临巨大的开发空间，对美好生活的向往使得大量粤闽农民移民国外，寻找新的生存机会。在整个近代百年持续性的移民过程中，国内外的政治环境、政

---

① 刘权. 广东华侨华人史[M]. 广州：广东人民出版社，2002：6.

策变化、经济波动、战争影响,直接或间接影响着移民的数量规模及移民与国内的联系,同时影响侨汇资金回流国内。

2.3.2 华侨移民的类型与收入比较

移居海外的华侨,根据其所从事的行业,可分为"华工""华商""华农"等类型,并有自由移民和被迫移民两种类型。从广东海外移民的历史和传统来看,在12世纪初至16世纪下半叶的历史时段,经营商业贸易的华商移民为主体,迁入地主要为东南亚地区;16世纪下半叶至鸦片战争时期,以华商、华农为主,仍然主要迁入东南亚地区;鸦片战争以来的近代时期,苦力贸易兴起而使得华工成为移民的主体形式,迁入地也大为拓展,包括东南亚、美洲、大洋洲和非洲(表2-3-1)。[①]西方国家完成工业革命后,资本主义经济发展快速,为了加速攫取开发殖民地或本国的生产资源,西方殖民者发起苦力贸易,大量招募契约华工前往东南亚、美洲、大洋洲国家务工。

各类型移民迁移海外状况[②]　　　　表2-3-1

历史时段	12世纪~ 16世纪下半叶	16世纪下半叶~ 鸦片战争	鸦片战争~ 中华人民共和国成立	20世纪50年代至今
移民主体	华商	华商、华农	华工	华自、华商、华农、华工
移出地	粤、闽、浙	闽、粤、浙、滇、桂	粤、闽	东南亚、中国大陆、中国香港、中国台湾
移入地	东南亚、贸易中心地区	东南亚、东北亚	亚、美、欧、大洋、非等洲	北美、澳、日、西欧、南美、东南亚
数量/万	10余	100余	1000余	2000余

需要指出的是,早在苦力贸易发生以前,东南亚的移民是以商贸活动为主的自由移民。而这也是区分广府江门五邑地区与潮汕地区早期移民特征的一个重要分水岭。

近代中国处于社会转型的时期。在推动侨乡社会转型的进程中,华侨发挥了重要的先导性作用。

移民类型差异,主要是由于各个时期、各个侨居国国情不同,华侨华人走上了不同的经济发展道路。五邑华侨以契约劳工的形式进入美洲,历史上三次大规模的华人移民,分别是由于加州金矿开发、铁路建设和加州农业发展需要而发生的。在白人的统治下,华人所能够从事的职业受到强制性的限制。进入金矿成为矿工的华人被课以重税,

---

① 陈秀容. 中国海外移民类型及移民族群特征探讨[J]. 地理研究, 1999, 01: 46-53.
② 同上。

而且许多矿区还不允许华人独立开矿和拥有矿产。在长久的排华时期，一方面，有60多种行业被禁止从事，华侨们难以进入资本主义经济体系的主要行业，多从事洗衣、餐饮、杂货等服务业，因为小本投入的服务业有较强的适应性。另一方面，这种谋生方式也是长期受到歧视和压迫的华侨的无奈选择。美洲华侨长期游离于主流社会之外，在各种政策性和文化性的限制下，难以发展壮大和涉足国民经济领域中的重要行业，获得社会地位上升的机会较少。

相比较而言，在东南亚，华侨华人无论是经商还是务农、务工，均可获得更为平等的机会。华侨可以成为农矿场主，占有和开发生产资源，因而积累了一定的资本。纵然是契约劳工，在有了一定的经济基础以后，也有机会从事其他行业而积累财富。19世纪下半叶，资本主义工业、农业、交通、贸易、金融业等在东南亚的殖民地得到发展，部分华侨开始将大量资金投入更多的领域，在农矿业、运输业、商贸等领域出现了不少行业巨子。

2.3.3 海外侨居地的社情文化比较

华侨华人移居海外生活，将国内故居地的生活方式、社会关系的组织方式、文化习俗等以各种形式移植到侨居地，因此海外华侨华人社会保存了诸多中国传统文化要素而呈现趋同的一面。然而，通过比较不难发现，由于海外各国政治、经济、社会和文化的背景及条件殊异，导致各国华人社会的发展并不平衡。

"200多万五邑华侨华人有155万集中在美洲，占该侨乡海外移民总数的72%。尤其集中在美国、加拿大（13万）。在当地华侨华人社区中，不论从人口数量还是政治、经济实力，五邑华侨华人都居前列。560多万潮汕海外移民有80%分布在东南亚，以泰国最多，其次是新加坡、马来西亚、印度尼西亚、菲律宾。以梅县和惠阳为中心的广东客家语系侨乡的300余万海外移民也是以东南亚为主要的聚居地"，[①]主要流向印尼、马来西亚。

东南亚和美洲、大洋洲分属东西方文化圈，因而异地文化冲击作用呈现显著差异。即便是同属东南亚地区的泰国和印尼、马来西亚，也存在明显的差异。从华人与当地民族族群关系来看，"东南亚各国华人族群融合程度差别很大，泰国为高度同化型，菲律宾为部分同化型，印尼是种族隔离型，马来西亚基本是民族和谐型，新加坡为华裔主导型。"[②]华人与当地族群关系亲疏程度的差别是由于各国国情差异造成，显示出侨居地

---

① 广东省地方史志编委会. 广东省志 华侨志[M]. 广州：广东人民出版社，1996：178. 转引自张国雄. 从粤闽侨乡考察二战前海外华侨华人的群体特征——以五邑侨乡为主[J]. 华侨华人历史研究，2003，02：27.
② 陈秀容. 中国海外移民类型及移民族群特征探讨[J]. 地理研究，1999，01：46-53.

华侨文化的复杂性和多样性。

张应龙、张国雄等人通过几大侨乡的比较，关注到侨居地华侨生存环境条件的差异，并从社会、政治、经济等不同角度展开分析。

从世界范围来看，侨居地社会发展进程差异显著。

江门五邑地区的北美移民是在1848年以后方形成规模，此时的中国社会已处于风雨飘摇的封建社会末期，经济停滞，生产技术落后，社会制度僵化。而北美正处于资本主义发展阶段的上升期，代表了先进的生产力和经济发展方向。各类新生事物、先进技术以及衣着、饮食、交通、居住等生产生活方式与中国本土存在各种差异，给华侨以巨大冲击。

近代时期东南亚国家的社会发展进程仍较为落后，东南亚的生活方式具有浓厚的热带特色和宗教色彩，多数国家成为西方殖民地以后，华侨得以间接接触到西方文化。

就各国具体情况而言，各国政府对华人的政策也有很大差异。

美洲国家的华侨，长期处于种族歧视的阴影中，社会地位低下。在美国、加拿大等国家甚至不断出现白人民众的排华行为和国家排华政策。19世纪70年代，排华达到高峰，各种暴乱活动不断，而各类入境限制、职业限制的条例层出不穷。1882年，美国国会通过禁止中国人移民入境的法案，并先后于1884年，1888年，1892年和1902年通关过一系列修正法案和补充法案。1910年美国移民局开始使用天使岛待审所，对中国移民进行关押审问。由于排华影响，美国华侨人数不断下降，在1890年是107488人，1900年降至89863人，1920年降至61639人，到1940年才又增至77504人。①虽然人口统计的数据未必完全准确，但毕竟反映了近代时期美国排华风潮对于在美华人的巨大影响。美洲国家的排华运动从19世纪下半叶至20世纪中期延续了近100年的时间，是中国移民的灾难。②

比较而言，东南亚国家对待华人的政策较为宽松。中国与东南亚长期密切的联系，华侨已经融入社会经济发展的深层部分。泰国实行优待华人的政策，促进了华人融入当地主流社会。泰国在历史上始终未曾遭受殖民统治，而东南亚地区的印尼等国都曾沦为殖民地。荷兰殖民统治深刻影响华人社会。华人在印尼的地位，虽次于欧洲人，但仍高于当地土著居民，华人的经济平均水平也较高。在文化上，除自身的中华文化传统之外，华人更认同和推崇荷兰殖民势力带来的西方文化，而对当地原住民的文化则较为疏远。

海外华侨华人有北美和东南亚两大地缘群体，综合上述各种因素影响，侨居地巨大

---

① [美]宋李瑞芳. 美国华人的历史和现状[M]. 朱永涛, 译. 北京: 商务印书馆, 1984: 105. 转引自刘权. 广东华侨华人史[M]. 广州: 广东人民出版社, 2002: 31.
② 刘权. 广东华侨华人史[M]. 广州: 广东人民出版社, 2002: 36.

的社会、政治、经济、文化条件差异,决定了华侨阶层在海外的生存境遇、社会经济地位以及华侨个体心理状态和行为方式的多样化。

2.3.4 海外侨居地建筑文化比较

2.3.4.1 西方建筑文化的复古倾向

在西方国家的建筑发展历程中,18世纪60年代至19世纪末期,及至20世纪初期,流行于欧美的复古思潮,表现为古典复兴、浪漫主义、折衷主义的建筑风格。"建筑也毫无例外地需要有丰富多彩的式样来满足商业的要求与供资产阶级个人玩赏和猎奇的嗜好。"见表2-3-2。[①]

古典复兴、浪漫主义、折衷主义在欧美的流行时间　　表2-3-2

	古典复兴	浪漫主义	折衷主义
法国	1760~1830年	1830~1860年	1820~1900年
英国	1760~1850年	1760~1870年	1830~1920年
美国	1780~1880年	1830~1880年	1850~1920年

一、古典复兴

古典复兴指欧美国家18世纪以来流行的仿古典风格的建筑形式。法国以古罗马式建筑为主,英国、德国以古希腊式建筑居多。古典复兴的文化源头,注重建筑语言的尺度和比例,注重构图的规制,建筑形态对称、庄重,多使用古典柱式、山花、拱券以及装饰线脚等具有典型古典特征的造型,装饰语言不失典雅风范。典型如,美国在独立战争期间,大量借用希腊、罗马古典建筑样式,美国国会大厦(1793~1867年建)即参照了巴黎万神庙的建筑语言,为罗马式。

二、浪漫主义

浪漫主义兴起于英国,由于追求中世纪的哥特式建筑风格,又称为哥特复兴建筑。使用尖塔、尖券等典型符号,立面构图强调层叠而密集的垂直线条,强调高耸向上的空间感。由于建筑语言的独特性,浪漫主义建筑主要限于教堂、大学、市政厅等建筑类型。美国继欧洲之后,也曾在大学、教堂等建筑中风行浪漫主义。

哥特式符号虽然在侨乡民居建筑中少见运用,但是在侨乡民居的装饰彩绘中,却常见具有标志性特征的、哥特风格的高楼大厦形象。

---

① 罗小未. 外国近现代建筑史[M]. 北京:中国建筑工业出版社,2004:9.

三、折衷主义

折衷主义具有很强的综合性，超越了某种单一风格的形式限定，为多种建筑语言组合而成。因而在复古的倾向前提下，折衷主义的风格是多元混杂的折衷呈现。由于建筑语言多样，建筑方案的可选择余地较大，因此折衷主义建筑可适用于不同的建筑类型，不仅在欧美国家广泛流行，而且在近代中国殖民地城市与租界建设中，在侨乡地区的民居建设中，折衷主义风格的做法也最为广泛。

在广府侨乡村落的民居建筑，主要是以折衷主义的态度，综合各式各类古今中外之建筑语言进行创作。碉楼或庐居，往往入口是希腊古典式样，屋顶山花却是巴洛克式，所运用的柱式又是希腊柱式与罗马柱式的混合体……大量"丰富多彩的式样"，显示了华侨阶层的"猎奇的嗜好"（图2-3-1）。如赓华村的泮立楼，具有诸多美国建筑的特征：正立面设西方古典门柱，具有装饰性；平面紧凑，外形简洁；窗户上下左右对称；楼梯设于正中……①，而其屋顶却又采用了中国的坡屋顶形式。

2.3.4.2 东南亚建筑文化杂糅多样

季羡林曾为其主编的《简明东方文学史》作题为《东方文学的范围和特点》的绪论，认为，世界文化中共有四个文化体系：一、中国文化体系；二、印度文化体系；三、波斯、阿拉伯伊斯兰文化体系；四、欧洲文化体系。这四个体系都是古老的、对世界产生了巨大影响的文化体系。②东南亚地理位置特殊，是东西方四大文化交汇之处。"在东南亚，如果说印度文化中的印度教和佛教图解现实生活，那么中国文化中的礼制则规范现实生活；如果说伊斯兰文化中的伊斯兰教干预世俗生活，那么西方文化中的基督教则引导世俗生活。"③

东南亚国家的近代建筑文化形成发展，除本土建筑文化的基因以外，还接受并融入了中国、印度、伊斯兰及欧美建筑文化的影响。这些影响普遍涉及民居建筑，同时反映于宫殿建筑、宗教建筑等公共建筑类型。

第一，本土建筑文化要素

东南亚的本土居民，适应于湿热气候的生存居住环境，发展了以木构干栏式为主要形式的居住建筑形式，俗称高脚屋，其主要共性特征有：一，大量采用天然的建筑材料木、竹、茅草、树叶等，形成了以木结构或竹木结构为主体的干栏式建筑；二，构建底层架空的空间模式。作为一种成熟稳定的建筑形制，各地的"高脚屋"建筑功能特征相

---

① 沈福煦，孔键. 近代建筑流派演变与鉴赏[M]. 上海：同济大学出版社，2008：43.
② 季羡林. 比较文学与民间文学[M]. 北京：北京大学出版社，1991：296. 转引自：张思齐. 从文化体系到中国本位——论季羡林的治学格局和为学方法[J]. 广东社会科学，2008，03：138-145.
③ 全峰梅，侯其强. 居所的图景——东南亚民居[M]. 南京：东南大学出版社，2008：23.

a 希腊古典风格：　　b 罗马古典风格：　　c 巴洛克风格：　　d 巴洛克风格：开平仓东村焕业楼
　开平风采堂入口　　　台山源兴里民居入口　　开平昌庐窗楣装饰

e 拜占庭风格：荣山谢公祠后楼"宝树楼"　　　f 中国固有式风格：开平自力村铭石楼

g 装饰艺术风格：琼林村健庐　　　h 洛可可风格：加拿大村耀华坊民居山花装饰

图2-3-1　侨乡民居中出现的各式风格

似，其空间构成整体为"下空上住"模式，居住部分为"前堂后室"模式，屋基、屋身和屋顶组合而成"三段式"建筑（图2-3-2）。具体包括底层架空层、入户阶梯、前廊、堂屋、卧室、佛堂、火塘（厨房）、晾台（露台）、屋顶空间等部分；三，民居的室外或半室外空间发达，各功能空间部分的组织形式多样。[①]

在不同的民族地区和国家，民居特色也有所差异，如泰族民居露台宽大，屋顶斜度大；院落前方设有供奉神灵的神屋。

---

① 全峰梅，侯其强. 居所的图景——东南亚民居[M]. 南京：东南大学出版社，2008：80.

第二，佛教、印度教建筑文化要素

印度的宗教文化在东南亚影响普遍，一方面是历史上印度人迁徙带动文化交融，另一方面则是东南亚各国统治者的推动所致。如印尼的巴厘岛居民以印度教为主要宗教信仰，而泰国、缅甸、老挝、柬埔寨等国是近乎全民信仰佛教的国家，受此影响，佛教建筑成为聚落内的重要建筑，寺院实现了大量有关文教、医疗、议事等社区公共功能。

人们全身心地投入佛教，在日常生活和民居建设中尤为重视宗教性空间，如在民居中设有佛堂、佛龛，是专事礼佛、研修之所，神圣而庄重。民居装饰艺术也大量呈现富有宗教寓意的图案和符号（图2-3-3、图2-3-4）。

图2-3-2 柬埔寨民居图
（来源：http://fj.sina.com.cn/travels/l/sj/2011-05-30/10256263.html）

图2-3-3 柬埔寨建筑
（来源：姜磊 摄）

图2-3-4 泰国建筑金漆木雕佛像图案
（来源：姜磊 摄）

第三，中国传统建筑文化要素

作为经济文化层面影响力巨大的大国，中国在历史上与东南亚各国有着较为密切的渊源关系，并与越南、菲律宾、缅甸、老挝、泰国等国保持宗藩关系。华人社区的寺庙、会馆、书院、宗祠等，多为中式传统建筑样式（图2-3-5），反映华侨故居地粤闽建筑特征。

中国传统建筑文化在东南亚传播，首先在一定程度上推动了当地建造技术的发展，如建筑构造方面土坯墙、砖石、砖木结构的应用。由于砖石材料昂贵，因此主要出现于皇宫、宗教建筑，在民居中并未普及。再如装饰技艺方面，粤东及闽南的嵌瓷工艺传入泰国（图2-3-6）。

其次是构建了具有礼制特征的居住空间秩序。如越南深受中国文化影响，社会文化、节庆民俗等与中国十分相似。民居多为院落式，主座为一明两暗的格局，厅堂正中供奉祖先牌位，显示出儒家文化影响下注重礼制秩序的传统。

第四，殖民式建筑文化要素

东南亚殖民地建筑的风格"并非来自欧洲本土，是西方人在亚洲殖民地的创造"，

图2-3-5 泰国的中式建筑
(来源：姜磊 摄)

图2-3-6 泰国建筑"嵌瓷"装饰
(来源：姜磊 摄)

"即一种周边作拱券回廊的一、二层砖木混合结构的房屋，是欧洲建筑传入殖民地印度和东南亚一带，为适应当地炎热气候而产生的一种建筑形式。"[①]这种建筑形式一般墙体较厚，外表多为白色，建筑外围的环廊形成鲜明的建筑形象特征。

西方建筑对东南亚本土建筑的影响，是自上而下实现的，宫殿建筑及官员、贵族的官邸建筑，以及政府办公建筑，近代西方国家殖民势力控制影响下，建筑立面及细部装饰，多包含有殖民国家的建筑符号。大部分建筑仍然保留了本土的建筑屋顶形态。

第五，伊斯兰建筑文化要素

东南亚的伊斯兰建筑文化，伴随着伊斯兰宗教的传播而开始出现，在马来群岛地区较为集中。

伊斯兰文化的建筑形象，尤为重视装饰，语言丰富，色彩艳丽，喜欢用明快绚烂的色彩和对比强烈的色调进行视觉传达。伊斯兰教不采用动物或人物图案，装饰纹样主要包括几何纹样、植物纹样和文字纹样，通过不断重复的构成手法组合而成装饰图案。极具重复、抽象的艺术美感和艺术表现力。建筑立面常见彩色陶瓷锦砖、瓷砖连续拼贴的形式。

东南亚建筑文化的表现形式各异，东南亚华侨在自觉和不自觉地学习过程中，面临了丰富、复杂、多样的选择（图2-3-7）。

在广东沿海各地殖民势力，以及东南亚华侨群体的双重影响作用下，殖民地建筑风格在潮汕及客家地区传播，并已深入乡村腹地，频繁出现于侨乡"洋楼"民居（图2-3-8）。如梅县联辉楼，外立面作油白处理，建筑正面及左侧围合以两层的拱券回廊，旁侧的全凤楼，正立面同样为油白的拱券回廊。东南亚炎热地区普遍使用的木质百叶窗，在潮汕地区从城市到乡村，均有使用；即便深处广东腹地的梅州，也同样出现。

彩色花纹瓷砖在潮汕地区应用普遍，用于地面、墙面装饰。瓷砖以重复铺排的形

---

① 高仲林. 天津近代建筑[M]. 天津：天津科学技术出版社，1990.

图2-3-7　善居室南洋装饰风格门楣　　　　　　　　　图2-3-8　三庐内院回廊

式，形成具有强烈冲击力的图案造型。重复是通过两个或两个以上的基本形的反复出现在画面上的一种构成形式，体现出秩序、规范和统一的形式感。瓷砖色彩、形态有序排列，但并非机械单调的重复，而是通过基本形重合、透叠、叠加等组合方式，形成二方连续或四方连续的图案。基本形除具象的拟物形态以外，更多为几何形。瓷片图案的色彩形成了较为鲜明的色相、明度、纯度对比，在一定程度上缓和、避免了形重复带来的单调感，如黄色和蓝色，红色和绿色对比组合（图2-3-9）。形的重复构成与色彩搭配共同实现了多样形式。

图2-3-9　蓝绿色花纹瓷砖

"重复"手法的运用，在东南亚的公共建筑装饰中较为常见，而大胆的用色既是潮汕传统的审美趋向，也是东南亚的装饰风格特征之一。

以上所述及侨乡民居建筑语言，虽然分别代表并反映了一定的风格倾向，但就建筑整体呈现的形式而言，则是多重文化要素叠加、积累而综合呈现的结果。

2.4 近代广东侨乡民居文化的空间区划

2.4.1 广东侨乡的形成及分布

在海外移民人口规模日渐庞大的现实情况下，光绪十九年（1893年）清政府解除了海外移民的禁令，颁布法令规定："自今商民在外洋，无问久暂，概许回国治生置业，其经商出洋亦听之。"正式承认华侨在国内外的合法权利和地位。海外华侨与国内家乡的沟通联系得到认可和保障，特别是侨汇资金的流通更为畅通，大力促进了家乡的建设发展，侨乡社会逐渐形成。

广东省内大部分市、县都有归侨、侨眷，侨乡遍布全省范围内，其分布具有一定的规律。

据20世纪80年代的不完全统计，全省归侨、侨眷约1000万人。《广东历史地图集》根据1985年的华侨人口统计数据，就华侨及侨眷人口规模的差异，将全省侨乡地市细分为六个等级：90~110万人、50~70万人、30~50万人、10~30万人、1~10万人、1万人以下。《广东省志·华侨志》则综合考虑了侨乡侨眷和海外华侨的人口数量，华侨与侨乡之间联系的密切程度等因素作为依据对广东侨乡进行界定，并根据20世纪80年代广东省各地市的人口统计数据及经济统计数据，将广东省的侨乡地市分为重点侨乡和一般侨乡两大类型。

根据以上文献对侨乡的界定及划分标准，综合人口、经济等因素，对应于广东省地图绘制侨乡分布图，[①]可以发现，广东省的侨乡主要集中分布于三个地带，分别对应于粤中广府地区、粤东潮汕地区和粤东北的兴梅客家地区。依据重点侨乡和一般侨乡的基本特征，即海外华侨及侨眷的人口数量，以及国内外的经济文化联系密切程度等，从地图的区域分析图可见，三个地区分别以区域内的重点侨乡为中心，一般侨乡团聚周边分布，即以广州、江门、潮安、汕头、梅县等重点侨乡县市为区域性中心，辐射周边的一

---

① 根据许桂灵等人的统计，广东归侨、侨眷人数约2000万，其中分布在珠江三角洲粤语系地区的约617万，潮汕语系（汕头、潮州、揭阳、汕尾）地区约580万，粤东北和东江流域客家语系地区的有429万，各占30.18%、29%、21.15%，这三个地区恰是广东主要侨乡分布的文化区域。详见：许桂灵，司徒尚纪. 广东华侨文化景观及其地域分异[J]. 地理研究，2004，03：411-421.

般侨乡，因此而呈现梯级层次分布的空间状态，反映了各区域内重点侨乡的核心地位和辐射作用。

广东重点侨乡集中分布于三大民系的文化核心区，重点侨乡分布的区域与广东广府、潮汕、客家三大民系文化核心区具有较高的契合度。

2.4.2 广府、潮汕、客家民系侨乡民居文化区的划分

建筑学学科研究视野的拓展和研究方法的延伸，充分借鉴了文化地理学学科的理论成果。

陆元鼎等学者采用民系分类法，研究中国传统民居。特别是对中国南方越海、广府、客家、闽海、湘赣五大民系地区的民居进行了针对性的调查研究。在各民系地区具体的研究中，有关学者以具体的民系地区及相关省份为范围，进一步深入细分进行探讨。《中国东南系建筑区系类型研究》[①]中关于东南系民居建筑类型的研究，就是针对这五大民系建筑的研究。每个民系建筑文化区之下，涵盖多个文化亚区。除Ⅰ越海系建筑文化区、Ⅱ湘赣系建筑文化区之外，其余文化区均与广东有关，包括：Ⅲ闽海系建筑文化区，含1）闽东闽海建筑文化核心区、2）莆仙闽海建筑文化亚区、3）闽南、潮汕闽海建筑文化亚区、4）闽中北闽海建筑文化亚区；Ⅳ客家系建筑文化区，含1）梅州客家建筑文化核心区、2）汀州客家建筑文化亚区、3）粤北客家建筑文化亚区、4）赣南客家建筑文化亚区；Ⅴ广府建筑文化区，含1）珠江三角洲广府建筑文化核心区、2）西江广府建筑文化亚区、3）粤西广府建筑文化亚区。《广东民居》[②]，同样基于民系，分别对广府民居、潮汕民居、客家民居进行了分析研究。近年出版的岭南建筑经典丛书，岭南民居系列之《广府民居》[③]《潮汕民居》[④]《客家民居》[⑤]《雷州民居》[⑥]，使相关研究更加深入。以上关于中国南方地区，特别是广东民居的研究，均基于民系分类法而展开，与广东民系文化及文化区的研究密切相关。民居文化区与民系文化区的划分，基本呈重叠关系。在有关著述中，均提及近代侨乡形成后侨乡民居的特殊性，作为专题或挑选典型案例予以重点分析。

许桂灵、司徒尚纪根据华侨祖籍地文化特质的相对一致性，华侨侨居地文化背景的相对共同性，以及界定侨乡市县的标准，将广东（含海南）划分为以下五个华侨文化分区：珠江三角洲广府华侨文化区、江门五邑华侨文化区、潮汕华侨文化区、东江-兴梅

---

① 余英. 中国东南系建筑区系类型研究[M]. 北京：中国建筑工业出版社，2001：3-106.
② 陆琦. 广东民居[M]. 北京：中国建筑工业出版社，2008.
③ 陆琦. 广府民居[M]. 广州：华南理工大学出版社. 2013.
④ 潘莹. 潮汕民居[M]. 广州：华南理工大学出版社. 2013.
⑤ 潘安，郭惠华，魏建平，等. 客家民居[M]. 广州：华南理工大学出版社. 2013.
⑥ 梁林. 雷州民居[M]. 广州：华南理工大学出版社. 2013.

客家华侨文化区，以及琼东北华侨文化区。除琼东北华侨文化区属于已经独立设省的海南外，其他四个华侨文化区分属广东广府、客家、潮汕民系地区，土地利用景观、建筑文化景观、语言文字景观、人才文化景观等各文化景观特点在各区表现差异明显，表明广东华侨文化有鲜明地域分异。[①] 较为明显的文化空间分异，是国内华侨故居地和海外侨居地双重的社会、经济、文化条件等差异所致。

综合借鉴上述文化地理学的理论，以及多年以来民居研究的成果，我们在民系分类法基础上界定侨乡民居文化的区划范围，划分依据主要有：

（1）相似和共同的侨乡文化区发展背景；
（2）侨乡特征鲜明、统一的民居建筑文化景观；
（3）侨乡民居文化连续、集中分布形成片区；
（4）"城市–墟镇–乡村"一体，重点侨乡辐射一般侨乡的层级结构。

据此我们将近代广东境内的侨乡民居文化区划分为广府侨乡民居文化区、潮汕侨乡民居文化区和客家侨乡民居文化区三大区域，与司徒尚纪等人所划分的广东华侨文化区划基本一致。在广府侨乡民系民居文化区范围内，又包括两个文化亚区，即五邑侨乡，含江门新会、开平、台山、恩平和鹤山，以及珠三角广府侨乡，含广州、珠海、中山、东莞、佛山等地市。比较而言，五邑侨乡民居的建筑特色更为突出，形成了有别于传统民居的独特风貌。广府文化区内部的文化交流互动现象，也促使外来文化在广府侨乡各地的影响普及、深化和趋同。潮汕侨乡民居文化，较为集中地分布于潮州的潮安、潮阳，汕头的澄海，以及揭阳各县市。客家侨乡民居文化，以梅县、大埔、兴宁等县市较为典型。特别是梅县境内的梅江流域，大量分布近代侨汇支持修建的围屋建筑，颇具代表性。茂名、信宜等地，虽属于重点侨乡，但其民居文化仍以传统风貌为主体，少见华侨文化影响的痕迹。本书选择的重点研究地市，均处于各民系文化区的核心区域，同时也是重点侨乡集中分布的地带，侨乡民居文化的演化特征显著。

具体到各个地市，重点侨乡和一般侨乡城、镇的分布图，体现了空间分布的层次性和重点侨乡城镇对周边乡村的辐射作用。包括侨乡民居在内的侨乡建筑的分布与侨乡的分布情况基本协同对应，具有高度的一致性，也因此而呈现出城镇到乡村，由沿海向内陆梯级层次分布的状态。林琳对广东近代骑楼建筑分布特征的研究也印证了这一点。[②]

本书重点研究的侨乡民居，主要是指分布于广大侨乡乡村聚落的民居建筑。侨乡民居及聚落的分布，与华侨侨汇经济的流布网络相对应，形成了一定的空间分布规律及空间分布特征。

---

① 许桂灵，司徒尚纪. 广东华侨文化景观及其地域分异[J]. 地理研究, 2004, 03: 411-421.
② 林琳. 广东地域建筑——骑楼的空间差异研究[D]. 广州：中山大学, 2001.12.

2.5 本章小结

本章从广东汉族民系的角度切入分析近代广东侨乡民居的文化成因与空间分布区划，比较广府、潮汕和客家民系文化特征，并对宗族文化、移民文化进行民系比较，综合考量各种文化成因的作用。

广府、潮汕和客家民系文化均具有较为明显的个性特征，是侨乡民居文化差异发展的内核所在。广府民系处于近代中国中西文化碰撞、交流最为激烈、最为频繁和广泛的文化前沿；潮汕民系融儒、商文化于一体，多元而统一，客家民系继承儒家传统文化，崇文重教、崇宗敬祖之风兴盛。

民居建筑及其构成的聚落与社会结构相互关联、互为表征。广东乡村在宗族制度体系下形成聚居传统，广府、潮汕和客家传统民居所表征的宗族结构要素，传统聚落所表征的宗族结构各不相同。在此基础上，近代广东侨乡宗族制度及民居建设的发展演化，必然呈现差异格局。

近代广东人移民海外的传统由来已久，其根本动机是改善生活境遇，获得生存发展的机会。海外华侨有北美和东南亚两大地缘群体，由于各时期、各侨居国国情不同，华侨走上了不同的经济发展道路。根据行业特点，华侨有"华工""华商""华农"等类型，还可分为自由移民和被迫移民两种类型。侨居地社情文化条件差异，决定了华侨在海外的经济条件、社会地位分化，其心理状态和行为方式趋于多样化。比较而言，美洲国家的华侨获得社会地位上升的机会较少；而东南亚华侨无论经商还是务农、务工，均可获得更为平等的机会，华侨已经融入社会经济发展的深层部分，并涌现不少行业巨子。在海外侨居地，欧美国家流行复古思潮，建筑中追求古典复兴、浪漫主义、折衷主义的风格；东南亚建筑文化则杂糅多样，包含了本土建筑文化、佛教、印度教建筑文化、中国传统建筑文化、殖民式建筑文化以及伊斯兰建筑文化等多元要素。海外建筑文化表现形式各异，为各国华侨提供了不同的学习素材。

结合侨乡的界定及划分标准，综合人口、经济等因素可知，重点侨乡的分布与广东广府、潮汕、客家民系文化核心区具有较高的契合度。在此基础上，参照文化地理学关于广东省侨乡文化区的研究，结合对现有侨乡民居建筑的广泛调研，本书界定划分出了近代广东广府、潮汕和客家民系侨乡民居文化区。

第3章 基于侨乡侨汇经济的近代广东侨乡民居分布与建设比较

近代时期广东华侨汇款持续近百年，数额巨大，影响深刻，为世界移民史所罕见。侨汇经济的基础性研究已积累较为丰富的成果，较为全面地分析并比较了广东各地侨汇资金的来源、数额、用途及阶段等。依托于侨汇资金投入而进行的近代侨乡民居建设数量庞大、分布广泛，然而目前的研究重点突出但全貌模糊，尚缺乏全面系统的统计。

侨汇是近代广东侨乡建设快速发展的经济基础和根本动因。侨汇流向及用途明确，主要集中于侨乡村落，并以赡养家庭为主要用途，同时，侨汇作为外源性的资金输入，在国内外政治、经济、社会条件的制约下阶段性变化、波动起伏的特征明显。因此探究广府、潮汕和客家侨乡民居建设的时空分布特征，离不开侨汇经济作用的比较分析。

近代侨汇的输入引发侨乡经济模式改变，传统的"生产型"社会开始向"消费型"社会转变。侨乡社会的生产型功能日渐退化，消费型的功能则长足发展。侨乡村落原有的农业经济基础削弱乃至瓦解，侨眷生活依赖侨汇经济支撑，以农业生产为基础形成的传统经济合作关系随之发生异变，这种关系映射于民居及聚落的建设过程中，促使建设模式变化，而由于广府、潮汕和客家侨乡地区侨汇经济条件及建设传统不同，必然导致建设模式的分异。

3.1 侨汇流布表征侨乡聚落的空间分布特征

3.1.1 侨汇网络的建构

陈达在研究南洋华侨与闽粤社会的时候，提出华侨对侨乡社会生活的两大重要贡献，即新思想（或新习惯）的介绍和汇款的寄回。侨乡形成与发展的首要原因是经济层面的。早期华人背井离乡，赴海外务工，多是人多地少、经济落后所导致的无奈之举。从出洋的路径来看，得益于广东各地发达的水系，人们多循水路南下，而近代新式交通的兴起及交通网络的进一步建设，使得出洋途径更为便捷。

第一，资金回流机制形成，是实现侨汇用途的现实需求。从侨乡的人口自然构成比例看，海外华侨、归侨、侨眷人口占较大比例。部分重点侨乡中侨眷及归侨人数占该区人口总人口50%以上。由于男主人在海外谋生，华侨家庭的组织结构和生活方式变化巨大，华侨家庭成为联系海外华侨社区与国内侨乡的纽带，海外华侨所提供的侨汇是维系华侨家庭生计，支撑侨乡发展的主要经济来源。

一般认为，近代侨汇用途主要体现在赡养家眷、事业投资和慈善公益捐赠三个方面，以不同形式推动侨乡建设。从侨汇用途的分配比重来看，赡家性侨汇，包括家庭生活及建筑房屋等费用，占据侨汇总额的绝大部分。投资性和捐献性侨汇所占侨汇比例很小：1862~1949年间，各时期全国华侨投资占侨汇比例，大约在2.84%~4.8%之间，广东侨汇用于投资的侨汇比例略低于全国水平，约占2%。①

赡家性侨汇出现，使得华侨家庭与非华侨家庭的经济来源发生显著差异。根据陈达在1934~1935年对潮汕地区100户华侨家庭和非华侨家庭"生计"问题的抽样调查表明：华侨家庭每月的经济来源约有81.4%来自南洋侨汇。侨乡男性远赴重洋谋生，家中"上有衰亲，下有弱子"，②侨眷"许多人也有职业，不过入款细微，不能单独恃此来维持家庭的生活"，因此在本地经济收入非常有限的情况下，国内侨眷的生活开支主要依赖于定期的海外侨汇；而"非华侨社区的成年男女，一年之内所忙碌的，就是耕种、耘耙、收割家庭副业和上市销售自家所得的农产物"，呈现华南传统农村社会的农业生产状态。③同时，侨汇支持下的华侨家庭收入水平和消费水平普遍高于非华侨家庭。非华侨家庭的每月生活费，平均为20.38元，而华侨家庭的每月生活费，平均为64.68元。④

近代的投资性侨汇少量用于创办实业，一定程度上发展了民族工业，促进了侨乡地方经济的繁荣。然而，由于侨汇生产性的投入比重偏低，在消费型经济形态下侨乡社会的生产和消费失衡，商业经济繁荣，却难以促成传统经济结构的根本变化，因此侨乡生产性行业的发展相对滞后，侨乡经济发展动力不足。

第二，侨汇资金汇兑结点及路径形成侨汇网络。侨乡社会形成以后，源源不断的侨汇资金，是维系并推动侨乡社会发展的经济命脉。侨汇由海外进入国内，多经香港转汇。香港是当时广东侨汇的重要枢纽和最大的汇兑中心，系美洲、东南亚海外侨汇与广东三大民系地区之间的重要转汇地。而广州、汕头作为当时广东最重要的两大港口型都市，在全国七大港口之列，分别成为广府侨乡地区和粤东侨乡地区（含潮汕、兴梅客家地区）的区域性都市中心，周边的地方城镇是联系乡村聚落的次级中心。三个大型都市是侨汇资金流动的关键结点：侨汇主要由香港转至广州、汕头，再分别汇至广府和粤东潮客地区的各级县市、乡村（图3-1-1）。在侨汇高峰时期，仅1930年1年内由美国寄往香港的侨汇已多达1.19亿美元，这些侨汇相当一部分转至广府地区。⑤

第三，侨汇最终流向的目的地主要集中于侨乡地区。侨汇资金流向的最终目的地也即使用地，是由其主要用途决定的。从侨汇的三大用途来看，血缘纽带关系形成天然的经济联系，赡养家庭是其最主要的用途。因此就整个广东省而言，侨汇集中分布于广府、潮汕和客家民系侨乡文化区，并主要流向侨眷聚居的广大侨乡村落。

由于投资性侨汇的出现，侨汇发挥的经济作用开始覆盖墟镇、城市。投资具有赢利

---

① 林金枝. 近代华侨投资国内企业的几个问题[J]. 近代史研究, 1980, 01: 199-230.
　林家劲, 等. 近代广东侨汇研究[M]. 广州: 中山大学出版社, 1999: 35.
② （清）吴宗焯修, 温仲和纂. 嘉应州志[M]. 台北: 成文出版社, 1968: 151-152.
③ 陈达. 南洋华侨与闽粤社会[M]. 北京: 商务印书馆, 2011: 72.
④ 陈达. 南洋华侨与闽粤社会[M]. 北京: 商务印书馆, 2011: 103, 294-301.
⑤ 林家劲, 等. 近代广东侨汇研究[M]. 广州: 中山大学出版社, 1999: 1.

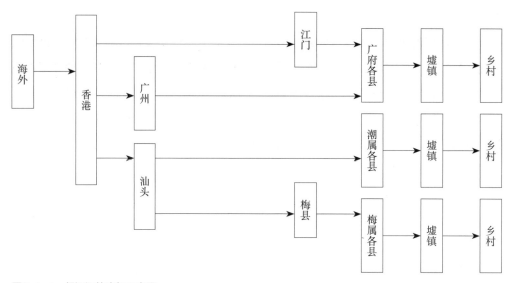

图3-1-1　侨汇汇兑路径示意图
（来源：根据《近代广东侨汇研究》等有关资料绘制。详见：林家劲，等. 近代广东侨汇研究[M]. 广州：中山大学出版社，1999：18-21.）

目的，倾向于选择具有区位优势，社会经济基础良好及交通便利的地区，因而投资性侨汇主要流向墟镇、城市，并成为推进侨乡城镇建设的重要动力。广州、汕头两大都市，以及江门、梅县等地方城市，虽然并非主要的华侨祖居地，但作为连接海内外的重要空间结点，亦成为侨汇投资聚集之地。此外，捐赠性侨汇则同时流向乡村和城镇，其所占比例相对较少，对侨乡建设起到补充作用。

3.1.2　侨乡聚落分布的共性特征

对应于侨汇资金汇兑网络，从侨乡文化区的宏观维度来看，主要侨乡聚落的空间分布表现为近交通、近港口、近城镇的总体特征。在广府、潮汕和客家侨乡文化区，以水陆交通干线为空间发展轴，以交通结点为重心，形成侨乡聚落集中分布带。侨乡聚落的分布状态符合侨乡形成发展的历史特征。早期侨乡形成之时，侨眷集中于乡村，且多为距离城镇相对较远的农村，因为经济的原因而出国。城镇及其周边乡村，因经济条件较好，出洋人数也较少。而侨乡形成以后，在既有的城乡分布格局的基础上，交通发展，城乡建设发展，侨乡聚落范围扩张，特别是新型的华侨新村出现，新的墟镇出现，侨眷开始向临近城镇的区域靠拢和集中，这是在经济发展和城乡建设的局面下，侨乡地区集中、密集建设的结果。

移民网络、侨汇经济网络的建构，正是以空间的形式来实现的，无论是人口的外迁，还是侨汇的回流汇兑过程，均直接对应并依托于交通条件而实现。侨乡聚落的分布，首先体现出鲜明的"近交通"空间特征。广东省雨量丰富，河流众多。由西江、北江、东江构成的珠江水系及粤东的韩江水系基本覆盖广东全境，近代广东交通以水运为主，之后出现汽车、列车、轮船等新式的水、陆路交通形式，而且陆路交通在很大程度上与水路交通线路有一定的重合性，因此侨乡聚落沿江河水系集中分布的特征明显。

侨汇资金的流动依托于以各级乡村、墟镇、城市为结点，水陆交通为路径形成的空间网络。银行、邮局、侨批馆等金融汇兑机构广泛分布于各侨乡城镇、乡村，形成一个庞大的由海外侨居地直至国内侨乡乡村的侨汇经济网络和空间网络，覆盖了近代广东的各重点侨乡，如广府地区江门的开平、台山、新会、恩平等地，潮汕地区的澄海，潮安，普宁等地，以及客家地区的梅县、兴宁、大埔等地。这些广府、潮汕、客家华侨及侨眷集中的地带，同时也是侨汇回流的主要目的地。

交通作为侨乡形成和发展的最基本条件，直接影响了三大民系地区侨乡聚落的分布形态。侨乡聚落建设形成沿区域交通线路聚集的空间发展趋势和分布特征。近代三大民系侨乡聚落的分布，受水陆交通建设的发展影响，在交通线路形成网络，日趋复杂化的趋势下，侨乡区域内城、镇、村的联系趋于紧密，整合度提高，成片集中分布的城乡聚落地带形成。

水路交通的形式主要有渡口渡船和港口机动轮渡两种形式，陆路交通的形式主要有公路汽车和铁路列车两种形式。大型机动轮渡和铁路都是近代时期兴起的新式交通方式，对于侨乡人口、资金、物资流动具有关键作用。

广东水网密布，河流纵横交错，域内几大江河均南下汇入南海，沿岸各渡口、港口承担了物资、人员流动的中转功能。广东境内江河纵横，有珠江流域、韩江流域和粤东沿海、粤西沿海诸河，珠江流域由西江、北江、东江和珠江三角洲组成，韩江在梅州三河坝以上为上游，下至潮州为中游，潮州以下进入三角洲河网地带为下游，分为3支，称北、东、西溪，分别入海，以东溪为入海主流水道。（图3-1-2）

清末及民国初年的广州、汕头等为主要的大型出海港口。广府地区潭江流域的江

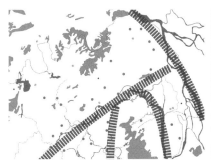 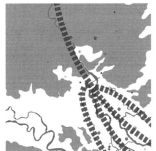 

a 潭江流域发展轴线　　b 韩江流域发展轴线　　c 梅江流域发展轴线

图3-1-2　三大流域发展轴线

门、长沙、赤坎、广海，潮汕地区的柘林、樟林、黄冈、南澳、达濠、东里，以及兴梅客家地区的三河坝、松口、梅城等港口，是分布于侨乡各县市区域性的重要港口。在沿江河来往行人较多的村镇地方多建有渡口，以木船为渡，实现沿岸的短距离过往交通。维持各渡口运营的经济开支，或由华侨捐资，或由附近的宗族公尝支持。如光绪《嘉应州志》载，清末梅县有名可查的渡口有62处，民国年间，沿江地区先后兴建了一批交通桥梁以后，全县渡口有所减少。至20世纪40年代，县内有渡口46处，渡船60余艘。①

近代广东主要有广三、广九、粤汉、新宁、潮汕五条铁路兴建。五条铁路之中，潮汕铁路位于粤东潮汕地区，粤汉铁路联系粤中广府与粤北客家地区，广三、广九、新宁均为广府地区的铁路路线。其中粤汉、广九线路最长，分别为224公里，178.56公里。

从文化、地理及交通体系的分布情况来看，对应于广府侨乡所辖江门五邑侨乡和珠三角侨乡两大亚文化区，广府侨汇的流动、分布，循由"海外–香港–广州–各县市城镇–各县市乡村"或"香港–江门–各县市城镇–各县市乡村"两大空间网络。广府侨乡的江门地区，以潭江、西江为水路途径、新宁铁路及各县市公路等为陆路途径作为空间发展的主轴，以广州、江门作为都市核心，以各级县市墟镇为结点，形成了侨乡聚落分布的空间结构。

潮汕、客家侨乡侨汇的流动分布，与广府侨乡类似，循由"海外–汕头–各县市城镇–各县市乡村""海外–汕头–梅属各县市城镇–各县市乡村"的空间网络，包括水路航运、铁路、公路交通在内形成空间发展轴。在潮汕侨乡地区，韩江、榕江、练江等江河干流分别贯穿联系潮汕地区各地，域内还有潮汕铁路贯穿南北；兴梅客家侨乡地区，梅江、汀江等江河干流分别贯穿联系梅县、兴宁、大埔、五华等地。

3.1.2.1 广府：以江门五邑地区为例

江门五邑侨乡地区，地处珠江流域，以潭江、西江、新宁铁路等水陆交通线路为空间发展主轴，沿水陆交通干线形成东西、南北走向的侨乡聚落集中分布带（图3-1-2a，图3-1-3）。②

江门自古以来水陆交通发达。明清时期以潭江沿线所设驿站为结点，"嘉靖《广东通志·驿传》记'自新会、东亭、蚬岗、恩平、莲塘至高雷廉琼'设有释站路线；另从崧台（在肇庆），由腰古（在云浮）、新昌（在今开平）、独鹤（在今开平）至恩平止"。

---

① 《梅县志》编纂委员会编. 梅县志1979—2000[M]. 广州：广东人民出版社，2010：456-457.
② 潭江是珠三角水系的一级支流，古称君子河。主流发源于阳江市牛围岭山，自西向东流经恩平、开平、台山、鹤山，于新会环城镇附近折向南流，注入银洲湖，从崖门出南海。沿途汇纳朗底水、莲塘水、蚬冈水、白沙水、镇海水、新昌水、公益水、新桥水、址山水、新会河、江门水道（蓬江河）、天沙河、下沙河、沙冲河、田金河、甜水坑等支流。主流全长248公里，河床平均比降0.45‰。流域面积6026平方公里，其中在江门市境内5882平方公里。详见：《江门市水利志》编纂委员会. 江门市水利志[M]. 北京：中国水利水电出版社，2008：143.

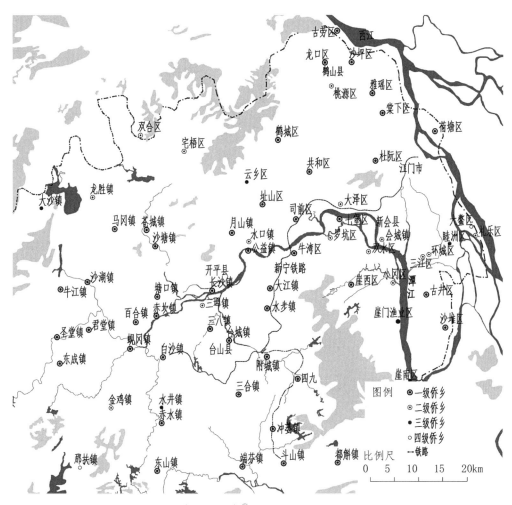

图 3-1-3　广府侨乡聚落分布示意图（江门局部）①
（来源：《新会县志》②1985年统计数据，《广东台山华侨志》③1998年统计数据，《开平县志》④1992年统计数据，《鹤山县志》⑤1985年统计数据，《恩平风采》⑥1988年统计数据）

此线沿开平河延伸，同上面潭江干线交会于恩平。从恩平西南行至与阳江交界的黄竹桥，乃明清"通高廉雷琼要冲"。由此桥西南行，"抵电白，东一百里而往西南，出限门，则川流背放于海"，与海上航线接通。⑦

这些交通线路的设置，使江门地区形成为联系广东省东西、南北区域，沟通广府与潮汕系地区，联系海内外的过渡地带。交通沿线的村落，大量贫困人口正是藉由这一路

---

① 本文根据各地华侨、侨眷或三胞人口数据的多少，依次确定一级、二级、三级、四级侨乡进行比较。
② 新会县地方志编纂委员会. 新会县志[M]. 广州：广东人民出版社，1995：123-142.
③ 《广东台山华侨志》编纂委员会. 广东台山华侨志[M]. 香港：香港台山商会有限公司，2005：60.
④ 司徒星，余玉晃，开平市地方志办公室. 开平县志[M]. 北京：中华书局，2002：131-139.
⑤ 郭运腾，鹤山县县志编纂委员会. 鹤山县志[M]. 广州：广东人民出版社，2001：91-101.
⑥ 《恩平风采》编写组. 恩平风采[M]. 广州：广东人民出版社，1988：63-86.
⑦ 司徒尚纪. 岭南历史人文地理——广府、客家、福佬民系比较研究[M]. 广州：中山大学出版社，2001：204.

径而出洋，侨乡因此形成；同时，集信笺与钱款于一体的侨汇，也是藉由这一路径回流侨乡并支持乡村建设。

新式的水陆路交通形式汽车、列车、轮船在商贸繁荣的沿海地区广府系、潮汕系地区率先兴起。水陆交通网路在沿江流域建构，成为联系城乡发展区域经济的命脉。近代水路交通持续发挥主导作用，新式的公路、铁路交通出现，成为影响侨乡聚落分布的主要因素，具体来看：

近代潭江、江门水道、西江水系形成的水路交通是该流域内江门五邑地区的主要交通干线。近代时期建设的沙坪至阳江的公路，是区域干线，沿潭江主航道由东北向西南方向，横贯江门地区，另有江佛公路连接江门和佛山，冈州公路连接江门与新会。此外还有若干各县市修筑的县道、乡道，包括新台公路、新鹤公路、新开公路，以及江礼公路、城熊公路、新兜公路、九区公路、海江公路等①，其中多条公路是由华侨直接投资兴建。在铁路建设方面，新宁铁路长达127.3公里，虽未与其他铁路接轨，但对于江门地区陆路交通意义重大，沿线城镇乡村得以迅速发展起来。

各种交通方式的线路均在潭江沿线集中出现，局部呈现"水、陆主干道基本重叠的势态"，使潭江沿线变成重要的交通走廊，成为联系城乡发展的重要命脉。②受此空间格局的影响，分别形成东-西，南-北的两大侨乡聚落分布带。

东西走向的侨乡聚落分布带：在古兜山、皂幕山、大隆洞山、天露山之间的地带，沿潭江流域，形成东西发展的侨乡地带。沿线自东向西，涉及主要县市包括新会、开平、台山、恩平，包括了各县所辖镇公益、三埠、赤坎、岘冈等典型的侨乡聚落。

南北走向的侨乡聚落分布带：沿西江流域，自北而南，形成鹤山至江门（新会）的地带，包括古劳、沙坪、棠下、荷塘等区镇；沿潭江流域，在新会境内，形成牛牯岭与古兜山之间的地带，包括大鳌、古井、沙堆、会城等区镇。新宁铁路不仅贯穿江门和新会的东西方向，而且一直延续至台山中部，联系南北方向交通，因此在台山境内，古兜山与大隆洞山之间的地带，铁路沿线也形成南北发展的侨乡聚落分布带，包括斗山、冲蒌、四九、台城等乡镇。他们因江门地区交通建设而繁荣。其中与新宁铁路相连或发生联系的墟镇有45个。③

就整个潭江流域江门五邑的侨乡聚落分布情况来看，其逐渐由单一线性的分布特征，向网络化扩散分布的特征演化。

---

① 广东全省地方纪要．1934：147，转引自林金枝，庄为玑．近代华侨投资国内企业史资料选辑 广东卷[M]．福州：福建人民出版社，1989：492．
② 张以红．潭江流域城乡聚落发展及其形态研究[D]．广州：华南理工大学，2011：73．
③ 台山县方志编纂委员会．台山县志[M]．广州：广东人民出版社．1998：364．

3.1.2.2 潮汕：以潮安、澄海地区为例

潮汕地区以韩江、榕江、练江、潮汕铁路等为空间发展轴，沿水陆交通干线形成三大侨乡聚落分布带。

粤东潮汕地区有三大江河水系，分别为韩江（中下游）、榕江、练江。韩江三角洲、榕江下游平原和练江下游平原共同组成了广东省第二大平原——潮汕平原。潮汕平原地势平坦，城镇分布密集，是潮汕文化的核心区域，同时也是侨乡聚落集中分布的区域。

韩江下游流域形成北溪、东溪、西溪、潮汕铁路多线发展的侨乡聚落分布区（图3-1-2b、图3-1-4）。

韩江上游为发源于广东紫金的梅江和发源于福建宁化的汀江，两江在大埔三河坝汇合，韩江自梅江源头至东溪口，全长470公里，流域面积30112平方公里。韩江在潮州以

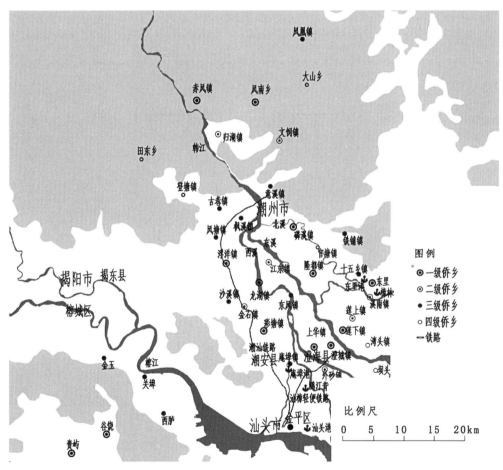

图3-1-4 潮汕侨乡聚落分布示意图（潮州、汕头、揭阳局部）[①]
（来源：《澄海县华侨志》[②]1987年统计数据，《潮州市志》[③]1988年统计数据）

---

① 本文根据各地华侨、侨眷或三胞人口数据的多少，依次确定一级、二级、三级、四级侨乡进行比较。
② 澄海县人民政府侨务办公室，澄海县归国华侨联合会. 澄海县华侨志 初稿[M]. 1987: 3-4.
③ 潮州市地方志编纂委员会. 潮州市志下[M]. 广州：广东人民出版社，1995: 2105-2339.

南孕育而生韩江三角洲，其范围是以潮州为顶点，东北至盐鸿（盐灶）与黄岗溪河口平原为邻，西南隔桑浦山与榕江河口平原为界，三面被山丘环绕，东南面向南海敞开，呈喇叭形，总面积为915.08平方公里。①

韩江在潮州境内分流为北溪、东溪、西溪三条支流，形成发散状水系，河流沿线多设渡口、港口，所形成的水路交通自古以来就是韩江三角洲的主要交通干线。据《潮州志》记载，海运兴起之时，柘林、黄冈、南澳、樟林、东里、达濠、海门、神泉等处"皆为出洋之口""巨舶往来海上，运载土货至广州及闽浙沿海或远达南洋日本，转贩外货输入"。②明、清时期，封建统治者虽然实行了严厉的海禁政策，但也保留了南澳、柘林、潮安庵埠和、达濠等地作为对外贸易的港口及口岸。自清朝中期至1861年汕头开埠以前，樟林港成为潮汕地区对外贸易的主要港口。汕头开埠以后，樟林逐渐没落，并被汕头所代替。

近代新式的陆路交通方式潮汕铁路的兴建。深刻影响侨乡建设。潮汕铁路于清光绪三十二年（1906年）九月修至潮州城，11月25日正式通车。铁路自汕头途经庵埠、华美、彩塘、鹳巢、浮洋、乌洋、枫溪到潮州，全长39公里。光绪三十四年（1908年），潮汕铁路建设了潮州至意溪的铁路支线，长3.1公里。

水陆联运线路在韩江沿线聚集，形成重要的交通走廊和区域性空间发展轴，成为联系城乡发展的重要命脉。一方面，人们藉由水陆交通便利出洋谋生，侨乡聚落沿江河流域分布；另一方面，沿线商业经济发展，墟镇数量增长、规模扩大，城乡联系更为密切。

北溪、东溪、西溪三条支流南北走向，划分出南北狭长的空间区域。第一，在北溪和东溪之间的平原地带，集中分布了磷溪、隆都、莲华、东里、溪南等重点侨乡城镇，下辖前美、樟林等典型侨乡村落；第二，在东溪出海口处，莲上、莲下、湾头、坝头等重点侨乡城镇，形成侨乡组团；第三，在西溪流域沿线分布的重点侨乡城镇有江东、龙湖、东凤、上华、澄城、外砂。第四，潮汕铁路沿线分布大量侨乡，自北向南的主要侨乡城镇包括枫溪、凤塘、浮洋、金石、彩塘、庵埠等，下辖淇园、金砂、宏安、华美等典型侨乡聚落。

此外，在潮汕地区的榕江、练江流域也形成侨乡聚落分布区。

练江发源于广东省普宁市大南山五峰尖西南麓杨梅坪的白水磜，入潮阳境内，经海门水闸出南海。全长77.12公里，集水面积1346平方公里。③普宁燎原镇、流沙镇靠近练江源头，是依托练江而发展起来的侨乡城镇，大型侨乡村落泥沟村位于燎原镇。

---

① 李平日等. 韩江三角洲[M]. 北京：海洋出版社，1987: 1-3.
② 汕头市人民政府侨务办公室，汕头市归国华侨联合会. 汕头华侨志初稿[M]: 2-2.
③ 普宁市地方志编纂委员会. 普宁县志[M]. 广州：广东人民出版社. 1995: 74.

榕江是广东粤东地区第二大河流，仅次于韩江。榕江发源于普宁，自西南向东北流经陆河、揭西、普宁、揭阳、潮阳，于汕头港牛田洋入南海，全长175公里，集水面积4408平方公里。[①] 以榕城区为例，据1994年侨情调查，榕城区的华侨、外籍华人的眷属共有103372人，约占全区人口的30%，分布于城区各街道办事处及两镇。[②] 这些侨乡毗邻榕江及其支流，利用水路交通的便利发展起来。

3.1.2.3 客家：以梅县地区为例

客家侨乡域内以水路交通为主、山区陆路交通为辅。本书以梅县作为重点研究地段进行分析（图3-1-2c、图3-1-5）。

1．以梅江为空间发展主轴，形成山地丘陵地貌条件下的狭长带状分布形态

梅江全长305公里，流域面积达23000平方公里。梅江由河源市紫金县发端，自西南向东北，经梅州境内五华、兴宁、梅县、大埔各县，并在大埔县三河坝与福建而来的汀江、梅潭江汇合，流至潮汕地区连接韩江，最终注入南海。梅江在山地丘陵之间蜿蜒辗转，是覆盖和影响粤东客家地区最主要的江河水系。

梅县华侨的出洋路线正是循由自南而北，再由北向南，即沿梅江至三河坝，再顺韩江南下至汕头。因此，水路交通干线为主的交通轴线是梅县客家侨乡聚落发展的主轴线。该轴线打破了明清时期域内聚落较为均匀地分布形态，沿梅江沿线的侨乡聚落更加密集，大量新增的民居建筑集中在这些聚落出现。同时，松口、丙村、松源、畲江等几大墟镇也分布在这条轴线，虽未能形成类似江门台山、开平地区那样的墟镇密集群，但这几大墟镇作为区域性的交通、经济、文化中心，对于侨乡人口流动、经济发展具有重要的结点意义。

侨眷人口占60%以上的城北、程江、西阳、长沙等重点侨乡乡镇，70%以上的南口、白宫、城北、松北、梅江等，其地理区位靠近梅江干流。而侨眷人口少量的梅西、石坑、松源等镇，深处莲花山脉、明山嶂山区，远离梅江水系及各大港口。如松源在梅县东北部，东南与桃尧相连，西南与隆文交界，经过松源河，途径桃尧可达松口，但因距离较远，因此侨眷人口比例偏低。

2．以松口港和梅城港两大主要港口为核心，形成两大侨乡聚落组团

侨眷人口分布呈梯级形态。体现了梅城、松口两大港口的凝聚和辐射作用。梅县境内侨乡聚落，在梅江沿线分布，形成以南北两大港口为端头核心的哑铃状区域形态。梅城港附近集中了城北镇、西阳镇、白宫镇、南口镇、扶大乡、梅江镇、程江乡等重点侨

---

① 普宁市地方志编纂委员会. 普宁县志[M]. 广州：广东人民出版社. 1995: 75.
② 贺益明, 榕城区志编纂委员. 榕城区志[M]. 北京：经济日报出版社, 1999: 333.

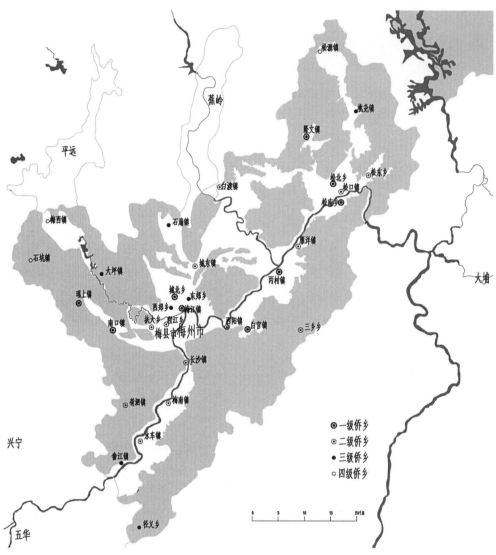

图3-1-5 客家侨乡聚落分布示意图(梅县局部)[①]
(来源:《梅县志》1987年统计数据。[②])

乡;松口港附近集中了松东乡、松口镇、松南乡、松北乡等重点侨乡,其中松北、松南侨眷人口比例达80%以上。松口港所在地松口镇[③],侨眷人口比例约50%,低于周边几镇,是因为当地人多从事商贸活动,有稳定的经济收入,较少出洋谋生。

与广府和潮汕侨乡类似,水、陆交通在一定程度上的重叠,以及水陆联运方式的普及,使得梅江水系成为侨乡聚落空间的发展轴线。近代梅县境内梅江及其支流沿线分布

---

① 本文根据各地华侨、侨眷或三胞人口数据的多少,依次确定一级、二级、三级、四级侨乡进行比较。
② 《梅县志》编纂委员会. 梅县志1979-2000[M]. 广州:广东人民出版社,2010:83-117.
③ 说明:松口、松东、松南三镇后已合并称为松口镇,成为梅县最大的镇。

大小渡口、码头46处，渡船60余艘，辐射主要的侨乡聚落。[①]1920年代以来梅县开始修建公路，在此之前人们的陆路交通依赖于古代驿路。

以梅县水车镇茶山村为例，清末民初，茶山村民开始下南洋谋生。[②]茶山的出洋路径，应是到达县城后经港口南下。近代时期从茶山村到县城有水、陆两条交通线路，陆路需步行经过山地古道。古道位于村南四脚山脚，向西北、东南蜿蜒，南通畲江镇，北达荷泗镇到县城。古道宽约两米，如今已荒芜，杂草丛生。直到20世纪50、60年代，这里还是方圆几十里村庄的人们到县城必经的陆路交通要道。若是水路前往县城，则须经水车镇，乘船而至。茶山村毗邻梅江河（图3-1-6），由于江面跨度较大，过去一直未

图3-1-6　梅江（梅县水车镇）
（来源：陈穗林 摄）

---

① 梅县水路交通以梅江为主干，次为石窟河。明清时期，梅江水路逐渐开发，开始用竹、木排筏和木船运输。民国后，水上客货运输逐步形成以木船（篷船）、机轮为主。至抗战前夕，县境内开辟的水路运输线有5条，全程170公里。计韩江水路有梅三线（松口—三河坝）；梅江水路有梅松线（梅城—松口）、梅畲线（梅城—畲坑）、畲水线（畲坑—五华水寨）、畲兴线（畲坑—兴宁水口新圩）石窟河水路有丙蕉线（丙村—蕉岭新铺）。航行于韩江经梅江水道的电轮有70艘，船舶近2000艘。船舶有兴宁的盘子船、镇平船、五华岐岭船、高头船、蕉岭大肚龟船、丰顺担干船，最小吨位5吨，大的13吨至18吨。当时的电轮均系柴油机轮，一度因柴油缺乏改用木炭为燃料。最早航行于梅松线的有"万安轮"和1938年间由松口船商李国亮等人开办的"东成"和"大利"两个轮船公司的机轮，航行于松口、大埔高破和潮安水道，后上通梅城至五华水寨，除载客外，主要运输煤炭、矿产品、石灰、粮食、农副土特产、食盐等。1949年，全县仍有电船、木船（包括农村副业船）共200多艘。详见：梅县地方志编纂委员会. 梅县志[M]. 广州：广东人民出版社，1994：462.
② 黄氏族谱对族人下南洋谋生这段历史的记录有：十五世毓礼，次子客终南洋；十五世毓新，次子客终南洋；十五世庆，公终南洋。到了十七、十八世，子孙们已开始在南洋一带扎稳了脚跟，并且开始有所建树："十七世为稻，子连华，公终南洋……十七世为发，子菊华、湘华、绮华、彬华，公终唔叻（新加坡）……十七世添秀，公终唔叻（新加坡），建云汉楼，云汉女子学校……"。可见，至迟在十五世、十六世，茶山村已经开始有人在南洋长期定居谋生，时间大约是在19世纪中叶。茶山村34栋围屋中，近代华侨注资修建的约占半数。详见：茶山村居台湾后人编印. 黄氏云祖公族谱，1975.

能建成桥梁，因此村民到水车镇上的墟镇趁墟，均需经过渡口摆渡过江。在清代《嘉应州志》上已提及此处的渡口。"曰水车三渡，一大立堡众设，并买水车墟中心码头上第一间，瓦铺一间，收租给渡夫工食。"其中，"大小立堡，有鱼塘渡。"鱼塘渡渡口在大立溪和梅江交汇处的梧塘，新中国成立后水车大桥通车之前一直发挥交通作用。当时有三条无舱木船，乘客20人左右。附近村庄村民集资支付摆渡船工费用，每年支付一次。

从茶山村的出洋路径来看，不难发现水、陆交通对于身处山地丘陵地区的客家民众而言，意义重大。客家民系地区重点侨乡村、镇的空间分布特征，从一个侧面反映了区域内交通轴影响侨乡形成、发展及空间分布的关键性作用。

3.1.3 侨乡聚落分布的个性特征

3.1.3.1 广府：乡村与墟镇高度集成，组团式分布

广府侨乡聚落形成墟镇-乡村高度集成、集中分布的村镇组团，主要体现在两个方面：

第一，墟镇集中，一地多墟

在墟镇及乡村数量增加、规模扩大的过程中，自明至清，广东农产品和手工业品的商品化程度大幅提高，墟市得到快速发展。侨乡形成以后，依赖于侨汇形成的消费型经济，大大刺激了侨乡商品经济。据诸史统计，光绪年间广东墟市发展到1635个，为明代3.7倍。地区分布以广州府所在珠江三角洲最为集中，占全省墟市四分之一左右，次为肇庆府、惠州府和琼州府，分别各占14%，11.5%和10.5%。[①]以广府侨乡的台山为例，据清道光十九年（1839年）编修的《新宁县志》记录，全县墟镇53个，清光绪十九年（1893年）编修的《新宁县志》记录，增至77个，另据民国二十一年（1932年）台山县政府的统计，台山境内共有墟市86个，发展至1937年抗日战争全面爆发前，仅台山墟市就已超过100个。[②]

据清光绪二十三年（1897年）的统计数据，从墟镇分布情况来看，粤北和粤东北的潮汕、客家地区墟市总数量偏低，分布较为分散，各县市情况也并不均衡，嘉应州为66个/平方公里，潮州为87个/平方公里，远低于广州府416个/平方公里（图3-1-7）。[③]此外，近代时期的侨乡地区较之于非侨乡地区，墟市分布更为密集。

墟镇的发展带动了区域建设，实现了区域整合。广府侨乡普遍存在一地多墟（市）

---

① 广东历史地图集编辑委员会. 广东历史地图集[M]. 广州：广东省地图出版社，1995：147-148.
② 何舸. 台山近代城乡建设发展研究（1854—1941）[D]. 广州：华南理工大学，2009：71.
③ 广东历史地图集编辑委员会. 广东历史地图集[M]. 广州：广东省地图出版社，1995：69.

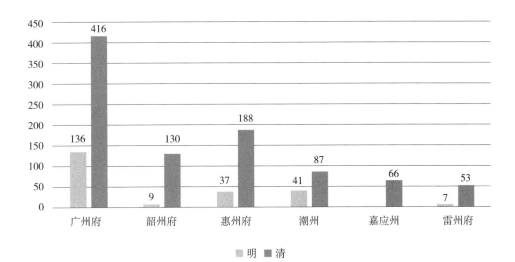

图3-1-7 明清以来广东城市发展示意图
(来源：据明清以来广东圩市发展示意图改绘，详见：广东历史地图集编辑委员会. 广东历史地图集[M]. 广州：广东省地图出版社，1995：69.)

的现象，由于墟镇分布密度大，因此其服务半径较小，江门的新会、台山主要墟镇的平均服务半径在2～3公里左右。如端芬镇大同河沿线，在方圆0.6公里的地域范围内，共有五个墟市：西廓墟、大同市、汀江墟，以及那泰市和塘头市，形成一地五墟市的格局。分布于乡村聚落之间的墟市数量增加，规模扩大，是近代侨乡侨汇资金大幅增长，传统农业生产方式衰退，依赖侨汇形成消费型经济的结果。在多层级城乡空间体系下，侨乡墟镇主要通过固定店铺外销乡村农副产品，输入进口商品的中转地。一方面，商业消费畸形繁荣，乡村侨眷的日常生活离不开墟镇的物质供给，村镇联系密切。另一方面，商业贸易经济发展起来，带动了国内外产品的贸易流通。部分华侨家庭直接从事商业贸易活动。

第二，新建聚落临近城镇，组团集中建设

侨乡聚落，包括由传统村落发展演化而来的侨乡聚落和完全新建开发的华侨新村两种形式。由于是集体集资购地，华侨新村的选址和分布具有一定的灵活性和自由度，常见多个小型"新村"聚集成为侨眷聚居区，较为有代表性的典型案例如江门城郊的侨属聚居区和广州城郊东山片区的侨属聚居区。其共同点在于均选址于当时城市外围的郊区，与城镇保持了便捷的交通联系，形成的模式均是由若干小型片区连接形成聚居区域。广州东山的开发建设逐渐与广州市政府进行的近代城市建设联系起来，并由最初的"华侨新村"，最终形成地缘关系特征主导，商业开发的具有城市化特征的居住区(图3-1-8)。

从华侨侨属聚居片区的开发建设过程来看，各地段阶段性先后开发，建设周期较长。这些聚居区域与传统的村落类似，独立于城区之外，与城镇既保持相对的独立性，

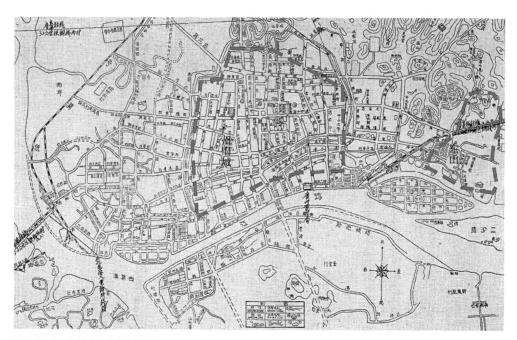

图3-1-8 广州东山与旧城关系
（来源：据《最新广州特别市马路交通图1948年》改绘）

但又与之交通联系便捷。据《江门市志》的统计资料[①]，在民国二十八年（1939年）江门沦陷前，江门城郊已有侨属聚居点13处，包括东海里、福田里、龙环里、东升里、凤翔里、江（光）华里、阜元里、启明里、光尧里、光德里、江兴里、南熏里、启华里（因江门沦陷建设中断）等，另据任建强的统计，还有长发里、江右里、人和里三处，共计16处，分布于距江门旧城区约0.5～2.2公里的范围内。聚落周边水陆交通线路的配套建设，保障了聚居区居民对外联系渠道的畅通。

聚落集中分布和建设的结果，使得聚居区人口规模和空间规模同步扩大，不断增加的商业、文教等功能建筑及道路交通建设，使得各个独立开发建设的聚落互相之间形成较为紧密的联系。

3.1.3.2 潮汕：新旧聚落连续分布形成大型聚落

在韩江三角洲地区，平原土地开阔，利于形成大规模的聚落组团。

普宁的泥沟村、揭阳的乔林村、龙砂乡，澄海的前美村等侨乡村落，均经历了清康熙、雍正年间小规模的堡寨聚落阶段，以及近代侨乡形成后的聚落扩张阶段。

泥沟村自元代初年开基，在七百余年的发展历史中，逐渐形成大型聚落。宋元年间，形成较为独立的村寨，三面环水，防卫功能突出。位于今日泥沟村的中部，占地面

---

① 江门市地方志编纂委员会. 江门市志下[M]. 广州：广东人民出版社. 1998：1220-1221.

积大约为31300平方米，明代扩张约124000平方米，至近代侨乡形成以后，华侨建设推动了聚落住宅建设用地的扩大，在原聚落外围进行建设，如张声趾、张鸣之等人建设的"厝局"，用地规模扩张，接近此前村落面积总和的两倍，约298800平方米（图3-1-9）。

乔林，聚落的形成经历了七百余年的发展历史。[①]聚落早期建成规模宏大，寨墙坚固，水流环绕的"乔林里"，军事防卫功能突出。在雍正初年，雍正皇帝还曾御赐"磐垒古乔"御匾，以表彰清顺治三年（1646年），乔林寨村民据堡寨而击溃九军的事迹。近代以后，在海外侨资支持下，乔林建设不断扩张。现乔林已分为乔东、乔西、乔南三个行政村，居于"三乔"人口达到2万多。

澄海前美由多个小型聚落聚合而成。在清代，溪尾、后陈、竹宅、土尾四个聚落成为溪尾村，与永宁寨、寨外、西门、沟头、下底园、朱厝、新乡七个聚落称为前溪村，其中，近代华侨兴建的"新乡"面积最大，远远超过其他聚落。这些聚落沿河流分布，聚集成为大型聚落，现经行政区划的合并调整，两村合而为一称为前美村。

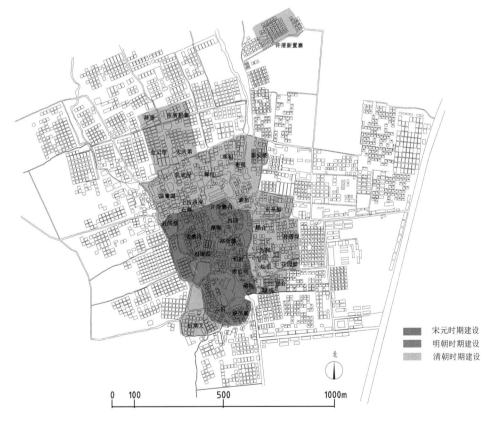

图3-1-9 泥沟村村落发展示意图
（来源：据google卫星图、村志《弥高乡志》及张声金提供资料整理绘制）

---

① 据《古乔林乡志》所述，乔林创寨于南宋理宗宝庆三年（1227年）。始祖林陶公，号文熙，福建莆田人，曾在广东做官，曾命第三子林崇来揭阳找师傅择地建造大宅。

华侨离开故居旧村另行购地建村，新乡的选址与旧村之间在空间上一般保持较近的距离，如淇园新乡与旧的淇园村，直线距离1000米左右；前美新乡处于旧村之间的空地，新旧聚落相距约200米；现属金砂一村的陈旭年资政第距离旧村金砂三村约500米。

3.1.3.3 客家：侨乡聚落因地形限制而分散性分布

在兴梅客家地区，则因山地丘陵地形的客观环境因素限制，可利用的开阔用地有限，因此主要表现为围屋建筑数量的增加和已有聚落规模的扩大，与广府"华侨新村"或是潮汕"新乡"不同，罕见全新规划建设的华侨新村聚落出现。侨乡聚落的形成，是在传统聚落的基础上发展起来的，虽有个别围屋案例属于远离原乡的建设，但未形成多座围屋组团的聚落。

广东粤北、粤东北的客家地区处于山地丘陵地带。以梅县为例，全境地势四周高中间低，自西南向东北倾斜。地形分为山地、丘陵、盆地三部分。海拔500米以上的山区占总面积21.8%，低山丘陵区占54.5%，平原、河谷盆地占23.7%，耕地面积仅有32.9万亩，因此向有"八山一水一分田"之说。南岭余脉横卧北部，形成一道天然屏障，东北—西南走向的莲花山脉将县境与丰顺、大埔分隔，境内有近千米以上高峰23座。[①]

梅县境内陆路交通不便，山地丘陵在客观上形成天然屏障，导致乡村聚落的独立性强，甚至具有一定的封闭性。因此从聚落之间的联系及聚落的分布密度来看，客家侨乡聚落的分布相对分散，少见连片分布的大型聚落组团。根据潮安县和梅县地方志的统计数据进行计算可知，梅县行政村的分布密度为0.10~0.26个/平方公里，潮安县面积约为梅县的一半，但行政村数量却达到270个，人口数量超过梅县的2倍，行政村的分布密度为0.20~1.06个/平方公里，平均0.52个/平方公里。

在商业经济层面，客家地区经济发展程度不及广府和潮汕地区。梅县虽然有松口、畲坑、丙村等繁荣的大型墟镇辐射周边乡村，但总体墟镇数量少，分布距离远，且多受山区交通条件限制。因此城乡村镇联系远不及广府、潮汕便利。如雁洋镇桥溪村，由于距离本县县城路途遥远，约50公里的路程难以当天往返，村民需翻越山岭，前往较近的大埔县赶墟。可见，受山地丘陵的地理条件限制，梅县客家侨乡聚落的发展空间是较为有限的，导致侨乡聚落分散性地分布。

3.2 侨汇波动影响下侨乡民居及聚落的阶段建设

在海外华侨巨额侨汇资金的支持下，侨乡聚落建设在近代获得发展。区域性的经济

---

① 梅县地方志编纂委员会. 梅县志[M]. 广州：广东人民出版社. 1994: 127.

文化条件差异，造成侨乡建设呈现较为多样的局面，同时，由于国际国内环境变化，侨汇经济随之起伏波动，受其影响，广东侨乡聚落的近代建设表现为阶段式发展，大致经历了初兴发展期、繁荣全盛期、低潮衰落期三个阶段。[①]19世纪中叶至19世纪末，系初兴发展期，20世纪初至抗日战争爆发前的近40年间，是侨乡建设的繁荣全盛期，20年代至30年代，形成了建设高潮，达到近代侨乡建设的顶峰。此后，由于日本入侵，侨乡建设陷入低潮衰落期，抗日战争胜利后，侨乡建设虽经历了短暂复兴，但整体的建设规模未回复到战前水平，而且很快再次转向衰落。

3.2.1 初兴发展期

初兴发展期，即19世纪40年代至19世纪末，该阶段的整体特征是：广府、潮汕、客家民系侨乡聚落建设起步差异，多样发展。

见于史料记载的广东海外移民较大规模移民始于晚唐或宋初，主要集中于东南亚的港口城市，但囿于交通条件和历代王朝禁令，海外华侨同祖籍地的联系很少。[②]明末海禁政策放开，海上贸易发展起来，乾隆十二年（1747年），清政府特准商人领照赴暹罗（泰国）采购大米和木材，[③]也在一定程度上带动了广东沿海居民的对外经济文化交流。近代美洲和东南亚国家开发建设，广东输出大量劳动力移民海外。19世纪中叶开始，广东侨汇逐渐成为支持侨乡建设发展的重要资金来源。

整体而言，早期海外华侨艰难谋生，经济基础初步奠定，仍处于积累和发展阶段，所以侨汇经济影响下侨乡民居建筑的建设规模相对有限。从广府、潮汕、客家三大民系侨乡地区的具体情况来看：

第一，侨汇经济影响下潮汕、客家侨乡聚落的建设起步较早，初具规模。

以东南亚移民为主的潮汕、客家籍华侨，具有较好的社会基础和经济基础。依赖侨汇开展的侨乡建设，在19世纪中叶已初具规模。

潮汕人有着因海而生、因海而迁的海洋文化传统。自明、清直到近代，潮汕人逐渐形成了下南洋避祸、谋生的移民传统。清晚期，经历了康乾盛世之后的潮汕地区，人多地少的生存压力日趋紧迫，促使潮州与南洋暹罗、缅甸及海南等地的粮食贸易兴起，同

---

① 本文的阶段划分综合考虑了近代国内外经济条件和侨乡建设情况，并参照了相关研究成果。《近代华侨投资国内企业史资料选辑 广东卷》的研究将近代广东华侨投资划分为五个阶段：1872～1919年的初兴阶段，1919～1927年的发展期，1927～1937年的全盛阶段，1937～1945年的低潮阶段以及1945～1949年的新高潮和崩溃阶段。该研究集中于侨汇城镇投资，未涉及本文重点关注的乡村建设情况，但仍然可以反映侨汇及其用途变化的阶段特征。
详见：林金枝，庄为玑. 近代华侨投资国内企业史资料选辑 广东卷[M]. 福州：福建人民出版社，1989：42，48，54，59，63.
② 刘权. 广东华侨华人史[M]. 广州：广东人民出版社，2002.
③ 广东省地方史志编委会. 广东省志 华侨志[Z]. 广州：广东人民出版社，1996：162.

时大量人口外迁谋生，并在东南亚建立了华侨社团组织，逐渐形成稳定的华侨群体。

汕头澄海的樟林港自18世纪后半期到19世纪前半期近百年时间，始终是粤东对外贸易的中心。在距离樟林港约9公里的前美村，陈氏家族自19世纪40年代开始出洋谋生，经营运输业和进出口贸易，1860年汕头开埠后，在汕头和南洋各地设立多处分号，经营规模持续扩张，从清同治十年（1871年）开始，陈宣衣及其子孙已经开始在前美村修建新的宅第。①

潮安县彩塘镇华美村，清代同治、光绪年间，沈以成、沈绍光（镜波）父子旅居新加坡经商，从事海外贸易致富。光绪七年（1881年）沈以成之子兴建了祖祠，光绪十四年（1888年），又为沈以成建了"以成公祠"（图3-2-1）。以成公祠为三进，头进墙壁内嵌两块石碑，分别为《皇清浩赠通奉大夫赏戴花翎道员加三级沈君家传》和《皇清浩赠通奉大夫赏戴花翎道级沈公祠堂记》。据碑记文字及建祠时间可知，沈以成父子从事海外贸易活动的时间大约是在19世纪下半叶。他们不仅投入巨资兴建祠堂、住宅，而且热心公益，多次捐输赈灾，获得清廷表彰，荣膺功名，而且获准于光绪十七年（1891），修建了"急公好义"牌坊（图3-2-2）。②"资政第"位于广东省潮安县彩塘镇金砂村斜角头，为旅居马来西亚柔佛洲侨领陈旭年耗资26万银元，于清同治九年（1870年）开始兴建，清光绪九年（1883年）年竣工，历时14年。

梅州地处粤东北韩江上游的梅江流域，近代客家人出洋一般顺江南下，经由汕头港出海。在梅县著名的侨乡村，明确记载的1900年前建造的侨房有一栋，为十五世潘祥初于1890～1897年间建的"南华堂"。③梅县茶山村，可查最早的一栋侨房是黄冉华于

图3-2-1　以成公祠

图3-2-2　急公好义牌坊

---

① 蔡海松. 潮汕乡土建筑[M]. 北京：文化艺术出版社，2010：290.
② 牌坊铭文如下：其事要归本于幸思，龟龟以立庙追远为训。伯子绍光与绍先业而恢之，与仲绍壁、叔绍远、季绍元，翟翟休休，劲以光绳。岁辛已于乡之后溪，建孟洞公祖庙焉。……既又卜吉于乡南溪外，另建称庙以为小宗。
③ 据有关文献资料数据进行统计，参见：陈志华，李秋香. 梅县三村[M]. 北京：清华大学出版社，2007：38-39.

1889年左右修建的振华楼，其余则多是1900~1920年间修建（图3-2-5、图3-2-6）。

第二，侨汇经济影响下广府侨乡聚落的建设起步虽晚但发展迅速。

广府侨乡特别是江门地区的建设主要依赖美洲侨汇。美洲的开发始于1840年以后，大量契约华工赴往美国、加拿大是19世纪60年代以后的事情。因此广府侨乡乡村建设，初兴发展阶段大致是在19世纪末的二三十年间。华人初到美洲，地位低下且经济基础薄弱，美洲侨汇数额总体不及东南亚。

在这一阶段，主要是华侨家庭民居的独立兴建，即侨乡村落中，部分经济条件率先改善的华侨家庭，开始在村落外围陆续修建起楼式民居建筑。民居建筑仍以传统形制为主，带有一定的西化特征。据清末《宁阳杂存》记载："宁邑地本瘠苦，风俗俭朴。同治以来，出洋日多，获资而回，营建屋宇，焕然一新，服御饮食，专尚华美，婚嫁之事，尤斗靡夸奢，风气大变。物价顿昂，盗贼之炽，亦由于此"，[①]可见，当时江门侨眷依靠侨汇资金营造新居的现象已较为普遍，而且由于侨乡经济好转引发了治安问题，这也是部分村落引进钢筋水泥修筑高耸坚固碉楼的主要原因。

3.2.2 繁荣全盛期

繁荣全盛期，即20世纪初至抗日战争爆发前，该阶段的整体特征是：广府、潮汕、客家民系侨乡聚落建设全面展开。

20世纪初，在抗日战争爆发以前，广东侨汇增长迅速，是历年侨汇数额最多的一个时期。根据林家劲等人的统计数据进行计算可知，1919~1938年广东省的侨汇收入达到1771.75百万美元，年均约88.59百万美元。[②]

侨汇数额增加，侨乡建设进入繁荣期，是国内外经济、政治和社会环境条件综合作用的结果。其一，国际环境促成华侨经济的发展。经历了2~3代华侨的努力，华侨海外生存境遇普遍改善，并且积累了一定资金。1918年第一次世界大战结束，华侨开始回国寻找投资增值机会。其二，经济危机促使华侨资金回流国内。1929年爆发世界性的资本主义经济危机，部分海外华侨发展受阻，纷纷回国投资。其三，国内政策鼓励华侨参与国内建设。除了在特定时段和地区施行有限的开放政策以外，清政府惯以坚持闭关锁国，实行严苛的海禁政策，直到光绪十九年（1893年）才在法律上正式承认华侨的合法权利和地位，并且开始鼓励华侨回乡投资。1929~1936年，陈济棠主政广东期间，采取一系列的措施发展经济，制定了鼓励和保障华侨投资的政策。其四，市政改革推动侨

---

① 赵天锡辑录. 宁阳杂存. 转引自：中国社会科学院近代史研究所《近代史资料》编辑组. 近代史资料总65号. 北京：中国社会科学出版社，1987：215.
② 林家劲，等. 近代广东侨汇研究[M]. 广州：中山大学出版社，1999：101.

乡建设。20世纪20年代国民政府实行市政改革，广州、汕头、江门、梅州等地制定政策法规指导城乡建设，为侨乡乡村聚落的建设和城镇房地产业的兴起提供了有利条件。其五，房屋建设符合华侨衣锦还乡的心理需求和经济牟利的投资需求。建设房屋成为当时较为稳定的投资选择。

第一，广府、潮汕侨乡华侨参与侨乡地区乡村建设的广度大为拓展，建设大量"华侨新村"或"新乡"聚落。

广府侨乡地区自19世纪末20世纪初以来，大量兴起"华侨新村"，侨乡形成初期华侨家庭个体分散的建设活动，向集中的、有组织的建设活动转化。在宗族制度基础上发展而来的股份制建设模式，通过组织同姓华侨及侨眷集股建设新村。以江门华侨最为突出。如台山端芬镇的琼林里、东宁里，塘头村所辖汶秧村；开平赤坎镇的灵源村耀华坊、马降龙村庆林里、百合镇的中兴里、三埠镇的邓边村；塘口镇的十石村、赓华村；蚬冈镇的永安村；新会古井镇的五福里和大朗坡村等。广州东山片区的开发，则主要由江门华侨发起，发展了更具变革意义的股份制房地产开发形式，参与投股者无宗族身份限制，经过近30年的建设，形成具有现代居住特征的东山住宅区。20世纪20、30年代，侨乡建设达于顶峰。在耀华坊、赓华村（图3-2-3）、汶秧村等聚落民居建设中，大量运用西方建筑符号，这是海外华侨自主吸收运用的结果，同时也是政府所推动的城镇改造实践示范作用的体现。

潮汕侨乡在这一阶段出现的"新乡"与广府侨乡"华侨新村"类似，主要是由华侨出资集中新建民居而形成聚居区。从聚落整体来看，部分富裕华侨投入巨资修建的大型从厝式民居建筑，在很大程度上决定了"新乡"聚落的规模、形态及结构。主要案例如下。

潮安县凤塘镇淇园新乡：1916~1935年间（另有一说法始于1911年），旅泰国华侨郑智勇在兴建淇园新乡，建成荣禄第、大夫第（海筹公祠）、智勇高等学校等建筑（图3-2-4）。

图3-2-3　耀华坊（加拿大村）民居

图3-2-4 淇园新乡

澄海隆都镇前美村：旅泰国华侨陈氏家族，于1910～1920年修建郎中第，1922～1930年修建寿康里，于1930～1939年修建善居室。这些建筑规模庞大，占地面积在4000平方米以上。另有其他民居建筑，如古祖家祠、三庐别墅、通奉第、大夫第等多处中小型"三壁连""四点金""下山虎"建筑，共同组成前美村的"新乡"聚落。

澄海东里镇观一村南盛里：由樟林籍新加坡华侨蓝金生自1900年间开始建设，历时17年，其中，以"三壁连"的"蓝氏通祖祠"规模最为宏大。

就侨乡聚落新建民居的形制来看，部分建筑局部形制发生演变，建为洋楼形式。建筑形态中引入外来语言，富有侨乡特色。建筑组群的建设，形成庞大的民居建筑规模；而高大洋楼的出现，则在形态上成为聚落的制高点，具有标志性特征。

第二，客家侨乡新建围屋集中建设促使原聚落建筑密度增大。

由于近代围屋建设数量多，规模大，客家侨乡聚落建设规模在20世纪初成倍扩张，聚落建筑密度增大，具体表现为：

客家传统民居主要形式为围屋，规模较大，具体形制有堂横屋、杠屋等。在"八山一水一分田"的客家地区，聚落用地有限，近代华侨投资修建围屋，使得村落建筑密度大为增加。建筑由山地进入平川，占用农田进行建设，也扩大了村落建设范围。侨乡村高田村就以平川地带的围屋居多。

梅县水车镇茶山村云汉楼、资政第、翼诒楼、访云楼、大夫第、同德楼、庆余楼、绍德学校、儒林第等均修建于1900～1920年间，新建围屋与旧围屋相比邻，密集分布。梅县南口镇侨乡村下辖寺前排村、塘肚村、高田村三个自然村。在1900年至1910年建有5处围屋，分别是德馨堂、毅成公家塾、南华又庐、上新屋以及松园居室。在1911～1937年间兴建民居约23处，其中寺前排村有9处，高田村有8处，塘肚村有6处，大都为华侨出资建造（图3-2-5、图3-2-6）。[①]

---

① 据有关文献资料数据进行统计，详见：陈志华，李秋香. 梅县三村[M]. 北京：清华大学出版社，2007：135-146.

3.2.3 低潮衰落期

低潮衰落期，即抗日战争爆发至1949年。该阶段的整体特征是：沿海的广府、潮汕侨乡建设停滞而内陆的客家侨乡保持少量建设。

抗日战争爆发后，侨乡建设陷入低潮。"七七事变"后，广东沿海地区被日军封锁、攻占，汕头、潮州、江门、广州等地先后于1938~1939年间沦陷。广州作为广东省会和沿海重要港口，战略地位突出，因此日军加强对广州的控制，并进行了大规模的掠夺和破坏，同处沿海的江门、潮汕地区也深受破坏，但影响小于广州。一度兴盛的侨乡城乡聚落废墟化，城乡建设水平严重停滞、倒退。内陆的客家地区相对安定，因而广东省府在战时迁移至曲江（韶关）。与此同时，世界范围的太平洋战争爆发，美洲和东南亚侨汇的海上汇兑途径被阻断，少量侨汇须经由陆路进入西南省市，经重庆、桂林等地，方能辗转汇至广东省内。

国家动荡之际，侨汇的数额、用途及流向均发生较大变化。其一，投资性侨汇大幅下降。每年平均投资额只有150万元，不及此前年均投资额的十分之一；[①]沿海主要地市的房地产投资全面萎缩，不仅再无新的房地产投资启动，而且已经开始运营的项目也告停止。方兴未艾的广州东山住宅区建设，刚刚实现了由民间开发的"聚落"建设，到政府主导的"模范住宅区"之转变，便戛然而止。其二，大量捐赠侨汇用于支援抗日战争。其三，侨汇流向地区由沿海向内陆转移。经陆路进入广东的侨汇相当一部分流向了曲江、梅县等广东内地区域。

第一，广府和潮汕侨乡地区受战争影响巨大，聚落建设陷入停滞。如开平赓华村，主体建筑及立园建于1926~1936年间，晃庐即建于1936年，但由于战乱、经济等多重原因，赓华村原规划的建筑并未全部建成即告停顿，仅建成6栋庐居，1栋碉楼。澄海前美村的善居室始建于1930年，一直建造至1939年，因日军入侵潮汕，所有建设匆忙停工，以致于一些装饰装修的内容未曾完成，梁架装饰木雕大都未完成最后的油漆、金漆工序而呈现原木本色。

第二，客家侨乡地区受战争影响相对较小，乡村聚落仍有少量民居建设。

在广东各地建设性投资急剧萎缩，乡村民居及聚落建设陷于停顿的整体态势下，客家地区深处内地山区，仍然保持了一定的建设量。在梅县侨乡村，至少有7处民居建于1937年以后。包括1938年修建的麟毓围、宝树流芳，1939年修建的锦和庐，1940年代修建的伟新庐、彬华庐、益锡庐、发英庐、锦冈围等（图3-2-5、图3-2-6）。[②]

---

① 林金枝. 解放前华侨在广东投资的状况及其作用[J]. 学术研究，1981.5：45-51.
② 据有关文献资料数据进行统计，参见：陈志华，李秋香. 梅县三村[M]. 北京：清华大学出版社，2007：135-146.

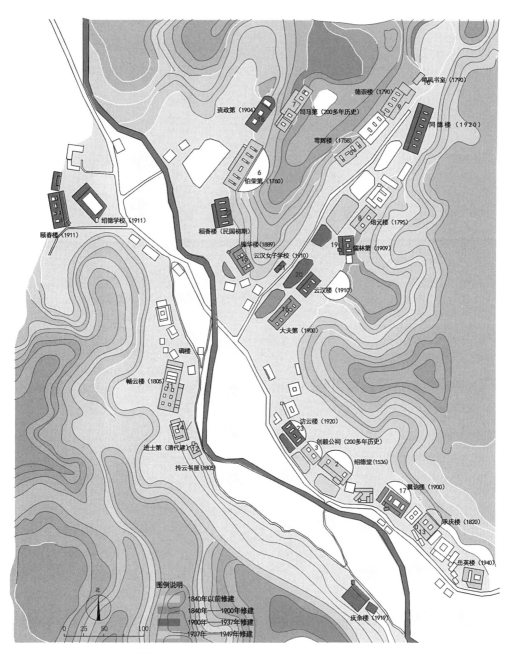

图3-2-5 茶山村民居建设阶段示意图
（来源：据现场调研及《梅县水车镇茶山村保护规划》改绘，详见：梅县建设局、梅县水车镇人民政府、嘉应学院客家建筑研究所、梅县规划设计室. 梅县水车镇茶山村保护规划. 2009.5）

第三，战后侨汇经济及侨乡聚落建设短暂复兴，但很快转趋萎缩。

抗日战争结束后，中国与海外经济联系恢复，中断的侨汇再次活跃，侨汇资金较抗战期间有所增加，呈现回升趋势。比较而言，五邑地区侨汇恢复迅速且数额巨大，而南洋地区侨汇数额较战前大幅减少。这是由于二战未曾波及美洲国家本土，而东南亚国家则普遍遭受战争破坏，华侨财产损失巨大。估计东南亚华侨在太平洋战争期间，财产损

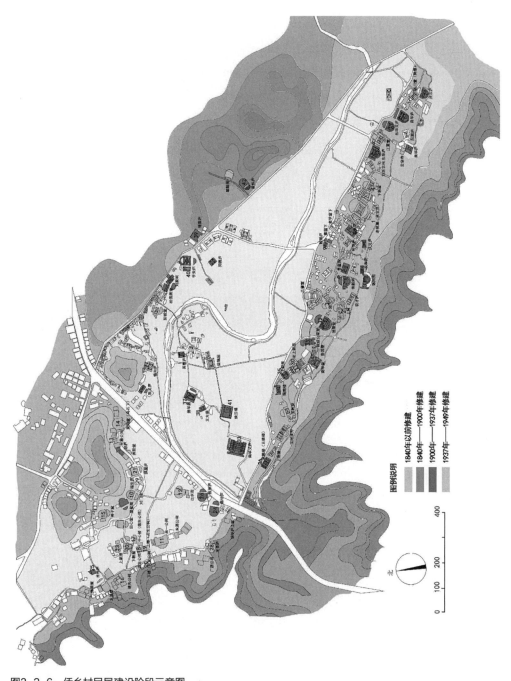

图3-2-6 侨乡村民居建设阶段示意图
(来源：据《南口镇及附近村落图》结合现场调研改绘。详见：陈志华，李秋香著. 梅县三村[M]. 北京：清华大学出版社，2007：95)

失达428808万美元[①]。在有限的侨汇支持下，侨乡建设经历了非常短暂的复兴，但整体的建设规模未回复到战前水平，之后由于恶性通货膨胀及内战等因素影响，华侨汇款很

---

① 黄福銮. 华侨与中国革命[M]. 香港：亚洲出版社有限公司，1955：170. 转引自林家劲，等. 近代广东侨汇研究[M]. 广州：中山大学出版社. 1999：112.

快转趋萎缩。

综上所述，近代华侨的巨额侨汇对于广东侨乡经济发展与建设作出重要贡献。侨乡聚落建设，在近代中国风云变幻的社会现实条件下，仍然取得阶段性的建设成果，具有重要的历史意义（图3-2-7）。

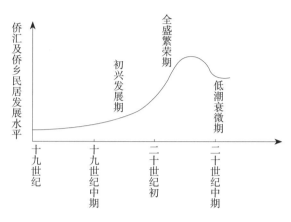

图3-2-7 侨汇及侨乡民居、聚落发展阶段示意图

3.3 侨汇利用不同导致侨乡民居建设模式差异

3.3.1 侨汇的建设成就

近代侨汇在侨乡的建设成就，以侨乡建筑的发展为主要形式展现出来。

除满足生活性消费的部分以外，侨汇用于乡村居住用房和城镇房地产投资建设的资金比重，远远超过在交通、工业、农矿业等生产建设领域的投入。

19世纪中叶至20世纪初，广东侨汇收入的主要用途是赡养侨眷；20世纪前期，在抗日战争爆发侨汇陷于停滞以前，侨汇依旧以赡家为主，但同时以赢利为目的事业性投资兴起，对城镇建设产生巨大作用。

第一，赡家侨汇推动乡村民居建筑发展。近代华侨的赡家侨汇，除包括用于日常开支的维持侨眷生活的部分，其他主要用于建房、买田及造坟等，建房资金占其中较大比例，仅次于日常生活的费用开支。据林金枝的调研数据，华侨家庭侨汇用于家庭生活开支的部分占50%以上，房屋建设约20%，两项费用合计占侨汇总量的78%（图3-3-1）。广府侨乡，在20世纪30年代期间，在台山白沙的望楼岗、双龙、塘口、李井、牛路等33座自然村就兴建了266座楼房。①在潮汕侨乡，《潮州志》记载："内地乡村所有新祠夏屋，

---

① 台山县侨务办. 台山县华侨志. 1992: 162.

更十之八九系出侨资盖建"。梅县客家侨乡以南口镇、雁洋镇等地建设较为集中，桥溪村、茶山村、侨乡村等村落的围屋民居逾半数为近代时期兴建且有侨资背景。充裕的资金保障下，侨房建筑普遍建造精美，还引进瓷砖、水泥等新型建材，形成融中外建筑文化要素于一体的侨乡民居文化。有关建设情况的统计见表3-3-1。

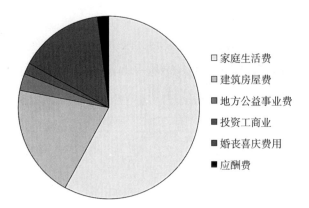

图3-3-1 侨汇各用途比例分析
（来源：据统计数据改绘。详见：林金枝. 近代华侨投资国内企业的几个问题[J]. 近代史研究，1980，01：199-230.）

农村侨房面积统计表[①]　　　　表3-3-1

	县市	落实侨房面积S1（平方米）	落实侨房户数N（户）	占应落实的侨房面积比例P（%）	应落实的城镇侨房面积S2（平方米）	户均面积S2=S1/N（平方米/户）	数据统计时间
广府地区	开平	563100	5432	100	563100	103.7	1992年
	台山	363925	3317	66.7	545614	109.7	1985年
	中山	421803	3394	97.75	431512	124.3	1990年
潮汕地区	汕头（6区1市8县）	2882200	21097	62.4	4618910	136.6	1987年
	澄海	514903	3710	93	553659	138.8	1986年
	潮州	702743	5956	—	—	118.0	1978年
	普宁	640606	2929	100	640606	219.0	1978年
客家地区	梅州	2621563	—	96.1	2727953	—	1989年
	梅县	1005300	3763	100	1005300	267.2	1987年
	丰顺	275456	1172	—	—	235.0	1987年

---

① 统计数据资料来源如下：
开平市地方志办公室. 开平县志（下）[M]. 中华书局. 2002：1410.
台山县方志编纂委员会. 台山县志[M]. 广州：广东人民出版社. 1998：121.
中山市地方志编纂委员会. 中山市志 下[M]. 广州：广东人民出版社. 1997：1151.
汕头市人民政府侨务办公室，汕头市归国华侨联合会. 汕头华侨志 初稿[M]：23-25.
张秀清，澄海县地方志编纂委员会. 澄海县志[M]. 广州：广东人民出版社. 1992：173.
广东年鉴编纂委员会. 广东年鉴 1988[M]. 广州：广东人民出版社. 1988：319.
普宁市地方志编纂委员会. 普宁县志[M]. 广州：广东人民出版社. 1995：485.
黄增权，陈木泳，陈克寒. 普宁市志 1989-2004[M]. 广州：广东人民出版社. 2011：728.
梅州市地方志编纂委员会. 梅州市志 下[M]. 广州：广东人民出版社. 1999：1122.
梅县地方志编纂委员会. 梅县志[M]. 广州：广东人民出版社. 1994：1097.
丰顺县地方志编纂委员会. 丰顺县志[M]. 广州：广东人民出版社. 1995：1018.

第二，投资侨汇推动城镇商住建筑发展。投资不同于赡家和捐赠，以追求经济回报为目的。根据各阶段华侨在城市、墟镇的投资情况分析表明，首先，华侨投资数目巨大，在一定程度上推动了侨乡社会的发展和社会转型。其次，华侨投资于生产性行业如农矿业、工业的资金比例是十分有限的，大量资金投入到房地产业、金融业、商业、服务业等"消费型"经济领域。其中，近代广东侨汇用于投资房地产业的投资户数、投资额远高于其他行业，占全省投资总额的52.6%，[①]再者，华侨投资房地产对侨乡城镇面貌的改变产生重大影响。侨眷的生活性消费，客观上促进了侨乡城镇的繁荣和发展，而政府政策鼓励下的华侨的投资成为城镇商业、居住建筑建设的重要资金来源，在20世纪的20年代到30年代形成建设高潮，[②]广州、汕头、江门、梅县等各地建设了大量商住两宜、适合商业发展的骑楼建筑，城镇空间格局和形态发生演变。商场、酒店、茶楼、影院等集中分布于商业街区，独立式洋楼别墅则形成富人聚居区。有关建设情况的统计见表3-3-2。

城镇侨房面积统计表[③]　　　　　　　　表3-3-2

	县市	落实城镇侨房户数N（户）	落实城镇侨房面积S1（平方米）	占应落实的城镇侨房面积比例P（%）	应落实的城镇侨房面积S2（平方米）	户均面积S3（平方米/户）	数据统计时间
广府地区	开平	2428	354000	66	536363	145.8	1992年
	台山	4677	791454	97.4	812581	169.2	1985年
	中山	—	276490	92.83	297845	—	1990年
客家地区	梅州	—	394216	75.6	521449	—	1989年
	梅县	1865	254000	100	254000	136.2	1987年
	兴宁	143	174300	—	—	1218.9	1985年
	丰顺	268	51508	100	51508	192.2	1987年

---

① 林金枝，庄为玑. 近代华侨投资国内企业史资料选辑 广东卷[M]. 福州：福建人民出版社，1989：686.
② 1872～1919年的初兴阶段华侨投资的重点是在交通业与商业，1919～1927年的发展阶段投资重点开始发生改变，房地产业居第一位，占52.95%，其次为金融业（13.00%）、商业（10.05%）和交通业（9.44%）。至1927～1937年的全盛阶段，房地产业已成为华侨投资的中心，占全盛阶段投资的66.27%，其次是交通业（8.24%）、金融业（7.32%）、服务业（6.37%）、工业（3.86%）。其中，江门、汕头、台山、梅县华侨投资房地产业的投资数量各占当地大约50%。详见：林金枝，庄为玑. 近代华侨投资国内企业史资料选辑（广东卷）[M]. 福州：福建人民出版社，1989：50，56.
③ 统计数据资料来源如下：
开平市地方志办公室. 开平县志（下）[M]. 中华书局. 2002：1410.
台山县方志编纂委员会. 台山县志[M]. 广州：广东人民出版社. 1998：121.
中山市地方志编纂委员会. 中山市志 下[M]. 广州：广东人民出版社. 1997：1151.
梅州市地方志编纂委员会. 梅州市志 下[M]. 广州：广东人民出版社. 1999：1122.
梅县地方志编纂委员会. 梅县志[M]. 广州：广东人民出版社. 1994：1097.
兴宁市地方志编修委员会. 兴宁县志[M]. 广州：广东人民出版社. 1992：579.
丰顺县地方志编纂委员会. 丰顺县志[M]. 广州：广东人民出版社. 1995：1018.

第三，慈善捐赠推动城镇文教、医疗、宗教等公益性建筑及交通设施的建设。受华侨捐赠的公共建筑包括县署、学校、图书馆、祠堂、医院、公园、教堂等类型，充实了侨乡城镇的建设内容，并加快其向现代城市演进的过程。华侨在水运、公路以及铁路等交通运输业的投资也颇有建树，包括潮汕铁路、新宁铁路等均在近代建成通车。

近代侨汇直接作用于乡村、城镇建设以及交通建设，必然引发聚落的兴衰和聚落形态的变化。经济因素逐渐取代军事、政治因素而成为城乡发展的主导因素。清末民国初年，水陆交通沿线新兴的乡村和墟镇因侨乡经济发展而日趋兴盛，新宁铁路沿线各地商业墟镇数量大幅增长。

3.3.2 广府侨乡以合股经营模式为主导

近代广东侨乡利用侨汇资金进行民居及聚落的建设模式一般有两种：一是以个人或家庭个体为单位的独资建设模式为主导；二是通过联合集资，实现合股经营的合资建设模式为主导。广府侨乡属于后者。

由于商品经济发展程度的差异，"中国近代股份的产生没有形成一个连续过程，尽管有明清时期本土萌芽状态的股份制，却不能称得上有真正的股份公司的存在，而是随着鸦片战争以来的'西风东渐'，逐渐认识、接受、利用西方股份制来建立了自己的股份制。"[1]最初以官督商办的制度形式创办了轮船招商局、开平矿务局和上海机器织布局等制造企业，后逐渐拓展至其他领域。[2]

广府侨乡村落"股份制"开发建设的合作形式，由传统的宗族合作关系演化而来，至迟在20世纪初的晚清时期已获得发展。从商业化的程度、股份制发展的阶段来看，历史上主要出现了具有宗族色彩的股份制和具有现代企业特征的股份制两种形式。

股份制建设模式与传统村落建设的最大区别在于，村落社群关系建立的首要前提是股金优先，而非宗族血缘关系。民居建设的组织者和参与者形成由华侨团体创立的股份合作关系，逐渐摆脱宗族关系的经济约束，转而强调股东及其集体的利益。

3.3.2.1 趋于早期现代化的民居营建

传统民居建筑程式化的营造方法，使得建筑的营建生产活动处于规范、严整的社会文化体制之内，建筑形式稳定、统一。风水师和建筑工匠作为营建生产的主体，是传统规范的具体实施者，主导民居建筑的程式化建造。因而在一定地域范围内，大量传统民居形式趋同而个性不足。作为使用者的业主个体，其个人或家庭的审美喜好一般通过装

---

[1] 刘芳，李元光．中西方近代股份制的差异及其后果[J]．西南民族大学学报（人文社科版），2004，03：88-92．
[2] 杨在军，张岸元．关于近代中国股份制起源的探讨[J]．江西社会科学，2003，01：161-166．

饰装修的形式，局部呈现。

近代侨乡社会经济秩序的转变，使得原本依附于传统社会的程式化建筑营造模式发生转变。建筑成为大众消费的"商品"，商品价值的实现必然以体现投资者、使用者的需求意愿为前提。侨乡民众作为建筑的消费者，对建筑形式的生产开始拥有了更多的话语权，他们不再是建筑空间单纯的使用者和空间形式的被动接受者，而是成为主导建筑生产的主体角色，建筑个性化风格的实现因此而成为可能。

经过专业训练的建筑承包商和设计师开始扮演重要的服务性角色，他们凭借显著的技术优势，根据华侨业主的个性化要求而量身定做各种方案。部分庐居、碉楼建筑作为专业建筑师的设计成果，其设计方案已较为规范和成熟（图3-3-2）。处于这一独特的侨乡建筑文化环境中，非学院派的乡土工匠通过具体的工程实践得到锻炼，也开始具备独立承接设计建造业务的能力。

同一时期近代建筑管理机构及管理制度发挥作用，为侨乡民居建筑进入规范化、商业化建设轨迹铺设了轨道。除城镇骑楼建筑外，民居的兴建也需提交正式的设计图纸、申领建筑施工执照、上缴税收等手续方能施工（图3-3-3）。如开平县第三区古宅合安里"养闲别墅"曾申领一份"上盖执照"，民国十四年（1925）年三月由广东省财政厅发出，其内容表明：要上报的建筑须标明所辖区、位置、四至、造价、面积、楼主、楼名、税金等。① 再如《五堡双月刊》记载有：民国二十六年（1937年）四月，五堡的谭

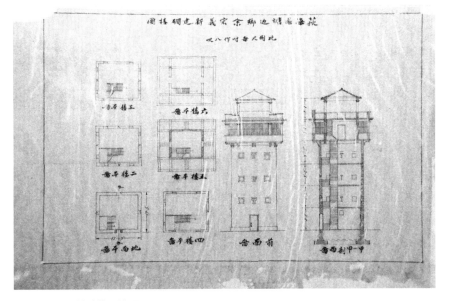

图3-3-2 碉楼建筑设计图
（来源：景辉楼提供）

---

① 程建军. 开平碉楼 中西合璧的侨乡文化景观[M]. 北京：中国建筑工业出版社，2007：112-113.

  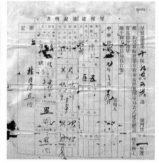 

a 建筑凭照　　　　　b 建筑执照　　　　　c 呈报建筑说明书　　　　　d 断卖契纸

图3-3-3　建筑建设档案图
（来源：景辉楼提供）

初华在村里与人换地建私房，事先就曾于二十五年底"绘定图式，向政府准领建筑照，依图比例，每寸作八尺，及四分做一尺建立"。①

3.3.2.2　股份合作关系的前身：宗族合作关系

影响广府传统聚落空间格局和内在秩序的既有自然因素，也有社会因素。宗法礼制作为主导性的社会因素，维系着社会关系；在具体的聚落空间中，祠堂建筑成为表征社会关系，建构空间秩序的重要结点。

清代某祝姓家族在佛山脚创立新村的"众约章程"，名为《佛山脚创立新村小引》的文献开篇即说明新村选址于"佛山脚三世祖祠"的右侧，②在空间层面强调宗族联系的重要性。另据松塘村族谱收录的《松塘里村心图》《区村五房大宗祠图》《区世大夫家庙图》等示意图，村中主要祠堂的位置、形制等均做重点描绘，普通民居则以寥寥几笔简略示意（图3-3-4）。可见人们在思想认识层面，将代表宗法制度的祠堂视为村落空间的关键要素。

人们不仅在思想认识层面，将代表宗族礼法制度的祠堂建筑视为主导村落空间结构的关键要素，作为谱牒等文书记载的重要内容；在具体的村落建设及管理实践中，同样热衷建设祠堂建筑，主导聚落空间秩序。大小祠堂并排列于村落前排，临水塘而立，引领后排纵列分布的民居单元，建筑的空间关系即反映其所属家庭之间的血缘亲疏关系。如松塘村共八个里坊，其中桂香、圣堂、舟华等几个主要里坊，前排分别建设主要房支祠堂，全村目前共计保留和修复了14座祠堂和书塾，是传统广府村落的典型案例之一。

清中晚期广府村落的传统扩张形式，一般是在毗邻村落的地块进行建设。这些地块

---

① 张国雄. 开平碉楼的设计[J]. 五邑大学学报（社会科学版），2006，04：30-34.
② （清）佛山脚创立新村小引. 转引自冯江. 祖先之翼——明清广州府的开垦、聚族而居与宗族祠堂的衍变[M]. 北京：中国建筑工业出版社，2010：128.

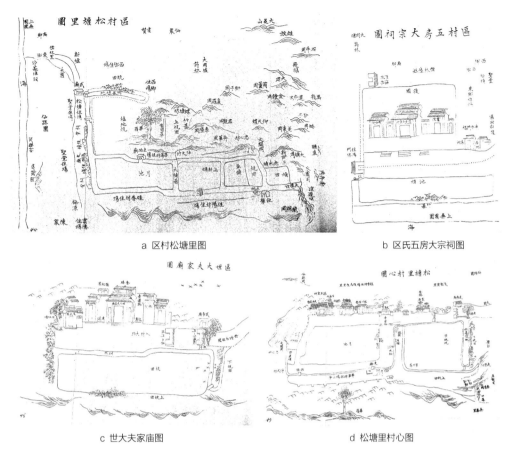

图3-3-4 松塘村聚落及祠堂平面示意图
（来源：桥之自辑家谱）

在很多情况下是属于宗族的自有族产或是新购置的族产。虽然村民参与创立新村、建设新屋，均需通过资金购买住宅基地，但这一土地和资金的流转过程是限于本宗族内部进行的。也就是说，新村居民关系的建立，首先是血缘宗亲关系，其次才是资金问题。这一制度和做法能够保证在传统乡村社会体系下，以宗族为单位的集体，始终占有土地资源，从而确保宗族的利益，维护宗族的存在势力。传统村落民居营建，新村建设，均由宗族统一管理协调，各项事务以宗族利益为先。如《佛山脚创立新村小引》中第四、第五和第六条都关乎建房的土地问题，明确了宗族范围内土地所有权更迭的原则方法。①

---

① 具体内容包括："其四凡附近祠侧左右之田，立村宜用者，即以祖尝之田替换，不得恃强抗众，亦不得多方勒索。其五换田之法，以斗换斗，约其田值十四分。租者即在尝处取回值十六分租之田为率，另每斗补回彩民壹拾两正，标契签字费两相对免。若有取回田价者，照时价每租谷一担，限示民陆拾捌两正，出入均同，以昭划一。其六凡有田在该处者，欲自起崖，听其自便，但要遵本村程式方好。或有取回崖地多少，则照田价地价两相扣补。至于本村围口及各项费用，仍从占地多少科派。"（清）佛山脚创立新村小引. 转引自冯江. 祖先之翼——明清广州府的开垦、聚族而居与宗族祠堂的衍变[M]. 北京：中国建筑工业出版社，2010：128.

3.3.2.3 具有宗族色彩的股份制

其一，具有宗族色彩的股份制是虚拟血缘与经济合作双重关系相结合的产物。这是股份制房地产开发建设模式的原始形式和雏形，是尚不严格规范的股份制度。

以庆林里、琼林里、聚龙村等案例为代表，开平、广州等地华侨主导建设了具有宗族色彩的股份制单姓村落。这些村落一般经过规划，并制定有建村章程。如开平蚬岗镇马降龙村的庆林里（又称庆临村、庆林村），保存有清宣统元年（1909年）的开村建屋章程文件《宣统元年吉立庆林堂起屋章程》和宅基规划图纸；台山端芬镇琼林里，制定有《创建琼林里股份章程簿》，同时附有有宅基规划图纸（屋地分布图）；台山端芬镇东宁里有《李族创办东宁里股份部》。此外，开平蚬岗镇锦江里、开平塘口镇赓华村、广州聚龙村等村落也曾制作类似的规划和章程。

"建村章程"及其新村聚落的建设实践，反映了具有宗族色彩的股份制合作关系。新村聚落的开发建设强调并建构了社会化程度有限的虚拟血缘关系，通过发挥"宗族关系"的组织作用，强化聚居建村的合理性，以建立稳定的、具有认同感和归属感的社群关系。

华侨新村宗族基础薄弱，血缘关系真实的社会特征已基本消失，以"同姓"来维系的血缘关系只是一种模拟的血缘关系。虽为同姓合族居住，但内部代际关系复杂，"宗族-房支-家庭"自上而下的宗族关系未完整建构，传统社会宗族关系的等级性、严密性、统一性丧失。因此"新村"社会关系的组织管理必然需要采用有别于家长制度的地缘组织管理模式。据《创建琼林里股份章程簿》可知，参与琼林里建村的梅姓族人，系"我元韶德隆锡重可达诸家子孙"。[①]与之类似，依照《李族创办东宁里股份部》参与集股建村的李姓族人范围广泛，来自于台山十余乡村，建立了扩大化的"合族"关系。

可见，一方面血缘型社会的宗族观念、宗族关系仍然具有一定影响力，"新村"建设及管理是在扩大化的宗族范围内，组织新的社群关系；另一方面"华侨新村"聚落内部居民形成事实上的地缘组织关系，村落开发、建设与治理采用股份制度的具体形式，具有商业合作的特征。

其二，具有宗族色彩的股份制保障公共利益。

传统聚落空间反映尊卑、长幼秩序，华侨新村的股份制建村制度，则反映股东的权利，依章程制度建设和治理村落，在保障公共利益的前提下实现个体家庭利益。

东宁里村内设有书塾一处，保留了民国十二年刻写的石碑，碑文以传统血缘型聚落的村规约俗形式，限制地产交易对象和交易范围，碑文内容提及公产处理问题"当经集

---

① 创建琼林里股份章程簿. 转引自：何舸. 台山近代城乡建设发展研究（1854—1941）[D]. 广州：华南理工大学，2009.

各股友公议嗣后",体现了"股份制"在村落公产管理中的制约作用;"更不得将田划股均分及私卖或按典与外姓致生轇轕"则提及"外姓",与本村的李姓相对应,通过这一具有强烈"血缘"意味的词语,延续了传统血缘型村落的村规约俗,无非是为了强化条款的合理合法性,避免权益纠纷。①

类似的规定在其他华侨新村的建村章程中也多有呈现,如《创建琼林里股份章程簿》规定:②"各股份人如有后日志图别居不欲来村建宅,愿将其名下地份出售者,无论价银多寡准限卖回村中股份内人承受,不准卖与外人以免别生枝节"。③村中公共事务推选的负责人"司理"限两年为一届:"村中尝数每届择值理二人,元韶祖与可达祖择一人,德隆祖与锡重祖择一人。司理限以两年为一届乃至期满须将银两数目交出,另举司事人接理至推数日"。

华侨新村通过推行民主管理方式、制定村规民约等来保障公共利益。尽管在选择村落事务负责人和管理者的时候仍然考虑统筹房支关系的问题,但新村治理更具有商业合作、民主平等的特征:在股份制体系内推选负责人需管理包括公产在内的公共事务。负责人一般规定有任期,较之于族长长期专制掌权的形式,已然具有进步意义。

其三,具有宗族色彩的股份制保障家庭利益。

在前期招股、村落的建设计划或规划方案当中,充分明确股份制下投资人对应的土地权利。琼林里、庆林里、赓华村等村的建村章程及村落用地图,均详细描述用地情况,较传统的族谱及形胜地图,更为具体、形象、准确。

立园博物馆所藏《赓华村图形》及《赓华村章程》表明(图3-3-5、图3-3-6):村落用地最初划为大小相等的十六处地块,按《千字文》开篇十六字进行编号,参与建村者通过抓阄分

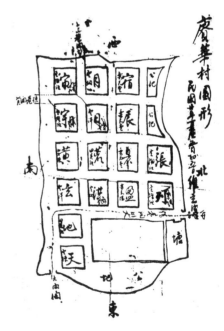

图3-3-5 开平赓华村规划图
(来源:立园博物馆)

---

① 碑文内容如下:"本堂所买海口地面土名大王围专系保卫东宁里新村而设当经集各股友公议嗣后该围之田递年收入除费用外按股均派 不得藉占股多自行霸耕 更不得将田划股均分及私卖或按典与外姓致生轇轕 倘有意见或有参买尽可公举值理或轮流管理以固团体而卫村场特泐石永须遵守 民国十二年夏历四月初一 李振业公启"。详见:端芬东宁村:岭南民居建筑的"活化石",中国江门网报道。
② 创建琼林里股份章程薄. 转引自:何舸. 台山近代城乡建设发展研究(1854—1941)[D]. 广州:华南理工大学,2009.
③ 据《台山端芬梅族家谱》,拟出了自11世之后梅氏后裔的世派字辈排序为"元锡德瑞,远耀酒宗,友恭忠良,万嗣遥隆" 另又一说法为"元锡德瑞,远耀乃宗,友恭忠良,万福攸同。"即自11世字辈起始,端芬梅氏后代,依照上述字辈次序命名。因此文中所述,应指梅姓11世元韶、12世锡重、13世德隆等房支后代。详见:《台山端芬梅族家谱》。

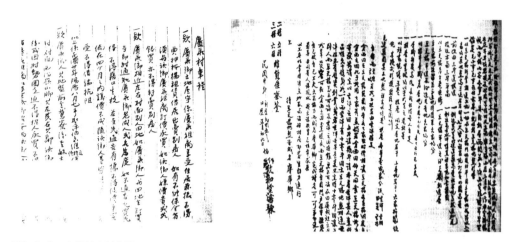

图3-3-6　赓华村建村章程
（来源：立园博物馆）

配土地，并在图上标明地块产权。《琼林里屋地全图式》与此类似，绘制了一百座屋地的分布情况，对应采用《千字文》编号，另附说明："本乡之屋地尽可开足一百一拾座而有奇，今地图只绘一百座者不过为股份伍拾股计，每股可派地二座以为凭证耳"，绘制该图的一个重要目的即"每人建宅须要按照地图注明某名某年建某字地壹座，所以杜贪婪而免混乱至其股份内"，传统形胜地图中作为重点内容的祠堂在该图上并未进行突出强调。①

华侨新村的建村章程及前期规划体现出较为民主和平等的构想：广府传统聚落等分宅基地，均衡共居，在形式上来说符合股份认购，统一开发的需要，因此许多"新村"仍然延续传统梳式布局，但是，村落开发管理的背景已显示差异，传统村落"主要建立在权利、社会地位和经济基础之上"，而华侨新村"主要是建立在经济基础之上"，"在股份面前人人平等，资本主义的概念已经相当深入该地区民间社会"②。

其四，具有宗族色彩的股份制是近代侨乡乡村传统和礼会现实的生动反映。虚拟血缘关系的形式，一方面是传统社会关系的惯性延续，传统乡村社会尚未实现宗族型社会的完全变革，华侨、侨眷为主要角色的侨乡社会网络虽然呈现日益扩张的趋势，但始终难以脱离宗族关系的影响。另一方面，近代中国社会内外交困，处于社会政治经济转型的敏感期。"股份制"经济模式出现但未形成完善的制度。以此展开商业合作和交易风险大、保障弱，借助于宗亲关系构建信任关系，成为确保合作关系可靠性的基础。

其五，具有宗族色彩的股份制是乡村建设制度的探索性创新。"华侨新村"基于虚拟血缘关系建立的商业化合作关系，村落开发和管理模式，是在特定历史条件下产生的一种制度创新。由于近代侨乡社会的生产力水平、市场化程度、信用经济等条件尚在发

---

① 事实上琼林里虽然预留了祠堂用地，并拟定"学堂后背之余地 公议留回后日村中各人创建祠宇之用"。但后来并未完成建设。
② 程建军. 开平碉楼——中西合璧的侨乡文化景观[M]. 北京：中国建筑工业出版社，2007：30.

育阶段，华侨阶层在社会转型之际的探索实践，更显难能可贵。

3.3.2.4 具有现代企业特征的股份制

其一，企业化：具有现代企业特征的股份制，以建立具有现代企业特征的股份制置业公司为标志。与第一种形式比较，现代企业特征的股份制合作关系社会公众化程度更高。一批活跃于广州、江门开平、台山等地的由华侨组织建立的置业公司，其运作管理模式已经跳出宗族血缘社会关系的窠臼，建立了更为广泛的商业合作关系。

江门籍华侨在广州东山一带以房地产开发形式开发建设新式住宅区，始于1909年，并一直延续至抗日战争爆发。在近三十年的发展过程中，先后有美国华侨或侨眷成立的"郭群益堂""大业堂""黄三多堂""黄维善堂""黄宝善堂""嘉南堂置业公司"和"南华置业公司"等股份制置业公司参与房地产的开发、建设、买卖交易。

其二，社会化：股份制置业公司面向全社会募集投资者。参与投股者身份一般无宗族关系限制。开平新业堂最初由旅居美国和加拿大的华侨创办，成立于1928年，适逢国民政府提出"模范住宅区"倡议时间不久。虽然模范村的建设因各种原因并未能全部实施完成，但其前期设计的规划方案已较为完善。新业堂的招股简章明确，参股者无身份限制，凡属国民，均可参与。① 参与集资建设的"村民"来自不同的乡村宗族，公共礼堂、学校等新型的公共建筑成为替代祠堂，供"村民"聚会、议事的场所。

其三，市场化：股份制置业公司开展市场化的房地产经营。新业堂制订《新业堂筹办开平模范村招股简章》等计划章程，并在海外报刊刊登广告招股，在开平"开创了村落建设的商品化开发运营模式"②，与传统村落相比，"是开平第一个真正意义上的商品化开发项目"。③ 华侨置业公司的经营方式，"有点像美国人早期在地产方面的投资。

---

① 新业堂筹办开平模范村招股简章[N]. 大汉公报，1929，2（16）：5. 转引自于莉. 广东开平城乡建设的现代化进程[D]. 杭州：浙江大学，2013：188.
② 于莉. 广东开平城乡建设的现代化进程[D]. 杭州：浙江大学，2013：201.
③ "模范村"的开发过程如下：
成立之初：购买了"长沙进西毛氇洪圣及生老洲一带地方"。
1928年：动工填筑生老洲。将模范村的部分地块送圣洲赠与开平中学作为校址。
1929年：在开平及海外侨刊刊登招股简章，开始兴筑洪圣洲。加拿大报纸《大汉公报》上曾刊登《新业堂筹办开平模范村招股简章》，列出发起人共计273人。
1930年：兴筑模范村旁"平平公路"通往长沙镇的桥梁，建设村落周边交通道路，填沙筑堤。
1931年：继续在海内外招投股票，积累建设资金。
1933年：开侨中学的教学楼和学生宿舍已基本竣工，村内的马路也已部分完工。
1935年：新业堂向股东派发《认承屋地章程图表》《认承屋地书》和《屋地底价表》，并在海内外侨刊、报刊登广告。开始填筑洪圣、毛毡洲模范市堤岸及拓充村场。
1936年：新业堂请工务处工程师设计模范村内各类建筑。
1937年：新业堂在扩充村场后向各股东派发《重订开平新业堂模范村认领地段地段章程》。
抗日战争爆发后：新业堂模范村未完成建设，新业堂将股东资金投资于香港，并于20世纪80年代将股款全部发还给股东后代。
详见：于莉. 广东开平城乡建设的现代化进程[D]. 杭州：浙江大学，2013：192-193.

几个人组成一个公司,向银行贷款,买了地,开辟好了,修了道路和下水道,就将地卖出,赚了钱之后公司也就结束,又另外再组公司,贷款置地。"①公司一般设于江门、广州或香港等城市,并在海外华侨聚居地设立分部,以便于直接在海外招股募集资金,整个开发经营过程市场化。

其四,专业化:建设过程专业化。有关村落及建筑建设工作,由工务处制定建筑细则,并负责监督建设进程,股东可以通过其了解工程具体情况。人员及部门设置、工作方式、建设流程均已专业化、正规化。

作为民居建设的组织管理模式,具有宗族色彩的和具有现代企业特征的股份制两种形式合作关系的出现,既是社会化生产发展的必然趋势,也是侨乡民间对外交流、自我学习的结果。比较而言,前者是符合中国乡村社会特性的历史选择,对于侨乡村落的建设发展意义重大;后者更符合城镇化的新式住宅区建设需求,商业化和社会化程度更高,实现了居住模式的早期现代化。

在侨乡出现的侨汇经济形态下,宗族制度因自然经济基础发生变化和动摇,其内部机制、基本功能已经出现异变的倾向。与传统村落比较,"股份制"开发建设模式更具公平性和公益性。先期村落规划避免了宗族社会家庭、房系势力博弈导致的不公平现象,土地基于股本分配,保障作为"股东"的村民个人经济权益,村落治理依据具有现代社会色彩的村规民约,保障公共权益,这些是"股份制"新村实现近代转型的重要特征。

总之,在因侨汇经济刺激而推动的民居建设模式商品化的进程中,宗族集体开发模式,具有宗族色彩的股份制模式,具有现代企业特征的股份制模式,以上三种广府侨乡民居建设的具体模式,虽然存在先后出现的承继发展关系,但在近代时期的广府侨乡,三种形式的村落建设均普遍存在。只不过,股份制模式作为一种新兴的、代表着社会发展方向的模式在广府侨乡出现,表明广府侨乡民居的建设在实现现代化转变的过程中走在了前面。

3.3.3 潮汕和客家侨乡以独资建设模式为主导

3.3.3.1 程式化的民居营建

潮汕和客家华侨投资修建的民居建筑,营造施工的组织多沿袭传统:主人作为出资者可以决定房屋建筑的规模大小及形式,可以适当提出个人喜好如对装饰内容的要求等,供匠师参考;风水先生根据主人的情况确定房子的风水格局,是决定房屋选址、朝

---

① 林金枝,庄为玑. 近代华侨投资国内企业史资料选辑 广东卷[M]. 福州:福建人民出版社,1989:745.

向、规模、尺度乃至动工时间的关键人物；工匠则参与确定具体尺寸，负责房屋建设施工，工匠主要工种有泥水、木、石三种，以及负责装饰装修的木雕、石雕、彩绘等工种。在营建过程中，海外华侨多委派家中亲人筹办建房，一般会主动遵从和认可匠师的做法，这也从一个侧面反映出华侨对于既有的传统营建法式充分信任。

地区间经济、文化互动频繁，在汕头等城市出现的先进营建方式已有介入乡村民居营造的趋势。譬如客家侨乡地区的建筑联芳楼、焕云楼、南华又庐等，已经有外地聘请的专业设计人员参与设计，焕云楼即仿自潘焕云谋生地新加坡一处"歌舞厅"建造，且其设计者是香港的专业设计人员，达夫楼在建筑上嵌入铭牌（图3-3-7），说明本楼系汕头瑞利建筑公司承造。①由此可见，受侨乡城镇建筑行业早期现代化的影响，虽然程式化的传统营建方式仍为主流，但已有少数的潮汕和客家侨乡民居开始尝试借助于新的设计建造方式来营建民居。

图3-3-7 "汕头瑞利建筑公司承造"铭牌

3.3.3.2 潮汕和客家华侨富商资金实力突出

晚清时期的海外华侨已经拥有一定的经济实力，部分华侨已经有多余的资金用于国内投资②，但是各地区的侨汇经济发展并不平衡。近代时期潮汕、客家民系侨乡地区用于城乡建设的侨汇资金总额虽整体逊于广府侨乡，但富商巨贾数量出众，多于广府地区。近代中国海外华侨中成就突出的企业、财团主要集中于东南亚国家和香港、澳门，而侨商又主要出自广东潮汕、客家和福建泉州、福州侨乡。③东南亚华侨中经济实力雄厚的富商居多，这是华侨在海外长时间的奋斗积累而形成的局面。潮汕、客家前往东南亚的移民以自由移民为主，兼有契约劳工移民是其移民的突出特点，因此华侨经济活动的自主性较强。另外由于历史上中国与南洋各国形成商业贸易往来的传统，所以近代华侨的经济活动也以商业为主。东南亚国家华侨经营工商业者甚众，二战前后从事商业者达52%，从事工矿业者占23%。④其中，中小资本的经营者为多数，但也不乏资金实力

---

① 达夫楼建于1935年，由毛里求斯华侨黎达夫建造，占地面积450平方米，建筑面积1350平方米，钢筋混凝土结构。
② 向军. 晚清华侨与中国经济现代化研究[D]. 广州：暨南大学，2007：23.
③ 张国雄. 从粤闽侨乡考察二战前海外华侨华人的群体特征——以五邑侨乡为主[J]. 华侨华人历史研究，2003，02：26-34.
④ 刘权. 广东华侨华人史[M]. 广州：广东人民出版社，2002：354.

雄厚的富商巨贾。潮汕华侨开拓并发展了了联系香港、新加坡、泰国、汕头等地的贸易网络，在1870年至清亡这段时间，世界各地比较突出的华侨富商大概160人左右，从他们的籍贯和侨居地分布情况来看，广东占90人，福建61人。其中侨居东南亚者111人，北美洲15人，拉丁美洲5人，澳洲10人（表3-3-3）。①以位列泰华八大集团首位的澄海籍陈慈黉家族为代表，其经营业务涉及粮食贸易、船运、金融业、房地产等领域，在东南亚国家形成重要的经济影响。比较而言，在经济实力方面，以广府地区江门华侨为代表的北美、澳洲等地的广府移民大多数为劳工阶层或中产阶层，经济水平层次较为接近，生活水平处于温饱殷实者居多，巨富者较少。

富商巨贾的涌现，在乡村聚落建设中作用突出。根据各地地方志所载的侨房信息统计情况（表3-3-1，表3-3-2），进行侨房户均面积比较，可以发现：潮汕及客家侨乡地区的梅县、普宁、丰顺等地农村华侨家庭户均面积均超过200平方米，分别为267平方米，219平方米，235平方米；而广府地区的台山、开平，户均面积在100～110平方米之间，中山较高，也仅达到124平方米。户均侨房面积差异，说明了潮汕、客家侨乡富商较多，且热衷投资和修建中、大型民居的现象。

160名华侨富商籍贯及侨居地分布情况② 表3-3-3

祖籍地	人数	侨居地	人数
广东	90	东南亚	111
福建	61	北美	15
海南	5	澳洲	10
浙江	2	日本朝鲜	10
上海	1	非洲	8
山东	1	拉丁美洲	5
		印度	1

在潮汕地区，流传有"建大厝、祠堂、书斋、坟墓"四样俱全，方可谓之"全福"的说法。大屋住人、祠堂崇祭，书斋设教、坟墓敬祖，以实现光前裕后的理想。因此人们普遍热衷投入巨大的人力物力建设房屋。

据陈达的调研，非华侨家庭中等水平的居住房屋，"建筑用物是本地货，例如砖瓦与木料。平房用泥地（无地板）。房屋有一大厅，两小厢，一卧房，一厨房。屋中陈设有粗简的木器，如桌椅及凳。墙上无挂物，院中有井"。建筑规模较小，用料简单，仅

---

① 向军. 晚清华侨与中国经济现代化研究[D]. 广州：暨南大学，2007：24.
② 同上。

仅满足最基本的居住需求和使用功能。而华侨家庭的房屋，经济投入及建造水平则胜于非华侨家庭的房屋，两者的估价对比见表3-3-4。

华侨社区与非华侨社区房屋的分类及估价（单位：元）[①]　　表3-3-4

经济收入水平	华侨社区	非华侨社区
贫	1000以下	250以下
下	1000～3999	250～499
中	4000～9999	500～999
上	10000以上	1000以上

在其编号进行比较分析的华侨家庭案例中，以"上"等收入水平的9号家庭为例，曾于民国十二年、民国十三年、民国二十年，三次购置房屋，每次置屋花费在13000～15000元左右，民国二十年13000元购得的房屋"此屋的大厝中座有四厅六房，两从厝有二厅十房。此外尚有新式洋楼一座，内有二厅四房。合计共有八厅二十房。此屋的建筑，可谓新旧参半，建筑的质料全用灰、石、杉、瓦砖等；不用士敏土……屋顶高度不一……最低者约一丈二尺，最高者三丈余。光线比较充足，空气亦干燥。屋内陈设大致整齐清洁。"再如另一例3号家庭较为传统的住宅："屋甚大无楼，有三厅四方。屋脊高约二丈二尺……厅内光线尚好，房内光线不足，湿气亦盛。""建筑的质料用贝壳类的灰沙筑墙，杉木作椽木角。椽木角之上铺瓦。地上则铺红砖及石条；企柱亦有用石者。"[②]从上述描述可知，华侨所建房屋空间尺度宽敞高大，而且用材较为考究。

民国十一年（1922年）潮汕沿海地区遭受八二风灾时房屋因飓风、海潮而受损坍塌，"经过那次风灾以之后，光景较好的人家，采取士敏土为建筑之用，因此士敏土逐渐通行，把贝克灰慢慢的挤出于市场之外（近年来贝克灰的市价大跌，国币一元可买灰180斤）"[③]由此推测，水泥进入潮汕侨乡并开始普及，是在1920～1930年左右的建设高潮期间。

不论是建筑规模还是建筑材料、建筑装饰及其内部的陈设、家私，均反映出华侨家庭住宅与非华侨家庭的差异。"华侨家庭的房屋，大致是宽敞而美丽，远胜于非华侨家庭的房屋"。[④]而且，值得注意的是，侨乡建设量的增长不仅带动了相关建材、施工行业的繁荣，同时引发房地产价格的上扬，同样质量的房屋，在华侨社区和非华侨社区的价格已有较为显著的差异。

---
① 陈达. 南洋华侨与闽粤社会[M]. 北京：商务印书馆，2011：127.
② 陈达. 南洋华侨与闽粤社会[M]. 北京：商务印书馆，2011：119-120，122-123.
③ 陈达. 南洋华侨与闽粤社会[M]. 北京：商务印书馆，2011：122.
④ 陈达. 南洋华侨与闽粤社会[M]. 北京：商务印书馆，2011：120.

3.3.3.3 潮汕：独资建设"新乡"聚落

根据江门开平部分碉楼的造价统计数据来看，开平一般的碉楼，平均造价在1000~5000元左右，3000、4000元的造价是接近平均造价的数值，10000~20000元则为少数碉楼的造价。经济投入的水平与1930年代陈达调研的澄海樟林一带"华侨社区"的房屋造价水平接近。

有所区别的是，由于富商巨贾多，斥资十万元、数十万元的大型民居建筑群常见于潮汕地区。如陈旭年建资政第，蓝金生建设南盛里，陈慈黉父子建设前美新乡，郑智勇建设淇园新乡，耗资均以数十万计，占地规模达数千平方米以上，历时十余载乃至数十年，终形成"三壁连""驷马拖车"等大型建筑组群。建筑规模大，房间数量多，而且装饰精美。

这些"新乡"的开辟、建设，从无到有的过程，均是以一个家庭个体雄厚的资金实力作为主导力量进行的。无论建筑投入还是建设规模均占居主要地位。大型建筑群落以独资模式进行营建，以庞大的建筑规模凸显了建屋主人的经济实力和身份地位。新乡建设规模庞大，远远超出实际的家庭使用需求，部分民居后续也曾发生转卖易主的情况；而淇园新乡的主人更是收纳义子，分配房产，壮大家族力量。

3.3.3.4 客家：由合资扩建旧围屋到独立建造新围屋

客家民系拓展居住空间有两种形式。

在古代，客家人以宗族团结、人口庞大为宗族荣耀。梅县侨乡村的潘祥初曾在《创建南口堡上神卒南华堂新居及田业加拨诸弟设置尝产记》（下文简称《南华堂碑记》）①中提及，客家人的传统观念中，"惟张公艺九世不分居，播为莫谈"，以累世同居的集体聚居为理想。群落式的围屋建筑是实现聚居生活的具体形式，其规模固然庞大，但经过两至三代人的人口增长，就会居住拥挤。作为应对之策，居住空间的拓展一般采取原址扩建旧围屋或新址另建新围屋两种形式，具体来看：

第一种形式是传统围屋独特的动态扩展营建机制。以堂横屋形制的围屋为例，堂屋空间不变，而左右两侧横屋数量增加，如后部有围龙，则对应圆心做同心圆式的外扩，使得纵列横屋数量、后部围龙数量成倍增加，形成大型建筑（图3-3-8）。如始建于明代的梅县丙村仁厚温公祠、侨乡村老祖屋（图3-3-9）等围屋建筑，规模庞大，房间达于数百间。在不断扩大的围屋内，宗族的集体居住维系了宗族的整体性，但宗族内部各房人口繁衍并不均衡，会出现某房支人丁兴旺而住房紧张的问题，而且并非所有屋地都拥有足够的空地扩建，故择地另建新屋成为必然之选。

---

① 陈志华，李秋香. 梅县三村[M]. 北京：清华大学出版社，2007: 34-35.

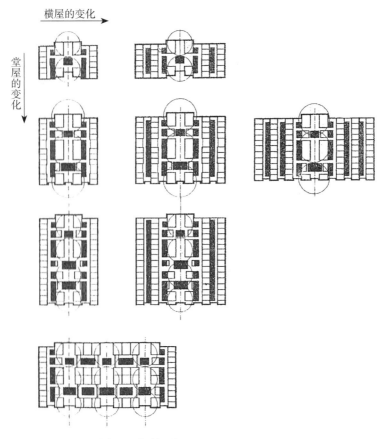

图3-3-8 传统围屋的动态扩展营建机制
(来源:潘安. 客家民系与客家聚居建筑[M]. 北京:中国建筑工业出版社,1998:67.)

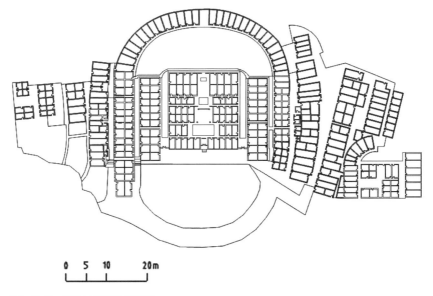

图3-3-9 侨乡村老祖屋平面图
(来源:据现场实测及有关资料改绘,详见 陈志华,李秋香著. 梅县三村[M]. 北京:清华大学出版社,2007:18.)

第二种形式，另建新屋。对应于解决"累世同居"带来的居住矛盾，新建围屋实现了宗族聚落的扩张和更大空间范围的聚居。古代客家地区生产生活条件艰苦，围屋建设动辄需要发动全族力量方能完成。而近代侨乡的海外侨汇快速增长，核心家庭开始具有经济独立的能力，对宗族力量的依赖减弱，因此分家析产的行为日趋频繁。与之同时出现的，是围屋建设在短期内集中大量出现，梅县的多数侨乡村落，半数以上围屋建筑系近代凭借侨资建设。

客家传统围屋具有独特的动态扩展营建机制，能够集中宗族集体力量共同实现工程扩建，而资金雄厚的华侨显然更乐于独立另建新屋。

客家华侨多建设围屋，采用堂横屋、围龙屋、杠屋的形式，客家围屋的规模普遍较大，占地规模在数百平方米至数千平方米不等，虽然其装饰不及潮汕地区复杂和大量，但因建筑规模庞大，因此总造价同样不菲。客家围屋土作发达，但相对简朴，"好房屋建筑周期一般需要二、三年。建房一般要三年，舂墙完工和天面搭建完成后需要放置一段时间，待基础和墙体稳定下来要一年多""对房屋的评价标准重在墙体质量。"[①]从每座围屋的建设者、资金来源及使用情况来看，一人独资或父子、兄弟合建是主要形式。父子、兄弟合为一"户"，合建且共同分配房产，是客家民系宗族制度下的独特现象。

3.3.3.5 购置房地产的投资活动倚重独资模式

潮汕和客家华侨在城镇购置房地产的投资活动，同样以独资为主要模式。这也反映出潮汕、客家华侨中的富商巨贾，在资金运营领域普遍采用家族化的"独资"模式，而并不倚重股份合资的形式。

有关近代华侨投资各地区各行业的统计情况表明，1919~1927年间，汕头的投资户数485户，江门为1626户，为广州2272户，投资额分别为15397246元，31218701元，39643765元，户均投资额汕头居于首位。就其中的城镇房地产投资而言，1927~1937广东各地华侨投资情况统计表显示，潮安82户投资，台山163户投资，而其投资总额则十分接近，分别为1440000元和1444103元；汕头638户投资，江门1100户投资，二者投资总额也接近，分别为9330000元和9900000元（图3-3-10，图3-3-11）。[②]

泰国华侨陈慈黉父子，在1929至1933年间，购置或建造房屋达四百余座，用于出租，多为旅馆、店铺或住宅。普宁县县城流沙镇，据1959年的调查数据显示，当时流沙镇街道店铺共有二百多间，约半数一百多间是在1930至1935年由华侨投资建筑起来。其

---

① 肖旻，林垚广. 桥溪——华南乡土建筑研究报告[M]. 南京：南京大学出版社，2011：96.
② 林金枝，庄为玑. 近代华侨投资国内企业史资料选辑 广东卷[M]. 福州：福建人民出版社，1989：56.

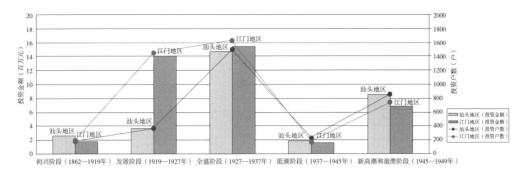

图3-3-10　江门、汕头房地产投资额及投资户数分析表
（来源：据林金枝等人统计数据绘制）

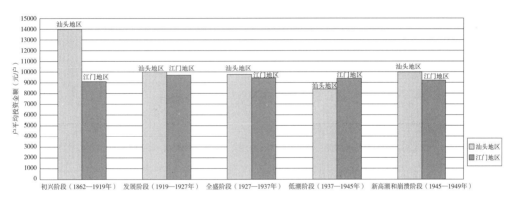

图3-3-11　江门、汕头房地产户均投资额分析表
（来源：据林金枝等人统计数据绘制）

中，泰国华侨陈辅庭，在流沙镇独力建造24幢楼房，用于出租获利。①

在客家地区，梅县畲坑的墟市商铺多为畲坑一带各宗族购置或修建的"尝店"，作为宗族子孙的公共财产。其中不乏华侨富商以重金投入：如太湖洋腊树下人刘润德，为新加坡华侨，除在梅州、汕头、广州、新加坡等地置业外，还于嘉庆道光年间（1796—1850年）在畲坑置店数十间；再如杉里杨柏轩，泮坑徐仁和，也凭借海外经商积累的资金，在此购买数间"尝店"。②

由此可见，无论是新建民居及聚落的组织营建，还是城镇商、住建筑的建设开发，由富商巨贾主导的独资模式在潮汕、客家侨乡地区聚落建设中表现突出。

---

① 林金枝. 近代华侨在汕头地区的投资[J]. 汕头大学学报，1986，04：105-113.
② 肖文评. 梅县区畲坑传统墟市经济与地方社会[J]. 客家研究辑刊. 2002.1.

3.4 本章小结

本章基于侨汇经济引发侨乡面貌改变的根本作用，研究近代广东广府、潮汕、客家侨乡民居建设时空分布的个性特征，探讨三地侨汇资金利用及民居建设模式的差异。

第一，侨汇流布表征侨乡民居文化景观的空间分布。从宏观维度看，对应于侨汇资金汇兑网络，侨乡聚落空间分布表现为近交通、近港口、近城镇的总体特征。广府侨乡以江门五邑地区为例，以潭江、西江、新宁铁路等水陆交通线路为空间发展主轴，沿水陆交通干线形成东西、南北走向的侨乡聚落集中分布带；潮汕侨乡地区以韩江、榕江、练江、潮汕铁路等为空间发展轴，沿水陆交通干线形成三大侨乡聚落分布带。其中的韩江流域侨乡地区，形成北溪、东溪、西溪、潮汕铁路多线发展的侨乡聚落分布区。客家侨乡以梅县为例，以梅江为空间发展主轴，形成山地丘陵地貌条件下的狭长带状分布形态；并以松口港和梅城港两大主要港口为核心，形成两大侨乡聚落组团。

比较而言，广府侨乡主要因商业联系而形成乡村与墟镇高度集成、组团式分布的村镇组团；潮汕侨乡因传统村落扩张形成大型的聚落组团；客家侨乡聚落因地形限制而分散性地分布。

第二，受国际国内经济环境影响，侨汇波动导致广东侨乡民居建设发展经历了三个阶段。初兴发展期，即1840年代至19世纪末，潮汕、客家侨乡聚落的建设起步较早并初见规模；广府侨乡聚落的建设起步虽晚但发展迅速。繁荣全盛期，即20世纪初至抗日战争爆发前，广府、潮汕侨乡形成大量新村或新乡，客家侨乡聚落的建筑密度也明显加大。低潮衰落期，即抗日战争爆发至1949年，沿海的广府、潮汕侨乡建设停滞而内陆的客家侨乡保持了少量建设。

第三，侨汇资金的利用与建设模式有两种：广府侨乡出现了具有宗族色彩的股份制和具有现代企业特征的股份制两种合资合股的建设模式，股份制的开发建设模式出现，是近代侨乡社会转型的重要表现。潮汕和客家侨乡聚落则以个人或家庭个体为单位的独资建设模式作用突出。

第4章

基于侨乡社会结构的近代广东侨乡民居格局与功能比较

将民居文化融入社会变迁的历史情境和具体场景之中,从人的社会生活出发解释建筑现象,是近年民居建筑研究领域由静态表象描述转向动态机制分析的新趋势。

基于家庭使用要求而出现的民居建筑单元,基于社会关系而建立的乡村聚落,表征并反映社会结构的深刻变迁。近代侨乡地区经济嬗变,促使以宗族制度为基础的社会关系变迁,近代广东侨乡社会结构因此而出现"家庭"独立化和"宗族"扩大化两级发展的倾向。

侨乡社会的社会关系网络,社会结构层次,社会结构要素等发生变化,在潜移默化中影响民居的空间格局及功能演化。从近代广东侨乡社会结构与民居及聚落的同构关系出发,我们可以基于上述三个方面社会结构变化带来的影响,分析宏观层面乡村与墟镇和城市的空间联系,中观层面乡村聚落内民居的空间组合格局,以及微观层面民居单元的功能特征,并比较广府、潮汕、客家侨乡的差异,从而揭示近代广东侨乡民居形成发展的社会动因及其作用机制。

4.1 侨乡社会关系网络扩张导致侨乡空间联系复杂化

聚落形态及其空间结构,对应表征社会关系网络的结构特征,是社会结构的空间化、物质化、具体化呈现。参照地理学、社会学、人类学等学科关于"空间""网络"等概念的理解,针对聚落空间的建构,可以按结点、路径和网络来解释其空间结构体系。[①]

广东侨乡社会形成及发展阶段,血缘、地缘关系在侨乡地区及海外华侨社会中发挥关键的联系组织作用。一方面,国内故居地传统的乡村社会关系,血缘关系是基础,也是首要的社会关系,血缘宗族组织在社会运行体系中发挥重要作用。另一方面,海外侨居地形成华侨华人社会,故居地原有的血缘、地缘关系是华侨可以依赖的最主要的社会资本,但是,严格意义上的血缘宗族组织显然难以应对本乡本土以外更为广阔和陌生的社会环境,因此通过扩大的、虚拟的宗族关系和比较真实的同乡地缘关系作为桥梁和纽带,形成海外华侨华人的同族、同乡、同行等各种社会组织,是广大华侨扩大社交网络以获取社会资源,团结个体力量而获得发展机会的客观需要和必然选择。

随着广东侨乡社会不断发展,乡村社会阶层分化,华侨及侨眷阶层出现,其经济力量壮大,成为侨乡社会的主体和社会基础。海外谋生的第二、三代华侨本人及后代有机会接受了良好的教育,并拥有一定的专业技能。受国际国内环境影响,大量华侨及侨眷开始回国从业,他们拥有相对较高的经济收入,具有较好的社会公德意识,社会活动及社会关系更为广阔,传统单一的血缘宗族关系已无法完全满足新的社会需求,近代广东

---

① 李晓峰. 乡土建筑——跨学科研究理论与方法[M]. 中国建筑工业出版社,2005: 120.

侨乡社会逐渐形成了联系侨乡和华侨华人的关系网络。它以人为结点，人与人的互动关系为路径，构建起庞大的多重关系网络，是"一种联系跨界、跨社会的社会成员之间的一种多线、多群体、多层面的复杂关系网络"。①多重网络由移民网络、经济网络、社团网络和资讯网络等类型关系网络叠加构成，联系侨乡与海外华侨华人社会形成深刻互动的关系。②

城乡空间发展中的点线面要素，即聚落空间中的结点、路径、网络，表征为以聚落为空间结点，水、陆交通及其他线性形态要素为空间路径建构的空间网络；而在聚落内部，各类型建筑或其他具有标志性、结构性作用的景观要素作为空间结点，互为联系，形成具体的空间格局。

在多重社会关系网络影响下，侨乡聚落空间的结构日趋复杂化。具体表现在城乡聚落多层级的空间层次结构，多样性的空间结点，以及多重性的空间关系等三个方面。

4.1.1 空间层次结构的多层级特征

多层级空间层次结构形成，即"县治-墟镇-乡村"三级体系向"都市-县城-墟镇-乡村"多层级城乡体系转变。

在社会关系层面，侨乡与海外社会藉由移民、经济、社团等类型网络发生联系；就空间关系而言，由于跨国界限的客观存在，侨乡与海外侨居地之间日益频繁的人口、资金、物资等社会资源的流动转移，需经由层层递进、密切联系的空间路径来实现。多层次的社会联系促成聚落整合及空间结构的复杂化演变。

明清时期，县以下的行政体系推行堡甲制度，聚落体系为县治-墟镇-村落三级，长期未有根本变化。港口型大都市崛起和墟镇大量出现，是清末民国初年广东侨乡现代城乡体系建立的重要特征。香港、广州、汕头三大都市，对外直接面向海外，对内与各级城、镇、村发生直接或间接联系，使之互为链接，纳入广阔的世界性资源网络体系之中。国内与海外，城镇与乡村之间的联系日益广泛和频繁，"都市-县城-墟镇-乡村"多层级的城乡空间体系形成。

多层级的侨乡空间结构，不仅反映自上而下的行政区划，更表征社会关系网络的内在结构。国内与海外社会的移民、经济、资讯的互动关系日益密切，包括移民的输出与回流、侨汇资金的汇兑、海内外资讯的互通等，正是借由各种有形、无形的路径，在空间维度构建起乡村、墟镇、城市以及海外侨居地的双向次第连接，区域内整合程度不断增强，成为一个密切联系的空间网络。其中，都市、县城和墟镇是城乡空间发展的关

---
① 郑一省. 多重网络的渗透与扩张——侨华人与闽粤侨乡互动关系的理论分析[J]. 华侨华人历史研究, 2004, 01: 35-45.
② 同上。

键，从经济、社会、文化各个层面对广大侨乡村落产生辐射作用。在空间维度结合辐射作用的层次递进关系来看，大型都市对区域内村落的影响是间接性、区域性、宏观性的，尤其是香港、广州、汕头作为区域内最重要的都市，集中汇集大量经济资源和社会资源，影响和带动侨乡社会的整体发展，体现出鲜明的导向作用；而县市城镇，尤其是墟镇的影响则较为直接和具体。

4.1.2 空间网络结点的多样性特征

在多重社会关系网络影响下，侨乡聚落空间的结构日趋复杂化。移民网络、经济网络（含金融网络、商贸网络等）、社团网络（含宗亲社团网络、宗教社团网络、行业社团网络等）、资讯网络等是近代侨乡主要的社会关系网络，联系国内侨乡网络和海外华侨华人网络，形成双向互动的网络路径。对应于社会关系网络的结点，表现在城市、村镇空间，即出现各类新式建筑，成为空间结点，形成空间联系，辐射周边区域。

第一，作为移民网络结点的旅店建筑。

旅店建筑以广州、汕头两城市最为集中。因二地分别是粤中广府和粤东潮汕、客家华侨往返国内的必经之地，其次是地方城镇如江门五邑、梅县、潮安等地。

广州市的酒店业，以五邑籍美国华侨投资的居多，如1927年开业的新亚大酒店；1932年开业的新华大酒店；1937年落成的爱群大厦等。在20世纪30年代中期，长堤及西濠口一带酒店林立，成为集中接待过往华侨的主要片区。这些酒店设施先进，建筑规模庞大。"爱群大厦"更是被誉为"开广州建筑的新纪元"和"南中国建筑之冠"（图4-1-1）。江门五邑地区也曾兴建一些中大型酒店建筑，如江门新亚酒店，采用了风行侨乡的西化建筑语言，首层骑楼，顶层为穹顶式塔楼，入口设双柱及拱券装饰（图4-1-2）。

汕头市内旅店可分为酒店、旅馆和客栈三种，酒店如商平路乐天酒店、小公园中央酒店、永平路四海酒店和永平酒店、居平路中原酒店、外马路卧龙酒店等，规模较大，住宿条件好，以洋人居多。旅馆和客栈，住宿条件次之，以至平路下段最多。客栈多为潮汕人经营，且专营过往华侨客人，旅馆多为客家人经营，兼顾华侨以外的旅客生意。①这些酒店建筑的侨资背景，洋化的建筑形式及其在华侨群体中广为传诵的口碑名声，使其建立起联系侨乡与海外的关系网络，不仅为往返国内与海外的华侨提供食宿便利，有时还兼营侨汇、交通购票业务，在移民网络的运转中发挥重要作用。

第二，作为经济、资讯网络结点的银号、侨批馆、邮局、银行等。

银号、侨批馆等场所是经营侨汇资金汇兑业务的主要结点。在清末民国时期的广东，

---

① 林金枝，庄为玑. 近代华侨投资国内企业史资料选辑 广东卷[M]. 福州：福建人民出版社，1989：663-665.

图4-1-1 爱群大厦

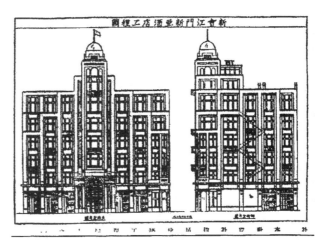

图4-1-2 江门新亚酒店设计图
(来源:朱栩翔. 广东五邑侨乡城镇演变研究[D]. 广州:华南理工大学, 2004: 58.)

广府、潮汕、客家侨乡地区经营侨汇业务的机构在名称、组织形式和运作模式上有所差别。

侨汇资金多与家书信笺合并一同递送,在广府地区人们称之为"银信",潮汕和客家地区则称为"侨批"。侨汇业务并不仅仅限于资金汇兑,还同时伴随着书信资讯往来。广府地区,参与华侨银信递送业务的机构主要有香港"金山庄"及内地的银号、商号、邮政机构、银行。广府华侨集中分布的北美洲、澳洲,距离遥远,难以依赖水客实现银信的高效转递,而在这些经济发达的国家,新式金融机构完善,所以银行在广府地区的侨汇中起着主要作用,分布于城镇,形成金融汇兑网。而银号、邮局作为补充,主要在未分布银行的墟镇和乡村发挥作用。[①]潮汕、客家地区在二战前金融机构寥寥无几,国内外银行在侨汇中作用有限,主要依赖批局、商行和水客,银行直到战后才逐步发挥作用(图4-1-3)。[②]

在一些侨眷及侨汇业务集中量大的地区,侨批馆分布于墟镇或乡村内部。因此除传统的宗祠建筑外,经营侨批的"批馆"建筑,成为乡村聚落的又一中心标志建筑,凸显重要的经济地位。澄海隆都镇仙地头村南面辟建的"明德书塾"(图4-1-4),是"许福成"批局开设在当地的侨批馆,该批局由许若明、许若德兄弟在暹罗开办。建筑名号及建筑的从厝式形制格局与近代潮汕侨乡村落的大型民居形制相仿。但除居住功能之外,"明德书塾"更是辐射乡里,处理侨汇的中心,是当地侨眷联系汕头、香港和南洋地区的重要结点。近代揭阳的数家侨批业商号,包括流沙墟永昌盛、永昌利,泥沟村永兴盛、许和和,华溪村陈裕光,埔塘村吴财合,梅林墟赖瑞通、官民益,云落墟郑锦发,均在墟镇或村落内设馆,其中最早的和合祥(后分为永兴盛和许和和两家),就分别在

---

① 1897年,大清邮局委托广州海关开设了第一家邮政局,到1901年,广州已建成9个邮政局和23个代理处。详见:周霞. 广州城市形态演进[M]. 北京:中国建筑工业出版社,2005: 200.

② 林家劲,等. 近代广东侨汇研究[M]. 广州:中山大学出版社,1999: 11-18.

图4-1-3　汕头近代邮局　　图4-1-4　明德家塾

泰国曼谷、香港、汕头及泥沟村设有批馆。①类似将侨汇机构设置于乡村内部的现象在广府侨乡罕见，究其原因，其一，潮汕侨批经营业务与新式金融机构的经营方式不同，依赖于家族网络，经营者通过自身的宗亲、地缘关系进入乡村开展业务十分便利；其二，广府一带墟镇分布密度高，辐射半径小，与乡村联系便捷，因而汇兑机构一般设置于墟镇已足以顾及周边村落。

侨汇往来直接关系家庭生活境况，具有不言而喻的重要性而被华侨家庭倍加重视。因而，分布于广大侨乡村落、墟镇的侨汇汇兑场所，在经济、资讯的往来流通方面发挥重要作用而成为这些聚落空间经济活动的中心结点，其建筑形象突出，是侨眷家庭物质和精神的寄托。

第三，作为商贸网络结点的店铺。

侨乡地区商贸的繁荣，与侨资关系密切。一方面是侨汇支持侨眷消费，刺激侨乡市场的繁荣，吸引大量粮食、物资等洋货进口；另一方面则是海外华侨生活需要，大量土特产品从侨乡内地经由港口出口国外。骑楼建筑，是商业店铺最常见的侨乡建筑形式，在侨乡城市、墟镇大量建设，形成规模不等的商业街区，并成为联系海内外商贸网络的空间结点。

商业店铺、街区主要有商贸转运和商业消费等功能类型，因而其分布多为交通通达便利之地，以连接商贸网络，充分实现商品资源和消费人群的流动。

作为侨乡形成期的重要的商贸物资的周转集散地，粤东侨乡繁荣商贸网络之重要结点，潮汕地区澄海县的樟林古港是典型代表。清康熙至咸丰年间潮汕地区对外贸易的主要港口，也是潮梅所属各县民众出海南下的港口。当地著名的陈慈黉家族、金财合家族

---

① 杨群熙（潮汕历史文化研究中心）.华侨与近代潮汕经济[M].天马出版有限公司.2011.3：91-95.

等，最初都由此乘红头船过番。樟林埠全盛时期有八街六社，既是南北、海内外货物的运输集散地，又是潮汕海上贸易的枢纽，史称粤东通洋总汇。由于海运业、商贸活动繁荣，嘉庆七年（1802年）增建新兴街，全长187.3米，共有两层货栈54间，每间面宽5米多，进深约16米。另有观海楼（永定楼）一座，码头一处。以新兴街为代表的樟林埠商业街墟，直到汕头开埠以后才逐渐衰弱，货栈、铺面建筑留存至今，成为侨乡商贸历史的见证（图4-1-5、图4-1-6）。

商业消费型的侨乡墟镇、城市更为普遍（图4-1-7）。在侨乡所属各城市、邑县、墟镇，侨汇充实时期各类海外舶来品充斥商店，包括各类生活用品、建筑材料，还有汽水、咖啡之类的新鲜消费品，林林总总，琳琅满目，如无便捷的国内外商贸网络恐难以维系。汕头成为对外通商口岸后，在华侨注资推动下，汕头市"四安-镇邦""四永一升平"和小公园三大商业网形成。大小店铺、酒店茶楼林立，永平酒楼、南生公司等大型商业建筑一度成为城市建设的标志（图4-1-8、图4-1-9）。

图4-1-5　新兴街入口

图4-1-6　新兴街店铺

a　台山汀江墟骑楼

b　开平赤坎镇骑楼

c　潮安庵埠镇骑楼

图4-1-7　商业消费型的侨乡墟镇

图4-1-8 汕头南生贸易公司

　　　　　　　　a　　　　　　　　　　　　　　　　　　b

图4-1-9 汕头旧城区骑楼建筑

　　城、镇成为了相邻聚落区域的各级经济中心。骑楼是城镇的主要建筑形式，线性集中分布，充分符合商业活动的需求，并产生商业聚集效应。骑楼建筑形成的商业街作为商贸结点，联系国内外的城市、乡村，形成了繁荣的商贸网络。

　　第四，作为新式社团网络（以宗教团体为例）中心结点的教堂。

　　乡间传统的民间信仰活动，并无严格的团体组织，只是一种具有地缘关系基础的民俗活动，而基督教在侨乡传播，则与教会团体关系密切。

　　广府华侨及侨乡群众与笃信基督教的美洲国家联系密切，受海外宗教影响显著，一些华侨还主动回乡创建教堂。江门台山的台城出现了多座教堂，1890年旅美台山籍华侨赵子良将西方基督教传入台城，1906年，华侨捐建了台城第一座哥特式宗教建筑台城礼拜堂，1926年，旅美华侨集资兴建了耶稣圣心堂，将天主教传入台城。[1] 江门开平在建国前有26间教堂（另有3间信息记录不明确者），多为海外华侨创建，分布于多个墟镇：三埠镇新昌的天主教堂，赤坎的对洁会礼拜堂（龙背教堂），蚬冈墟和赤水墟的中华基督教福音堂，三埠镇新昌和荻海的中华基督教礼拜堂等。[2]

侨乡教会建筑的出现带来新的建筑风貌，而宗教社团的影响力，还会吸引信众聚集居住，带动一个城镇区域的发展。广州东山的开发就与清末民初教会的传播有关，1949年东山的基督教堂数量达到11座，天主教堂有3座。[3]基督教美国南方浸信会外国传道部（简称美南西差会）于清光绪三十三年（1897年）在七星岗顶建造教堂、培道女子学校、传道士住宅，在木棉岗建造东山神道学校（后迁往寺贝通津）。同年由浸信会华人教徒和海外华侨于清光绪十五年（1889年）创办的培正书院也从广州城内迁入东山。受此影响，早期定居东山的归侨、侨眷多为基督教徒。如纽约赖神浸信会（华人教会）的信徒冼锡鸿定居东山后，凭借其在侨界信徒中的影响，吸引众多华侨落户于此。[4]

在潮汕及客家侨乡地区也有不少案例。如梅县水车镇某侨乡村落，村内某一房派族人笃信基督教。村外镇上的教堂，成为该房派信众参加基督教宗教团体，进行信仰活动的重要场所。潮安县庵埠镇，商业繁荣，集中了天后宫、佛教寺院、天主教、基督教教堂等多处宗教信仰场所，影响周边村落（图4-1-10）。

a　　　　　　　　　　　b　　　　　　　　　　　c

图4-1-10　潮安县庵埠镇宗教建筑

---

① 何舸. 台山近代城乡建设发展研究（1854—1941）[D]. 广州：华南理工大学，2009：71.
② 网站资料：http://wqj.kaiping.gov.cn/qxcq/kpjt.htm
③ 梁力编. 羊城沧桑2[M]. 广州：花城出版社，2012：252.
④ 郑加文. 广州东山近代独立式居住建筑研究[D]. 广州：华南理工大学建筑学院. 2008. 21-22.

因仪礼差异，对于一些传统的集体性宗族活动，如春节、清明期间的祭祖活动等，侨眷教徒已基本不再随众参加。对于这些家庭而言，传统的宗族性的建筑祖屋祠堂，在宗族社会中原有的中心地位和核心意义已然模糊，教会社团及其教堂建筑则以其宗教吸引力，成为部分侨眷群体的活动中心。

4.1.3 空间关系网络的多重性特征

就某个聚落点范围内的空间结构来看，聚落中心与社会关系网络的中心表现出某种意义上的重合。原本在村落内部及附近的宗祠、庙宇的核心地位在下降，墟镇集市作为村落外部的开放空间，集中容纳祠堂庙宇、商业贸易、休闲娱乐、金融汇兑等不同功能性质场所，即成为容纳侨乡社会关系网络中各种关系中心结点的地点。从构成空间网络关系的要素来看：

第一，空间结点具有多重功能，链接多重社会关系网络。遍布于侨乡地区的银号、批馆、银行、邮局、会馆、商店、旅店、祠堂、宗教建筑，关联各种社会关系网络。而这些建筑"结点"的功能属性往往是多重的，符合当时社会关系网络复杂化的现实情况。如侨汇业务的递送网络，涉及银号、批馆、银行、邮局、商店乃至旅社进行协作，是由于侨汇业务空间跨度太大，几乎没有独家店面可以单独完成递送任务。建国前梅县地区各县正式挂牌的侨批局有59家，此外，没有正式登记挂牌而实际兼营的也有不少。① 大部分的钱庄、银庄也经营侨汇业务，一些客栈、旅馆的经营者，本身就是水客出身，因此会同时兼营侨汇、船票代购业务。如新安、彭广安等挂牌主营百货，裕隆昌经营油米豆，林同德、颜昌丰是靛精原料店。② 再如汕头富春旅社的创办者，最初承建房屋发家，后经营旅社、侨汇汇兑、代买船票等业务，积累财富之后，在农村广置地产，投资建设梅县的梅松公路，开设轮船公司。可见当时侨乡的实业家，注重整合社会资源拓展经营业务，充分发挥了社会关系网络的多重联系作用。

第二，多重社会关系通过多重形式的空间路径实现链接。侨乡社会关系网络多重交织和叠加，对应于聚落空间，表现为通过多重形式的"线状"要素——交通路径，实现了侨乡聚落内部"点状要素"空间结点的链接，进而在更大范围实现了侨乡聚落之间的空间联系。

侨乡地区聚落群分布区域的空间结构特征，呈现由线性特征向网络特征演变的复杂化趋势。主要是由于侨资注入，近代广东侨乡地区交通建设力度加大，不仅侨乡各地之

---

① 广东省地方史志编纂委员会. 广东省志华侨志[M]. 广州：广东人民出版社，1996：183.
② 夏水平，房学嘉. 梅州客属地区的水客与侨批业述略[J]. 嘉应学院学报，2005,04：74-78.

间的联系更为通达快捷，而且水路、公路、铁路多类型交通形式形成互补、互联的交通网络，聚落沿交通路径密集分布，形成空间网络。如华侨投资兴建了潮汕铁路和新宁铁路，新宁铁路沿线设站多达46个，加之多条公路贯通，台山县境内北部和中部地区集中出现大量墟市。可见，在侨资引领的侨乡建设背景下，"结点"和"路径"所控制的区域形成空间网络系统，实现了由简到繁的结构演进。

第三，侨乡聚落空间关系由封闭而开放。村落空间形态及其内在结构关系生动表征了多重叠加的社会关系网络。侨乡形成前，村落基于宗族关系而形成社会秩序，居民归于宗族组织统一严格的管理体系内，社会关系网络单一，因而村落形态表现为由宗族祠堂主导的向心内敛、封闭单一的空间秩序。侨乡形成以后，在多层次的、多中心的多重社会关系网络作用下，村落对外联系日趋密切，侨乡乡村生活中心实现了空间层面外移。

侨乡村落是产生大量华侨的基层社会，近代城镇化的生活方式，影响并逐渐改变了人们的交往方式。由于依赖侨汇而导致传统经济共同体瓦解，一方面，侨乡亲属关系网络的规模在缩小，联系强度在变弱，另一方面，华侨关系网络在扩大，联系在增强。华侨的同乡、同业、同侨居地等关系网络，成为华侨家庭结交朋友，开展社会活动的纽带。因此，以村落为单位的聚落在很大程度上丧失了组织共同生产的功能以后，对外联系的需求使侨乡村落从封闭走向开放，由单一趋于多元，社会关系网络的中心由村落内部逐渐向外迁移，容纳了移民、侨汇、商贸、宗教等多样网络结点的墟镇、城市作为逐级辐射乡村的中心，其联系作用及中心地位显著增强。

综上所述，近代广东侨乡在多重社会关系网络影响下，聚落空间形成"都市-县城-墟镇-乡村"多层级城乡体系，是侨乡与海外政治、经济、社会等因素深刻互动的结果，对应于移民网络、经济网络、社团网络、资讯网络等社会关系网络的结点，银号、侨批馆、骑楼店铺、旅店、教堂等多功能类型的新式建筑出现并成为城乡聚落空间结点，这些具有多重功能属性的建筑"结点"关联多重关系网络，反映侨乡社会关系网络多重叠加、交织的关联情况。

4.2 侨乡宗族结构加速分化促使民居格局演化

近代侨乡宗族结构加速分化，民居及聚落大量建设，原本单一的血缘关系网络扩展为多重社会关系网络，原有的民间社会和礼俗关系仍具有独特的、有效的社会影响，但不再是唯一的组织力量。表现于聚落空间格局的建构中，决定聚落空间结构及形态的社会要素趋于多元，导致聚落内民居分布格局演化。

4.2.1　广府：地缘关系主导下邻里街坊式格局的发展

广府侨乡侨汇利用及民居建设模式，主要包括：一，在故居地的宗族聚落新建民居；二，以具有宗族色彩的股份制统一建设民居；三，以具有现代企业特征的股份制统一建设民居。以上三种模式同时反映了广府侨乡从血缘型社会向地缘型社会转化的形式表现，在此过程中，宗族层级结构及聚落空间格局的演化，表征为多种状态。

在民居建筑组合而形成的聚落空间中，传统聚落基于严谨、纯粹的血缘关系建立起与之对应的宗族关系和空间秩序，乡村社会的地缘关系以此为基础而建立起来。而近代侨乡的"华侨新村"，以具有宗族意味的股份制和企业化的股份制，通过虚拟化的血缘关系，建构起经济合作关系优先的"宗族"秩序，甚或是建立起毫无宗族关系限制的地缘性的邻里居住关系。聚落居住者在新村地域范围内结成的地缘关系体现了平等原则，弱化了居住者的等级关系，未曾突显严格的宗族关系限制和血缘关系界限。

在习惯海外城市生活的华侨的带动下，囿于原乡村落人多地少的窘迫限制，部分华侨家庭由乡村移居城市或在城镇周边建设新村。新村的创设非某个单独家庭之力量可以完成，客观上需要对应的社会组织关系发挥作用。参加者一般具备以下特征：共同的居住目的，相似的社会身份和财富条件。以此为基础，新的社群组织因地缘联系而形成，华侨家庭聚居的居住区出现。新村居民与故乡的宗族联系依然延续，并以宗族性的活动如先祖祭祀、节日庆典等形式呈现。

地缘关系主导下邻里街坊式格局的发展并非一蹴而就，侨乡民居的选址、组合布局、建设时序以及建设开发等方面的多重变化，反映出这一过程的复杂性。

4.2.1.1　新建民居向原村落外围拓展

华侨的原乡故居地，一般以三间两廊建筑为基本形式，以梳式布局形成聚落，建筑形态统一，分布密度高，布局整齐有序，依地势呈和缓的前低后高的整体态势。

部分海外华侨率先"致富"后，自发在故居地建设房屋。由于经过长期发展，原村落已形成较为完整、统一和稳定的形态，因此各华侨家庭独立建设新民居之时，必然面临如何处理与村落格局及已有民居的关系问题。保守和经济的方案是对故居进行修缮，或是拆除原建筑后进行重建，重建之际需要充分考虑延续村落原有的空间风貌特征，因此建筑尺度、建筑风格难有大的突破和改变，否则会招致邻里的责难。

因此，广府侨乡多将尺度和形态变化较大的民居选址建设于村落外围空地，即村落左右两侧或后部。这些分散、独立建设的"洋楼",如空间位置许可,会延续原聚落格局秩序,如台山永盛村的3处高大洋楼,并列位于村落前排的左侧(图4-2-1)。而在大多数情况下,新旧民居之间,新民居之间并未形成严谨的空间对应关系,如台山斗山镇浮月村约20座洋楼,分散分布于原村落的左侧和后部,呈现出自由的分布状态,再如开平自力村的铭石楼、云幻楼等大部分洋楼,也是分布于村落的后部(图4-2-2)。

从调研的情况看,建筑高度与后排民居保持一致的洋化"三间两廊",一般可以建造于村落前排。只有个别村落案例,出现位于村落前排中部的高大楼式建筑,如开平塘口镇自力村的湛庐;有的前排高楼是具有防卫功能的碉楼,如珠海会同村的"云飞"碉楼(图4-2-3)。

新式建筑离散于原村落,分散分布,一方面是由于新式建筑主要为多层的碉楼和庐居,建筑形态与传统的三间两廊民居相比较,体量高大,建筑风格中西并举,外围分布可避免高楼对村落原有民居产生不利影响;另一方面是防卫功能的需要。在村落外围的空地,具有开阔的视野,便于观察防卫和御敌。

侨房选址所表现出的疏离、分散倾向,是经济崛起的华侨阶层,争取生存空间的现实选择,也反映宗族力量对于新建民居的制约作用在下降。

图4-2-1 台山永盛村碉楼

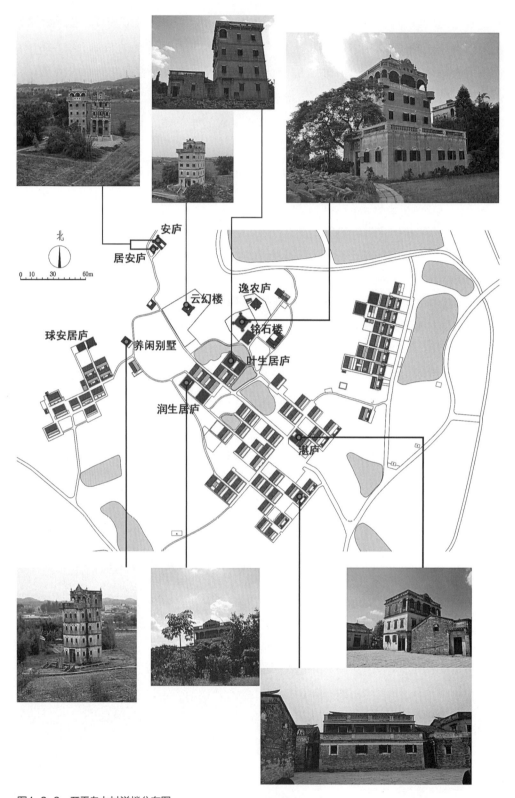

图4-2-2 开平自力村洋楼分布图
(来源:据《广东开平碉楼整治.塘口镇自力村环境整治规划总平面图》及现场实测后改绘.参见:程建军,等.塘口镇自力村环境整治规划.华南理工大学.)

图4-2-3 珠海会同村"云飞"碉楼

4.2.1.2 从梳式布局到棋盘式布局

广府传统聚落典型的梳式布局纵向巷道宽度在1500~2000毫米左右，为村内主要的交通道路，而建筑前后间距狭窄，仅为300~400毫米，无法通行，有的村落民居甚至前后未留间隔。梳式布局巷道的设置及其尺度，有利于遮阳通风降温的需求，也能够实现民居单元的并置组合。由于三间两廊开窗狭小，仅出现于山墙的高处，而且建筑背立面出于风水的考虑并不开窗，所以建筑之间并不需要设置宽阔的间距。只是对于较大规模的村落，需要解决交通便利性的时候，才会在村中开辟几条横巷，如珠海的会同村，形成了三街八巷，即三横八纵的巷道。

在一些侨乡村落，由于聚落格局沿用梳式布局之尺度，导致建筑间距紧凑，民居建筑侧面精心打造的入口装饰造型因视距太小而无法充分展示（图4-2-4）。

近代出现了棋盘式布局的侨乡村落，其特点是在梳式布局的基础上，建筑前后间距

图4-2-4 狭窄巷道限制视距

扩大至与纵向巷道宽度相近，形成纵横相交的交通，实现了新的功能要求：首先，建筑之间前后左右间距开阔，超过传统梳式布局下的间距尺度，可以满足多层独立式居住建筑四面开窗采光的功能需求，避免建筑相互遮蔽；其次，设置横巷交通便于从建筑正面设置入口，形成"独门独户"；再者，通过创造足够的视距空间，可以充分展示建筑外观形象。

例如开平赓华村建设有六座"庐"和一座碉楼，分列两排，第一排为泮立楼，炯庐，乐天楼，明庐，第二排为稳庐，第三排为泮文楼，第四排为晃庐（图4-2-5）。台山市斗山镇美塘村，早期由新宁铁路创办人陈宜禧（1844—1930）于民国十一年（1922年）规划建造（图4-2-6、图4-2-7、图4-2-8）。目前保留有六间建筑风格较为统一的庐居，分列两排，首排四座，第二排两座，建筑样式为具有西式特征的庐居。以上两个新村案例，虽然只是建设完成了少量民居建筑，但从建筑形态及巷道尺度来看已经显示出棋盘式布局的特征。

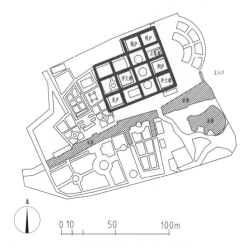

图4-2-5 开平赓华村棋盘式布局分析图

图4-2-6 美塘村棋盘式布局分析图
（来源：据google卫星图改绘）

图4-2-7 美塘村学堂

图4-2-8 美塘村民居及巷道

4.2.1.3 民居建设时序从纵向优先到横向优先

新村用地经过纵横双向划分，成为面积均等、棋盘式分布的方形屋地。一般以"踏""座"为屋地单位，每踏面积相同，凭股金认购，每股一踏。分派宅基地方式和建屋时序大致有两种。第一种形式，纵向优先，分配屋地归属，如《东庆村派定屋地全图（民国六年1917年）》所反映的情况（图4-2-9），将纵向排列的屋地分配于同一房支的家庭，建造时序一般由前而后，纵向依次建设，纵向排列的房屋形成组团，具有较为亲密的血缘关系。

第二种形式，横向优先。庆林里的《宣统元年吉立庆林堂起屋章程》开列共17款，第一款即规定，"巷口屋横过十踏，先要相连起满，然后在巷口第二踏起算，又过十踏起满，至巷口第三踏亦如是，又上至四五踏……"①即规定建屋时序，为横向拓展的方式，先建设第一横排十座住房，之后次第建设第二排、第三排等，依次类推。琼林里同样规定建屋顺序"务须按行起过，每行须要建足屋地拾座方得另行开地创建"，目的是为避免"屋宇参差不齐之弊"，具体操作以"先建先得"为原则，通过抓阄形式确定地块归属。②如图所示，琼林里的建屋时序为横向建设，从各地块或房屋主人名字所体现的字辈"宗""友""廼"等来看，邻里之间横向关联血缘关系的倾向明显（图4-2-10、图4-2-11）。

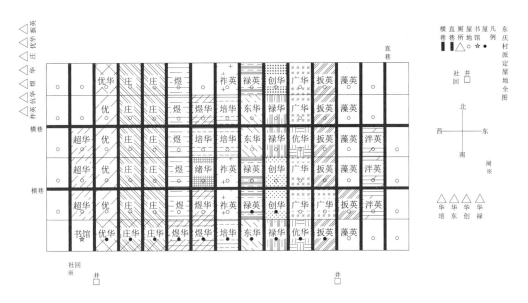

图4-2-9 东庆村派定屋地亲缘关系分析图
（来源：据《东庆村派定屋地全图》改绘。详见：东庆村发展史（1909—1989）.内印本.台山市档案馆藏，转引自：何舸.台山近代城乡建设发展研究（1854—1941）[D].广州：华南理工大学，2009：62.）

---

① 程建军.开平碉楼——中西合璧的侨乡文化景观：开平碉楼[M].北京：中国建筑工业出版社，2007.
② 创建琼林里股份章程簿.转引自：何舸.台山近代城乡建设发展研究（1854—1941）[D].广州：华南理工大学，2009：130-133.

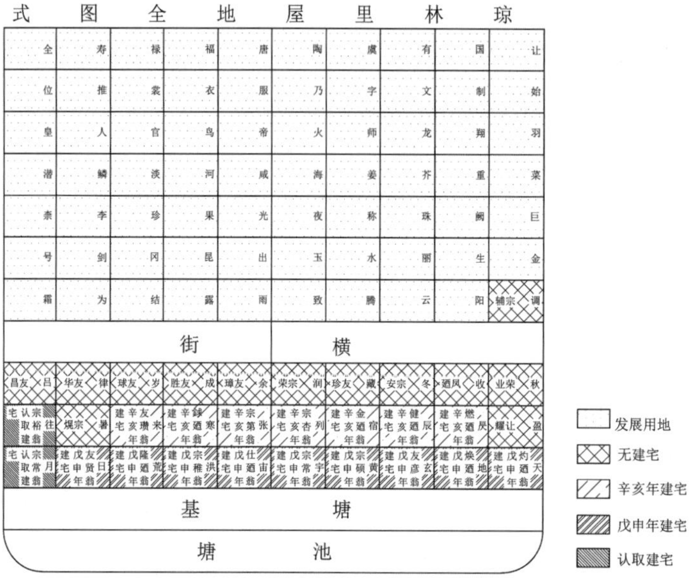

图4-2-10 琼林里民居建设时序分析图
（来源：据《琼林里（模范村）屋地分布图》改绘。详见：创建琼林里股份章程簿. 转引自 何舸. 台山近代城乡建设发展研究（1854—1941）[D]. 广州：华南理工大学，2009：67.）

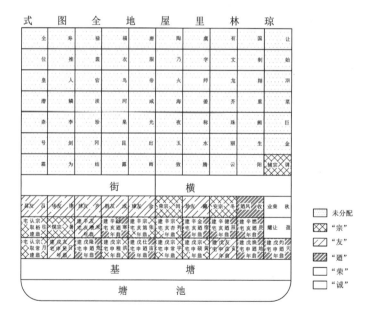

图4-2-11 琼林里民居亲缘关系分析图
（来源：据《琼林里（模范村）屋地分布图》改绘。详见：创建琼林里股份章程簿. 转引自 何舸. 台山近代城乡建设发展研究（1854—1941）[D]. 广州：华南理工大学，2009：67.）

比较两种形式，前者是传统做法，对应于宗族关系主导的社会结构，以位列前排的祠堂为主导，开展营建活动，形成聚落空间，各房支、各家庭的空间关系即反映其与宗族关系的亲疏远近。很多时候，由于各房支发展境况殊异，各纵列建设时序、房屋数量不一，必然导致村落后排形成参差不齐的边际轮廓。

后者则强调经济层面的股权利益和合作关系，以投资份额、投资先后顺序开展建设，因此村落居住者的空间关系具有一定的随机性。横向优先的建设时序利于聚落形象的塑造，充分考虑了空间利用的整体性问题，使得村落后排形成较为齐整的边际轮廓。

4.2.1.4 民居组团形成街区特征

邻、里、坊用以表示基层社区的社会单位也即居住单位。近代以来，邻里开始具有街区的特征，由一个片区内邻近的居民住户组成，人们具有相近相似的经济、社会、文化基础，共享公共设施和活动场所。

邻里单位，具有明确的地域范围，同时体现人们居住交往的社区精神。民居组团形成的聚落内部街巷脉络清晰，在由街巷规整划分的街区地块内，形成了具有现代意义的地缘型特征的邻里单位和邻里关系。

以近代江门旧城区外的侨属聚居区（图4-2-12、图4-2-13）为例：①其中有相互毗邻的六处"里"统称为"水南六里"，分别为谦福里、光尧里、凤翔里、东升里、龙环里、光德里（据音译又称江德里），谦福里如今以启华里代之，仍属"六里"。六里格局是在

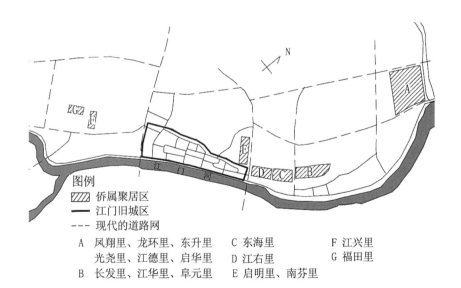

图4-2-12　近代江门旧城区外侨属聚居区分布图
（来源：任健强. 华侨作用下的江门侨乡建设研究[D]. 广州：华南理工大学，2011. 129.）

---

① 江门市地方志编纂委员会. 江门市志下[M]. 广州：广东人民出版社. 1998.1214-1222.

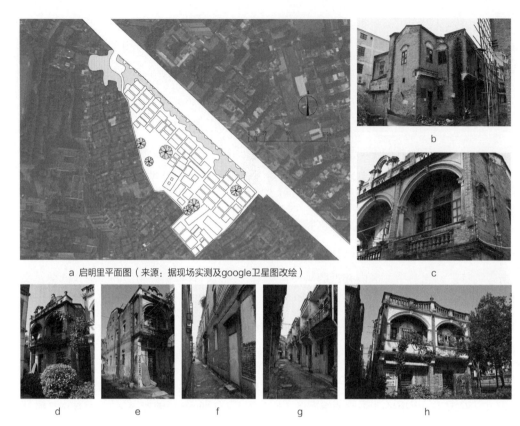

图4-2-13　江门启明里平面图及民居

不断的土地开发经营过程中建立起来的。清末最早来此购地建屋的是容姓、蓝姓华侨。自1901年起，由华侨主导成立的合成堂、东成堂、合源堂等股份制置业公司，先后进行土地开发与房屋建设。经30多年，水南六里成为一个相对独立的聚落整体。地块为规则的四边形，形态完整，"六里"内部每个"里"即为一个相对稳定的次级空间单位。各里之间界限分明，街巷分隔清晰。龙环里与东升里之间的巷道，宽约6米左右，容纳农贸墟市；龙环里、凤翔里和光尧里之间巷道最窄，约一米多宽。六里格局的形成，空间界限的明确存在，与整个地区的分期开发有关，是置业公司进行商业化地产开发的结果。

广州东山"洋楼"住宅区，在20世纪初30多年间华侨和政府共同开发的过程中，由于先后有多家置业公司投入地产开发，因此形成多个片区。包括1909～1916年间开发的龟岗路片区、江岭片区、烟墩新街片区；1918～1927年间开发的启明路片区、庙前直街片区、恤孤院片区、瓦窑街片区、培正路片区，1929～1936年间开发的合群路片区、新河浦路片区、保安路片区、松岗路片区等，这些片区由纵横交错的马路网络划分而成。以侨资置业公司和政府主导的地产开发和城市建设，也正是以道路建设为首要内容。虽在初创期东山的开发者仍将其作为城郊的乡村聚落来定位，但经过长期建设，东山逐渐形成具有城镇化气息的新型聚落，地缘型聚落的特征突出（图4-2-14）。

图4-2-14 广州东山洋楼（来源：魏峰 摄）

开平新业堂的"模范村"规划方案中村落布局也为团块式自由布局，马路纵横交错，以6～12米宽度不等的道路，将用地划分为20个左右的地块。前期的规划体现多样化的居住需求，预留有若干公共建筑用地，而且在市场上提供面积不等的住宅用地方案。其中，单户住宅用地以100平方米居多，而临江地段自然风光优美，住宅用地达到200平方米左右（图4-2-15），各户住宅可由投资者股东自行设计建造。①

可见在这些居住社区中，人们的邻里关系由传统的强调整体、统一、协调，转变为彰显个性精神。在新邻里关系的居住区内，人们社会生活空间扩展，个体意识、私密意识都得到了提升。20世纪20年代以来规划和兴建的"华侨新村"，许多并未强调各家庭屋宇形制的一致性，屋主拥有充分的自由，塑造了丰富多样的建筑形象。

近现代的城市理论及其实践表明，以道路划分的区域作为规划单元，并在各区域内布置住宅建筑以及与生活配套的公共服务设施，将会形成邻里单位并产生邻里关系，促进公共生活的活跃度。华侨家庭通过置业公司的房地产交易购置土地、建设房屋，共居一地，形成以小型家庭为单位的社群，互相之间有一定的社会交往关系，却并无传统社

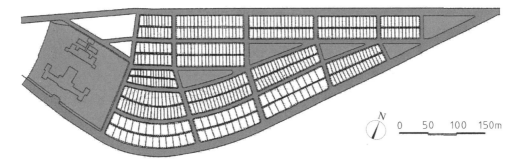

图4-2-15 开平新业堂"模范村"规划平面图（黄色部分为公共建筑用地）
（来源：据《新业堂模范村平面图改绘》，详见：于莉. 广东开平城乡建设的现代化进程[D]. 杭州：浙江大学，2013：196.）

---

① 于莉. 广东开平城乡建设的现代化进程[D]. 杭州：浙江大学，2013：185-188.

会大家族聚居形式。在相对独立的社群和空间内，家庭之间、邻里街坊之间保持制约与协调的关系，实现平衡发展，形成近代广府侨乡具有代表性的邻里街坊式聚落空间格局。由乡村聚落的血缘结合到城郊住区的地缘结合是华侨及侨眷阶层居住形式的重大转变。

4.2.2 潮汕：侨商阶层崛起与多向度格局的发展

潮汕侨乡地区的许多聚落，在聚落初创的形成发展时期，聚落空间秩序单一，民居形态封闭。如前美、淇园、泥沟、龙砂、长美、乔林等村，至今保留了早期的围寨。明末清初，直至清雍正年间，由于社会动荡，治安条件欠佳，因此各地乡民建设了防卫功能突出的围寨，往往一村一寨，规模庞大，人口密集。这种密集式布局的村寨，由众多民居建筑单元组团形成，空间格局、空间结构及空间秩序单一，高大的寨墙形成封闭的空间形态，强调了聚居空间的整体性、独立性和封闭性。

在"宗族-房-家庭"三级体系下，代表着"宗族"范畴的宗祠于一个聚落的空间秩序而言一般具有主导性的突出作用。

潮汕民系传统聚落内，宗族及各房支祠堂作为宗族的核心象征，对于聚落空间结构的形成具有重要意义。聚落依靠单一的血缘关系和宗族关系而形成以宗祠为核心的单向发展的空间结构，祠堂与民居的主从关系明显，与之保持一致朝向，少见与祠堂背立的情况，反映传统社会宗族关系下宗祠在村落内部的重要地位。祠堂从空间上引导和控制周围其他居住建筑的朝向。

在前美村，居民旧时有陈、朱、吴、刘、叶、黄等几个姓氏，现以陈氏居民为主，聚落的建设与陈氏家族的发展密切相关（图4-2-16）。[①] 现在的前美村，即由溪尾、后陈、竹宅、永宁寨、寨外、西门、沟头、下底园、朱厝、新乡等10处聚居片区共同组成（图4-2-17）。10个聚居区之间自然有着较为明显的空间界限，这是历史上该地区曾经多姓混居情况的记录和反映，也是陈姓家族内部不断分化拓殖，以血缘亲疏关系界定空间界限的结果。近代侨乡形成以前，陈姓宗祠作为主导聚落空间结构的核心要素，在各个聚居片区居于显著和重要的空间位置，引领大小民居建筑形成较为有序的空间结构。以

---

① 综合黄挺先生等学者长期积累的调研成果及现场考察访问的情况，可知前美古村自创建至近代时期，聚落的形成与演化过程大致经历四个阶段：第一阶段，据《陈氏族谱》记载："世序公世居福建泉州府，因避乱携四子而迁于潮之饶隆，卜溪乡而居。"陈氏开基祖世序公于元朝末年，带领四个儿子由福建迁入广东潮州府隆都，定居溪尾。第二阶段始于明洪武十五年（1382年），一世祖世序公去世后，长子松山公一派仍然定居溪尾，其他三房兄弟向溪尾周边地域迁徙扩张：分别居住于竹宅，后陈，土尾（麦头围）三地。陈氏发展迅速，开始成为此地的大姓。第三阶段是在清代早期至中期。受迁界、复界政策影响，前美居民的居住范围再次发生较大变化，陈氏家族在康熙年间先后经历了外迁和迁返两次大规模迁徙。复界后，约在康熙中期，部分陈氏居民迁往前溪并发展壮大，人口规模与财富实力逐渐超过前溪原居住居民以及溪尾的陈氏居民。康熙三十二年（1693年），松山公派下第十一世孙慧先公，在如今的"寨外"区域修建了永柞楼。雍正十年（1732年），慧先公二子廷光主持建成永宁寨。经过多年的发展，形成了永宁寨、寨外、西门、沟头、下底园等五个聚居片区。第四阶段，慧先公的后裔长房廷弼公一派，延至十八世宦名、宣衣，自1840年代开始赴海外谋生，后经营海上运输、贸易活动，经营范围逐渐拓展至海外的东南亚各国，家族财富、地位日渐上升。陈氏家族的经济来源转移至东南亚，前美村成为著名侨乡。参见：罗杨. 中国名村 广东前美村[M]. 北京：知识产权出版社，2012：116-139.

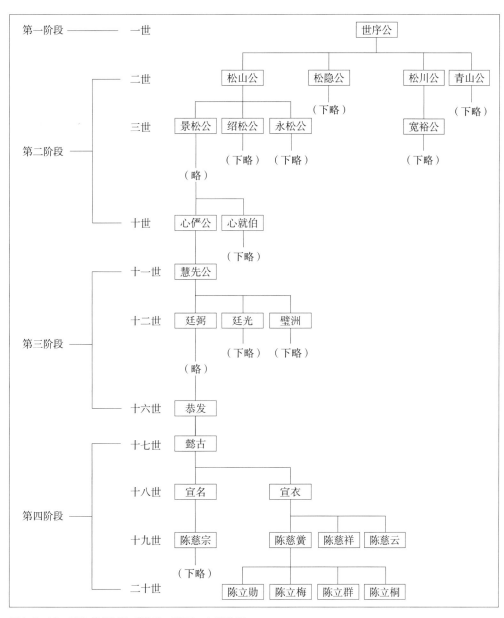

图4-2-16 澄海前美村陈氏世系一世至二十世谱系
（来源：据调研及参考《前美陈氏世系一世至十一世简图》改绘，详见：罗杨. 中国名村 广东前美村[M]. 北京：知识产权出版社，2012：33.）

下底园和永宁寨（图4-2-18）两个聚居片区为例：下底园社是慧先公三子璧洲所创，该聚居片区的中部建有"璧祖公厅"，原是璧洲的宅第，坐北朝南，三进二从厝布局，后成为具有祠堂祭祀功能的"公厅"。奉祀一世祖世序公的祠堂"世序祠"座落于璧祖公厅后部，沿同一条中轴线展开布局，为璧洲于清雍正年间兴建。下底园的另一座祠堂"炜祖祠"及其他民居建筑以此两座建筑为核心，在其两翼进行建设。除个别建筑外，下底园民居与祠堂保持了统一的南向方位（图4-2-19）。永宁寨是潮汕地区常见

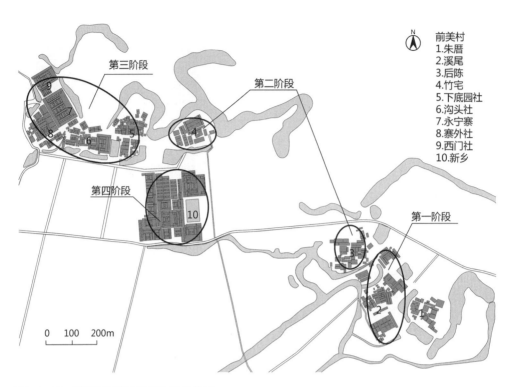

图4-2-17　澄海前美村聚落建设过程示意图

a　寨门

b　寨内民居建筑

图4-2-18　澄海前美村永宁寨

的方形堡寨形式。坐西南，朝东北，寨内由左、中、右三路建筑组合形成建筑群，依地势形成前低后高的态势。中部主座为祖堂"中翰第"，为三进的"三座落"格局，其后部建有一座下山虎，中翰第堂号为"松茂堂"，奉祀慧先公，是前溪慧先公一派的祠堂，中路两侧建有护厝；左路前部为一"三座落"，后部为一座下山虎，左路左侧还有二护厝。右路前部为一"三座落"，但其前厅尺度狭小，因此后部空间较为宽裕，建成一座四点金，右路右侧还建有一护厝。堡寨正面的寨墙较为低矮，前临水塘，左右两侧及后部的寨墙高大,并建有二层的"包屋",三面围合、护卫寨内的建筑群。寨内建筑组群反映"从厝式"格局特征,中轴线的祠祭空间,是全寨的精神核心和空间重心(图4-2-20)。

前美村内早期的聚居片区依靠单一的血缘关系和宗族关系形成以宗祠为核心的单向发展的空间结构,有着明确的朝向定位,建筑的主从关系明显。从前美村的发展及村落整体情况来看,宗祠作为空间的重心,对空间结构的形成具有明显的主导和控制作用,反映传统社会宗族关系下宗祠在村落内部的重要地位。

近代潮汕侨乡聚落的空间重心与内在结构发生变化,主要体现在以宗祠为核心的单一空间结构,向大型建筑和宗祠共同主导的多元化的空间结构转变。

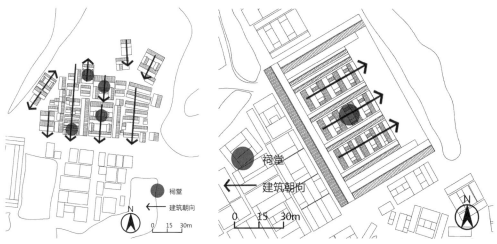

图4-2-19 澄海前美村"下底园社"空间结构分析图　　图4-2-20 澄海前美村永宁寨空间结构分析图

4.2.2.1 大型侨房主导聚落空间格局

近代侨乡的华侨成为取代传统乡绅的"侨绅"以后,其庞大资力支撑修建的大型民居开始成为区域性的结构重心。

长期漂泊于海外谋生的华侨独立意识日渐增强,虽然他们往往也不遗余力地建设祠堂,但独立祠堂建筑的规模却远不及自己的住宅。就建筑对于聚落空间秩序的结构作用而言,宗祠在村落内部对聚落空间秩序的引导作用尚存,但显然已经不是主导和决定聚落空间的首要因素或唯一因素。

潮汕传统的建筑模式及聚落空间秩序,鼓励家庭的差异化和"房头"的形成。近代侨房集中大量修建之时,这一差异化的发展态势愈发明显。各地华侨巨富投入巨资修建的从厝式民居建筑,占地规模庞大。以前美"新乡"为例,从清同治十年(1871年)开始,宣衣及其子孙三代人共同努力,在前美相继修建了12座大型宅第。其中，十九世陈慈黉及其儿子，二十世的陈立勋、陈立梅、陈立桐等人主导"新乡"聚居片区的开发，在20世纪的前40年，建成的郎中第、寿康里、善居室等大型建筑，占地面积分别约为6000平方米，4100平方米，6800平方米，建筑规模宏大，装饰精美，形成了独具侨乡特色的建筑及聚落风貌。

潮安县彩塘镇金砂乡斜角头陈旭年建造"资政第"坐东朝西，前有阳埕，后有包屋，总占地面积约6000平方米，主体建筑分三路布局，是典型的"三壁连"格局，中路主座为"从熙公祠"，"二落二从厝加拜亭"格局，左右两路均为"三落二从厝"格局。"从熙公祠"南侧还兴建有另一处"资政第"，为陈旭年的次子江西南康知府陈鼎新的府第，于清光绪二十六年（1900年）建成，建筑组群坐北朝南，总面宽约75米，进深23米，其中，祠堂面宽约20米，占地面积约3000平方米。建筑组群前有阳埕，后有包屋，主体建筑分三路布局，中路为三进的"三座落"格局的"渚涉公祠"，左右两路均为"二进二从厝"格局（图4-2-21、图4-2-22）。

再如南盛里，南盛里占地近6公顷，房屋大小70座。"蓝氏通祖祠"，也即锡庆堂

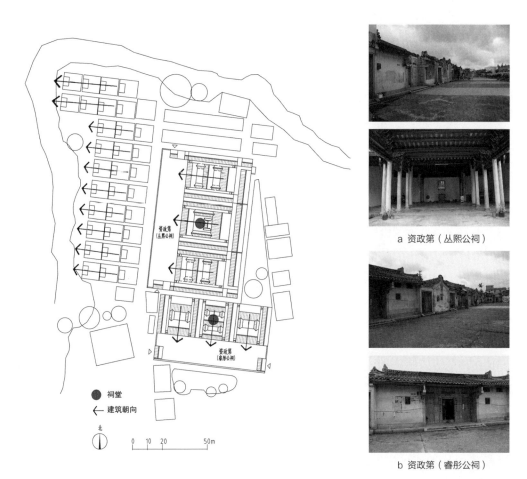

图4-2-21 潮安金砂乡斜角头（局部）空间结构分析   图4-2-22 潮安金砂两处资政第

（图4-2-23），规模居南盛里片区之首，建筑主体坐东北，朝西南，前有阳埕，两侧各有一护厝，后有包屋，为"三壁连"格局，主体建筑分三路布局，中路为"二落二从厝加拜亭"格局，左右两路均为"三座落"格局的"大夫第"。"南盛里"另一建筑组群为"大夫第"，是蓝金生建设"南盛里"时最先修建的。"大夫第"坐东北，朝西南，前有阳埕和反照，左右各有三座下山虎作为护厝，后部建有八座下山虎，俗称"八落巷"。"大夫第"主体建筑分三路布局，左右两侧各一护厝，后面建有后包，三路建筑均为二进的"二座落"。两组建筑为南盛里规模最大的建筑组群。

"淇园新乡"位于潮州市潮安县凤塘镇，为旅泰华侨郑智勇于1911年开始兴建，

a 外观

b 入口梁架

c 入口

图4-2-23　澄海蓝氏通祖祠

历时20年建成。新乡占地面积约150亩，主要由三个建筑组群构成：大夫第、荣禄第、智勇高等小学。东侧为"大夫第"，坐西朝东，前有阳埕和半月形水塘，两侧各有二护厝，后有包屋，主体建筑分三路布局，中路为"三落二从厝"的"海筹公祠"，左右两路前部为一座三进的"三座落"，后部为一座下山虎。"荣禄第"位于"大夫第"西侧，坐北朝南，前有阳埕和半月形水塘。建筑组群的主座为"三落四从厝"格局，后部建有包屋和中西结合的双层洋楼。"荣禄第"的西侧为智勇高等小学，有运动场、教学楼和宿舍楼等，目前学校已废弃，只留下遗址（图4-2-24、图4-2-25）。

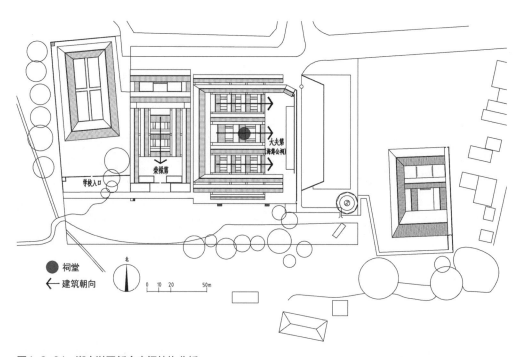

图4-2-24 潮安淇园新乡空间结构分析

a 荣禄第

b 大夫第（海筹公祠）

图4-2-25 潮安淇园新乡的荣禄第、大夫第

由于个别华侨家庭开始有能力独立建设大型民居建筑，在侨乡同时、集中出现了多个中、大型建筑，形成聚居片区。在这些聚居区，聚落空间秩序及其主导要素发生明显变化，大型民居建筑组群主导聚落空间秩序，决定了新乡聚落的规模、形态及建筑密度。

4.2.2.2 民居建筑多向组合

在潮汕平原地区，侨乡新建民居多选址于旧村外围，导致聚落范围不断扩大，其中既有"下山虎""四点金"等小型建筑，也有以下山虎或四点金等作为建筑单元组合扩展而成的建筑组群。

潮汕地区民间将空间秩序相对统一，建筑主体朝向一致的一处建筑组群，称为"厝局"。"厝局"朝向方位各异，相互形成既融合，又相对独立的空间关系。一处建筑组群或多处关系密切的建筑组群组合后，形成相对独立的聚居片区。

民居建筑分布密集，但由于各"厝局"朝向方位调整，可以保证拥有开阔的"明堂"。因此村落中虽然出现一些与大部分民居风格反差大、尺度高的"洋楼"，但并未在空间上对相邻民居造成太多消极影响。如潮安县庵埠的亭厦"高楼""时钟楼""文庐""红砖楼"等，分布于乡间，形成错落高低的天际线。其中"时钟楼"建于祠堂之后，形成独立院落，形态迥异于其他传统民居，形象突出醒目。

近代侨乡形成以后，海外贸易积累了巨额财富，经济条件的崛起使得民居建设的规模迅速扩大。各个建筑组群呈现独立发展的意识，由陈宣衣之子陈慈黉带头开发的前美"新乡"在短期内建设完成。宣名、宣衣两房各支派合力兴建了祠堂"古祖家庙"（图4-2-26），并与左右两座通奉第形成"三壁连"格局（图4-2-27），但仅有右侧1处两进一护厝一后包的"奉政第"与其保持一致的面西朝向。新乡其他民居建筑各自向其他方向发展。其中，善居室（图4-2-28）和寿康里等建筑向东，郎中第、三庐别墅、大夫第和两处儒林第向南（图4-2-29、图4-2-30），在新乡中部，另有多处下山虎和四点金整齐排列，朝向统一向南。

由此可见，在华侨主导建设的前"新乡"聚居区，宗祠不再是唯一的空间重心和核心要素，民居建筑的多朝向组合关系，形成聚落空间多向发展的空间结构。这一方面是由于宗族势力的削弱，另一方面是大型建筑的建设需要。近代侨乡聚落扩张发展，速度和规模远超以往，过去那种单一朝向空间结构难以满足发展需求，从空间关系来看，多朝向发展的空间秩序更有利于避免各建筑之间互相遮挡影响，形成建筑前部的开阔"明堂"，也利于凸显建筑形象，显示主人的财富和身份地位。

4.2.2.3 聚落形态趋于规整化

潮汕平原地区多水系分布，近水发展的聚落形态受河流走向的影响较大。前美村

图4-2-26 澄海前美村古祖家庙外观

图4-2-27 澄海前美村"三壁连"外观

图4-2-28 澄海前美村善居室俯瞰

图4-2-29 澄海前美村儒林第、大夫第（南向）

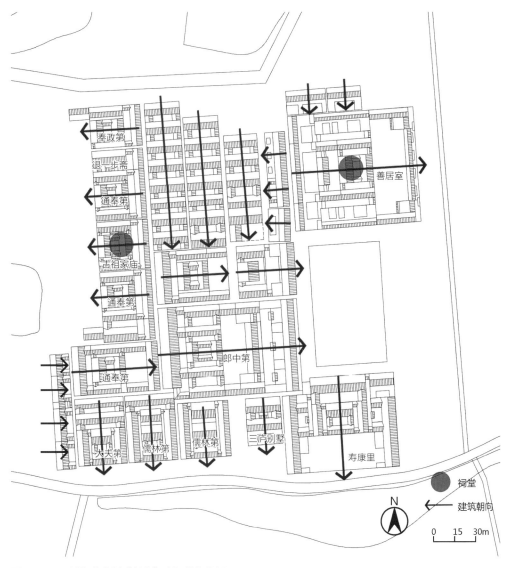

图4-2-30 澄海前美村"新乡"空间结构分析

作为一个典型的水乡聚落,依河而建,其"前溪""溪尾"的地名已显示出鲜明的水乡特色。[①]

近代出现的华侨侨眷新建聚居的村落称为"新乡"。由于是在大面积的空地集中建设,体现了统一规划的优越性。聚落规划用地方正,建筑分布有序,整齐。如澄海市隆都镇前美新乡、潮安县凤塘镇淇园新乡、凤塘镇金砂资政第、澄海市东里镇观一村南盛里等。

前美村空间形态的形成与域内的水系河流走向关系密切,河流是引导聚落空间发展

---

① 水是服务当地农业渔业生产及日常生活的重要资源,由于人口膨胀,历史上甚至还曾发生因争夺水源而导致异姓宗族之间互相械斗、诉讼的事情。

走向的主轴线。隆都镇中部水网密布，地势低洼，前美村正坐落于低地的前沿。前美聚落的10处聚居片区，沿域内河流，经由东南至西北，再到中部，不断拓展，形成依水而生，带状分布的水乡聚落空间格局（图4-2-17）。

河流水系、地形地貌成为塑造前美聚落内部聚居片区边界的重要因素，近代以前，前美聚落的形态轮廓依水系和地形曲折变化，自由灵活发展。近代"新乡"，虽仍毗邻水塘溪流，但规划建设用地形态已经十分方正，主要是占用原有农田用地进行建设的结果。

整个新乡建筑面积近70亩，建筑规模超过慧先公派下子孙建设的寨内、寨外、西门、沟头、下底园五个聚居片区。近代崛起的陈慈黉家族，在海外经商，富有巨万，新乡的建设资金即来源于海外侨汇。侨汇经济影响下，人们对土地毫不吝惜。大兴土木的表现，反映了近代时期农田不再是陈氏家族赖以生存的主要资源，因此民居建设获得了更为开阔的用地。

4.2.3　客家：基于宗族关系与华侨身份建立民居组团

大部分华侨新建围屋都是在故居地村落范围展开建设，客家聚落中民居选址，在环境上遵从风水原则，在社会关系层面，反映宗族血缘的亲疏关系，近代侨乡形成后，又增添了新的特征，即基于华侨身份建立居住组团。

4.2.3.1　风水选址原则的坚持与调适

客家传统村落的整体格局和建筑选址均与风水相关联，视风水格局为宗族发展的生命线。因此在围屋选址问题上，风水因素与宗族因素紧密关联起来。客家人在山地丘陵地区艰苦的自然环境条件下生存，产生神秘的风水观念，客家人开基建村、营造宅舍的过程是一个理解、认同并融入自然环境的过程。直到近代侨乡形成，后人对前人开基建村的风水格局仍然特别重视，并对关键要素予以强调，在新建围屋之际予以维持和保护。

族谱中常见村落风水格局的图文记载，历代修谱会加以重复、强化。在客家侨乡村落，聚落之形胜格局，一般未因近代频繁的建屋活动而遭致损害，本乡侨眷仍然津津乐道的是，"风水"促进了当下家族财富的增长与宗族的发展。

客家民间流传大量关于风水的记载传说，将山、水要素与祖坟、祖居相关联，以象征比附的手法，实现了风水在居住环境营造中的具体运用。如常见以动物形象的象征，乡土气息浓郁，将神秘的风水含义以通俗方式表达出来。在梅县桥溪村，有四座"风水山"，分别为："乌鸦落洋赛洛阳"，指"香炉峰"，该处有两处祠堂及多处祖坟;"螺丝吐肉把水口",以水寓财,形容水流曲折,出水"水口"隐蔽;"伞下夫人在中央",指高耸的山体庇护山下的陈氏"仕德堂";"仙虾戏水望长江",则形容东侧山体。

在茶山村,台湾的茶山黄氏后裔于1979年根据传至台湾的旧版黄氏族谱描绘了《大立乡茶山村及近邻地形略图》(图4-2-31),图中记载文字如下:"回忆祖宗,梦□故乡,尊敬云祖,茶子山乡,黄龙出洞,蝙蝠挂墙,山寨四脚,蛇龟两旁,文章镇守,水车相望,安康富贵,□□□□,追念贤祖,德厚恩长,永垂□颂,万世流芳"。《大立乡茶山村及近邻地形略图》图中提及茶山村及其附近共计22处重要的地名、建筑、墓穴等,包括:1.水车圩,2.梅江河,3.蛇形山,4.龟形山,5.梧塘,6.四脚寨,7.黄龙出洞,8.绍德学校,9.叶坑子,10.荷树窝,11.横坑子,12.云祖公□□(老屋),13.社官,14.公王,15.云祖公墓,16.宝峰寺,17.文章塔□□,18.出洞桥,19.黄琪翔墓,20.黄钧选墓,21.云汉女子学校,22.□□(麻杉)

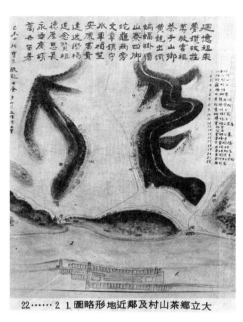

图4-2-31 大立乡茶山村及近邻地形略图
(来源:黄氏云祖公族谱,1975.)

窝,这一图本以抽象写意的形式,描述了茶山村村落格局的主要特征及人文意象。其中,"黄龙出洞"描述茶山村(大立堡)开基祖黄氏云祖公墓穴所在地,以"蝙蝠挂壁"描述祖祠绍德堂之处的山形地貌,村落左右龟形山、蛇形山,则谓之"蛇龟两旁",龟蛇形象与黄姓图腾吻合,且象征生殖、长寿等含义。

从族谱记述来看,黄氏后裔对茶山村既有的风水格局颇为推崇,而在具体的新建围屋选址问题上,首要原则是顺应这一大格局,否则,任何破坏行为都会遭致族人的强烈反对。

客家民居营建与风水相关的内容包括选址、规模、尺度、施工时间等。选址过程包括觅龙、察砂、观水和点穴,理想选址应屋前临水,屋后有"龙脉"靠山,左右有"龙"、"虎"护卫辅弼,远处有"屏"对应,但在现实情况下,由于建设量陡增,许多侨乡村落如茶山村、桥溪村、侨乡村在近代时期建设用地已显示出局促紧迫的迹象,同时还有经济、交通、旧建筑等因素制约或影响,理想的自然环境模式往往难以实现,所以需在建筑营建中加以变通或弥补。例如当地有外门楼主看风水之说,其实是指在围屋整体朝向选定的前提下,通过调整禾坪围墙外门楼的方位朝向来争取良好风水对应关系的做法。茶山村的儒林第就将门楼设于围墙右侧,翼诒楼设于围墙正面但做斜向处理。另在桥溪村世安居的碑文中，主人朱汀源也叮嘱后人："我世安居斗方，左大门正针，右大门辛戍缝针。左右大门及正身千祈不可信人惑"，显示了"门"的风水重要性。此外，建筑各部位的尺度，施工中要环节的时间节点等，均有较为严格的规制讲究。

近代客家侨乡地区营建民居普遍注重风水，侨乡村落居民至今引以为傲的民居建筑及其环境，是客家先人长期以来在山区复杂的地理条件下生存所进行优化选择的结果，这既是人口繁衍、村落扩张的自然演变过程，同时也是客家人饱含情感，文化创造的过程。风水运用是客家人朴素的环境观和生命观的自然流露，其实质正是通过象征比附手法，赋予聚落建筑、环境景观等要素象征意义，实现环境心理学的具体运用，寄托家族繁荣，安居乐业的美好愿望。从古代到近代，侨乡村落民居及其环境的核心象征意义代代相传，人自身的发展与祖籍地因此而产生某种渊源关系，人们的情感联系，无论身处何方，都可以跨越时空，与祖籍地的一方水土挂钩，紧密地联系起来。

4.2.3.2 延续建筑组团的宗族聚居关系

客家侨乡华侨新建民居多选址于故居地旧村，如侨乡村、仙花村、茶山村、桥溪村等均在原村落基础上不断扩展。村落原有的社会秩序在很大程度上得以延续，新屋建设用地，一般仍然是宗族内部，进行经济关系和宗族关系协调的结果。

在典型的侨乡村落，近代时期修建的民居已占全村建筑总量的50%以上，村落建设密度大幅提高。新建建筑在聚落内的分布主要有两种形式：其一，新旧民居交混杂处，沿山地丘陵分布。如桥溪村和茶山村，村落处于狭窄的山谷地带，用地紧张。新旧围屋沿山坡等高线分布，建筑之间几乎已无大面积空地。桥溪村的逸庐，因用地限制，该建筑不仅面积狭小，而且层高低矮，以避免遮挡其他围屋。其二，占用平川耕地建屋。以侨乡村为例，与桥溪村和茶山村相比，其平川用地较为开阔，近代以前村民一般将围屋修建于较高海拔的坡地，至十五世的潘祥初修建南华又庐，潘季文修建继曾楼，潘崇寿修建量怀庐，以及十六世的潘焕云修建焕云楼等，已选址于原本为农田用地的低海拔平川地带。此外，仙花村的联芳楼、棣华居（图4-2-32）等均为此选址形式。这首先是客家山区用地紧张的客观原因所致，但同时也反映了侨乡民众逐渐脱离农业生产，以海外侨汇维持生活，经济和社会层面自我独立意识增强的社会现实。

析居活动在近代侨乡形成后显得更为迫切，这是宗族人口扩大到一定规模以后的客观趋势，也是华侨及侨眷阶层的普遍意愿。正如侨乡村的潘祥初在《南华堂碑记》中说"时局变迁，今不然矣。盖永期无分者情也，不得不分者势也。与其合之，使庇父兄先人余荫，曷若分之，使振独立精神。"

尽管如此，客家华侨"独立精神"的萌芽，频繁的析居建房并未改变其聚居的传

图4-2-32 建于平川的棣华居

统,析分的目的仍在于实现宗族发展,实现更大规模的"聚"。核心家庭的发展,可以促成宗族的发展。潘祥初提出的"独立精神",是华侨阶层经济独立的反映和表现,但也是在既有的宗族框架内,实现自身的发展,壮大宗族的势力。南华堂虽由经济"独立"的潘祥初一人主导营建,但却经由分家析产,分配于本房兄弟共同居住。潘祥初在碑记中详述父辈及本人所置房屋农田的分配情况,以及设置公尝事宜,勉励兄弟,"惟愿诸弟自今以后,笃志木本水源,勉力光前裕后。勿以余所拨区区之数为满志焉,则余之厚望也夫。""俟诸弟得志时",再行添造房屋和加增尝产。因唯有诸兄弟独立、图强,才是实现家族光大的前提。

在近代客家侨乡地区,聚族而居,析居而聚的营建思想成就了独特的客家聚居建筑和聚落空间。传统的动态扩展生长的建筑机制逐渐退化,但古老的巨型围屋仍然延续其数个世纪的生命,大量子孙后裔在此居住;同时,新的围屋建筑大量出现,而且是一次成型,不再具有扩展生长的机制。可以说,传统的客家围屋以扩建方式实现累世同居的聚居理想,聚族而居的形式则使近代客家侨乡的聚居空间快速拓展。

祠宅合一的形式使得每座围屋建筑对应了明确的血缘群体。因此就不断扩大的侨乡村落而言,宗族关系的脉络仍然是清晰可循的。

以茶山村为例:茶山村现有居民主要由四个房支构成(图4-2-33),各房支的析分,发生于十一世、十三世、十四世。村中民居建筑主要由十三世奕盛二子伯荣、伯宁(能)两大房支形成组团,建筑分布基本体现血缘亲疏关系。伯荣支系的伯荣楼、资政第、稻香楼等为一组团，处于山坳"叶坑子"一带。伯宁（能）支系则主要沿着"黄龙山"山脉成一带状分布，是建筑数量最多的一房。较早期的萼辉楼、同德楼、德崇楼仍有组团比邻的意向，位于"柳树窝"一带。此后修建的各栋建筑或许因为修建时间较为集中、密集，土地资源已十分有限，建屋选址已多有参差，但大体仍然维系了沿山坡带状分布的格局。另有庆余楼一座，选址于绍德堂斜对面的山脚，畅云楼、进士第等在同一山脉脚下形成另一小型组团。

另外两个房支修建围屋数量少，未形成独立组团。其中，十三世奕凤之子伯振支系后人所建云汉楼，位于"伯宁（能）"带状组团之列的大夫第和儒林第之间；十一世应兴传至十三世奕澜建有司马第，十八世冉华建有振华楼，与伯荣支系几栋建筑临近，分布于"叶坑子"一带（图4-2-34）。

以侨乡村为例：侨乡村三个自然村，基本对应于潘姓家族三个房派分支，形成空间分布格局（图4-2-35、图4-2-36、图4-2-37）。该村宗族发展脉络为：

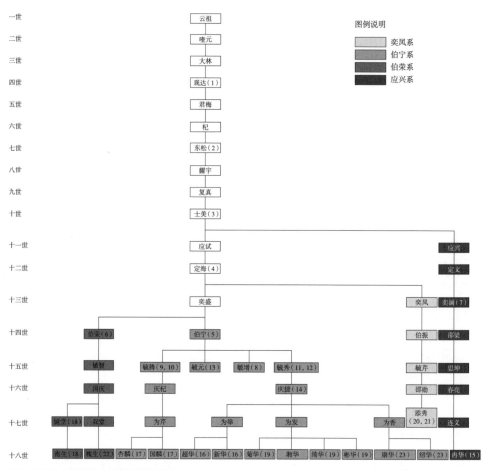

图4-2-33　梅县茶山村黄氏谱系简图
（来源：据族谱及访谈资料绘制。详见：黄氏云祖公族谱，1975.）

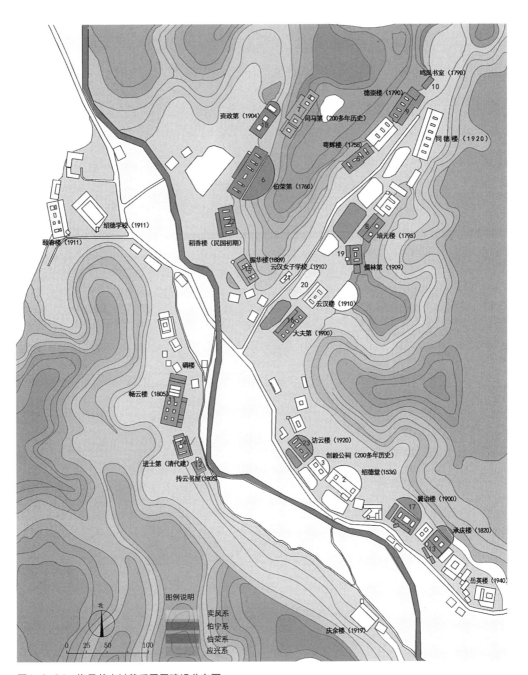

图4-2-34 梅县茶山村黄氏民居建设分布图
（来源：据现场实测、族谱资料及《梅县水车镇茶山村保护规划》绘制。详见：黄氏云祖公族谱，1975. 梅县建设局，梅县水车镇人民政府，嘉应学院客家建筑研究所，梅县规划设计室. 梅县水车镇茶山村保护规划. 2009.）

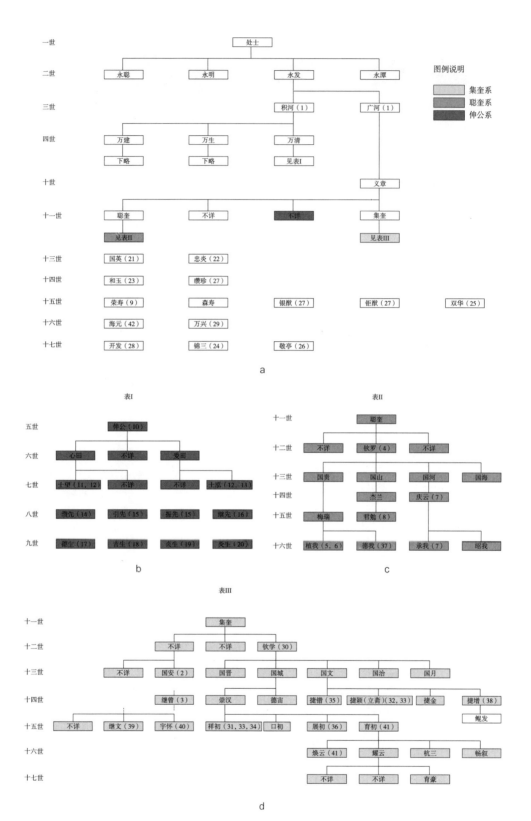

图4-2-35 梅县侨乡村潘氏谱系
（来源：根据调研结合《南口潘氏主要世系表》绘制，详见：陈志华，李秋香. 梅县三村[M]. 北京：清华大学出版社，2007：56.）

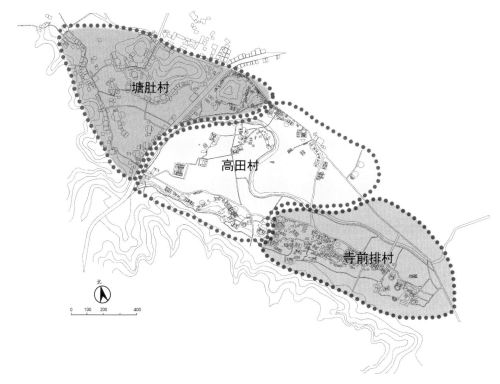

图4-2-36 侨乡村聚落分布平面图
（来源：据《南口镇及附近村落图》结合现场调研改绘。详见：陈志华，李秋香. 梅县三村[M]. 北京：清华大学出版社，2007：95.）

塘肚村：处世（一世）—永发（二世）—积河（三世）—万清（四世）—伸（五世）……

高田村：处世（一世）—永发（二世）—广河（三世）……乂章（十世）—集奎（十一世）……

寺前排村：处世（一世）—永发（二世）—广河（三世）……乂章（十世）—聪奎（十一世）……[1]

从侨乡村近代的侨房选址与分布特征来看，总体传承和延续了血缘村落的特征，依血缘亲疏关系集结而形成围屋聚居组团，维系了三房支对应三村的空间格局。但不排除在局部区域，个别围屋选址具有离散的倾向而离开亲缘组团，楔入其他房支建筑组团的内部。如十五世潘崇寿的量怀庐建于高田村，远离与其血缘关系更为密切的塘肚村；十六世潘焕云修建的焕云楼、十五世潘季文修建的继曾楼也远离其房支的祖屋；十五世潘祥初修建了南华堂、毅成公家塾和南华又庐，但南华又庐选址远离其他两座建筑。

---

[1] 据访谈及资料整理得出，详见：陈志华，李秋香. 梅县三村[M]. 北京：清华大学出版社，2007.

图4-2-37 梅县侨乡村潘氏民居建设分布图
（来源：据《南口镇及附近村落图》结合现场调研改绘。详见：陈志华，李秋香. 梅县三村[M]. 北京：清华大学出版社，2007：95.）

4.2.3.3 形成"侨房"组团关系

近代出现的侨房，其选址在基本延续和反映血缘亲疏关系的同时，也呈现侨房集中分布的现象，即基于共同的"侨眷"身份形成邻里组团关系。从空间关系上看，侨房组团主要由分布于平川空地的围屋组成。

茶山村的儒林第、云汉楼和大夫第，振华楼和稻香楼集中形成组团；仙花村的联芳楼与棣华居同为走下台地建于平川空地的侨房，比邻而立；联辉楼与全凤楼，均采用外廊式造型立面，建于坡地之上，左右相邻；在侨乡村，"从南华堂和德馨堂开始，以后的大型住宅都是华侨造的，大多称为某某庐，当地人把他们叫做华侨屋。"[1]寺前排的伟新庐、景星围、锦冈围、友和庐、始光庐、彬华庐、庆光庐、敦贻庐、蕉园下、老学堂下形成侨房组团；东华庐、东华又庐、美华庐、彤照庐、萌华庐、庆云庐、颖川堂形成侨房组团；高田村的南华又庐、焕云楼、德华居、义方居、益锡居、英哲居、承德堂形成侨房组团；塘肚村最主要的侨房锦华庐和敦厚庐也选址邻近（图4-2-38）。

在靠山的前提下，村民会优先选择南向、近水的位置为建屋的理想选址。茶山村的绍德堂、创毅公祠及伯荣楼等较早修建的围屋均拥有较好朝向，利于形成冬暖夏凉的小气候。近代村中建屋增多，由于用地条件所限，靠山近水向阳的选址和朝向原则已多有妥协和变通。

4.3 华侨家庭变化影响居住功能演化

对应于民居单元与宗族社会结构要素的对应表征关系，广府、潮汕和客家民系传统民居单元在近代侨乡形成后所发生的演化，体现出延续原有表征关系的惯性趋势，但同时也显示出由于"家庭"内涵变化而产生的新特征。

4.3.1 家庭类型变化与居住功能的异国互动特征

近代广东华侨家庭的类型有多种，根据华侨与侨乡家庭的联系来划分，主要有两类：单一家庭，即华侨将唯一的妻子留在家乡，仅在粤有一个家庭；两头家庭，即华侨在粤和海外都有妻子，两头有家。以上两种跨国界的家庭，是联系海外华侨社区与广东侨乡的重要纽带，也是广东原来未曾出现的家庭类型和社会现象。[2]家庭成员的身份关系、权利义务深刻变化，家庭内部产生异国互动的机制，民居文化随之演化。

---

[1] 陈志华，李秋香. 梅县三村[M]. 北京：清华大学出版社，2007：39.
[2] 孙谦. 清代闽粤侨眷家庭的变化[J]. 南洋问题研究，1996，03：68-75.

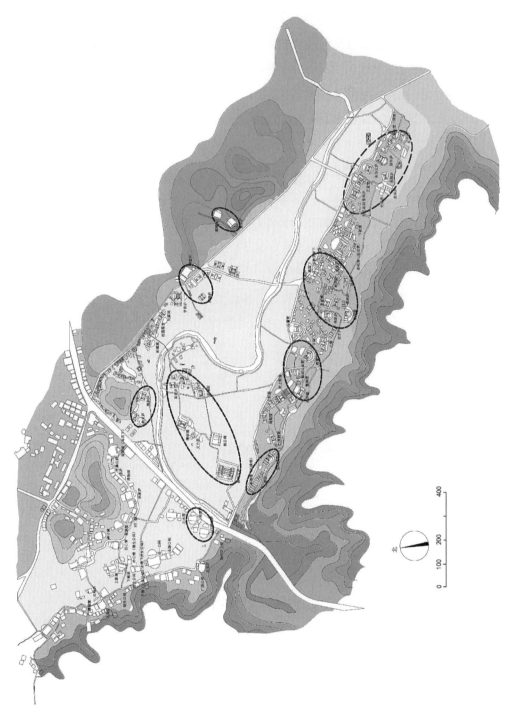

图4-2-38 侨乡村侨房组团示意图
（来源：据《南口镇及附近村落图》结合现场调研改绘。详见：陈志华，李秋香. 梅县三村[M]. 北京：清华大学出版社，2007：95.）

4.3.1.1 侨眷地位提升与民居营建的异国互动特征

民居营建是实现居住功能的首要环节。家中男主人长期侨居海外,所以留居家乡的侨眷成为实际的"主人",有机会主持买卖、修建房屋。华侨海外汇款,家中亲人主持建造成为主要营建方式。这一侨乡家庭现象在《南洋华侨与闽粤社会》有具体描述:作者列举侨乡三个典型家庭案例,均为侨民的妻做"家长":"男当家人如旅居南洋,年长的妇女如在家乡即做家主""凡女子当家者在华侨社区是常见之事,……女子当家以后,凡家庭经济、儿女教诲、社交及家长所应负的责任,都托付于她。"①

银信、侨批,作为近代广东华侨与国内侨眷日常联系的重要见证,其中不乏围绕购房、建屋之事展开的家庭成员之间跨国联系的互动(图4-3-1)。如泰国华侨潘庆泰于民国三十五年(1946年)11月19日给妻子汇款国币5万元,附信写道:"前言及欲买庆泉之厝,倘若价项在□(疑为"者"字)五六万元左右,就可与他接洽,银项候手续清楚就寄去……"。②再如一封来自潮安县的回批,告知海外亲人,家中已买下"局楼两间",另因"厝屋要修整",希望对方能尽快筹资,回批同时还附有契约,标明了土地面积等事项。③

清光绪《嘉应州志》卷八也详述了客家侨乡地区女眷发挥的重要作用,④当地男性

图4-3-1 潮汕侨批
(来源:沈建华,徐名文. 真实的原始记录 侨批例话[M]. 北京:中国邮史出版社,2010:8.)

---

① 陈达. 南洋华侨与闽粤社会[M]. 北京:商务印书馆,2011:132-133.
② 沈建华,徐名文. 真实的原始记录 侨批例话[M]. 北京:中国邮史出版社,2010:164.
③ 沈建华,徐名文. 真实的原始记录. 侨批例话[M]. 北京:中国邮史出版社,2010:163.
④ 据清代的行政区划来看,嘉应州包含了今天梅州的大部分地区。
有关内容如下:州俗土瘠民贫,山多田少。男子谋生各抱四方之志,而家事多任之夫人。故乡村妇女,耕田、采樵、缉麻、缝纫、中馈之事,无不为之。挈之于古,盖女功男功皆兼之矣。自海禁大开,民之趋南洋者如鹜。始至,为人雇佣,迟之又久,囊橐稍有余积,始能自为经纪。其近者或三四年、五七年始一归家,其远者或十余年、二十余年始一归家。甚有童年而往,皓首而归者。当其出门之始,或上有衰亲,下有弱子,田园庐墓概责妇人为之经理。或妻为童养媳,未及成婚,迫于饥寒,遽出谋生者,往往有之。然而妇人在家,出则任田园樵苏之役,入则任中馈缝纫之事。古乐府所谓"健妇持门户,亦胜一丈夫",不啻为吾州之言也。其或番银常来,则为之立产业,营新居,谋婚嫁,延师课子,莫不井井有条。其或久赋远游,杳无信音,亦多茹贫攻苦,以俟其归,不萌他志。凡人之所以能远游谋生者,亲故相因依,近年益倚南洋为外府,而出门不作悒悒之状者,皆赖有妇人为之内助也。向使吾州妇人亦如他处缠足,则寸步难行,诸事倚任婢媪,而男子转多内顾之忧,必不能皆怀远志矣。详见:(清)吴宗焯修,温仲和纂. 嘉应州志[M]. 台北:成文出版社,1968:151-152.

多赴南洋谋生，历经多年"始一归家"，因此居留家中的女眷承担主持家务的重任，"田园庐墓概责妇人为之经理"，除农业生产、教育子嗣外，还包括利用"番银"侨汇"立产业，营新居"等事务。此外，客家民系地区兄弟合建围屋的形式十分普遍，因此除姻亲关系的妻子之外，基于血缘关系的父亲、叔伯或兄弟在华侨家庭建屋过程中也有可能充当主要角色，以互助合建方式完成营建。通过访谈并比对茶山村黄姓后裔编撰的族谱可知，大夫第、翼诒楼、儒林第等房屋均为兄弟合建的形式。大夫第建于清光绪二十六年（1900年），由黄超华、黄新华兄弟兴建。①建筑坐东南向西北，为二堂四横屋。翼诒楼为黄杏麟、黄国麟兄弟所建，②约建成于清光绪二十六年（1900年）。儒林第建成于清宣统一年（1909）年，由黄菊华、黄绮华、黄彬华创建③。

再如联芳楼，由旅印尼侨商丘麟祥、丘星祥兄弟等耗资24万光洋而建，据当地人自述是取"五叶联芳华"而命名。"联芳"在古代是用来描述兄弟俱获功名的常见用语。元代施惠的《幽闺记·衣锦还乡》："且喜双桂联芳，已遂凌云之志。"明代邵璨的《香囊记·分歧》："兄弟双桂联芳，擢居首选。"联芳楼主人凭海外经商致富，"联芳"不仅表明兄弟齐心同力，更体现共创美好生活的荣耀与自豪。与之类似，联辉楼之"联辉"有异曲同工之妙，此外还有围屋有兄弟五人"五桂联芳"之称。

"棣华居"紧临联芳楼，④由旅印尼华侨丘宜星，丘添星兄弟建于1915年，现居住后人丘保平一家五口人。棣华二字取自《诗经·小雅》《诗.小雅.常棣》："常棣之华，鄂不韡韡。凡今之人，莫如兄弟。之意而命名。"常棣也作棠棣，后世常以"棣华"喻兄弟，象征情同手足，家族和睦、人丁兴旺。⑤

"永鑫楼"由刘琳亮所生二子永兴、鑫兴于1925年建，二人旅居印尼谋生。楼名永、鑫二字即取自兄弟二人姓名，寓意兄弟联芳。此外，梅县侨乡村的景星围、锦和庐、敦义庐等均以兄弟合建形式完成。

这种互助合作行为不仅仅是在兄弟家庭之间，在宗族内部仍然有效：如茶山村的黄国麟等人，是跟随黄添秀（云辉）在新加坡经商谋生的。黄康华之长子曾先后三次回乡，分别提携带领多位族中兄弟赴国外经商。黄康华本人建设义顺庐赠与同族兄弟使用。村落内两处近代学校的建立，包括云汉女子学校，绍德学校，也均是针对全村范围而设。绍德学校是村内华侨共同出资营建，包括钧选代表伯荣支系，康华代表伯宁支

---

① 族谱记载：黄新华早年追随孙中山革命，第一次北伐时任梅军参谋长，后任南非洲各埠筹备员，孙中山亲笔委任状尚存。详见：茶山村居台湾后人编印. 黄氏云祖公族谱，1975.
② 族谱记载：黄杏麟、黄国麟兄弟共六人，黄杏麟经商于湖北，中年后殷富，黄国麟则在十余岁时候赴新加坡跟随族兄黄云辉经商，致富后返乡务农。详见：茶山村居台湾后人编印. 黄氏云祖公族谱，1975.
③ 族谱记载：黄彬华客终印尼，为印尼谋生的华侨。详见：茶山村居台湾后人编印. 黄氏云祖公族谱，1975.
④ 门额署棣华居三个大字，大门对联"棣堂并茂，华萼相辉"，由中国同盟会员、梅县（今梅区）第一任县长卢耕甫（1872—1943）题写。
⑤ 《晋书·张载传赞》："载协飞芳，棣华增映。"唐代张说《鄎国长公主神道碑》："恨棣华之半缺，悲瑶草之先化。"

系，以及添秀代表的一支系，均有出资。当然，也有个人独资建造的围屋，是海外谋生致富的富商巨贾所为，如茶山村的云汉楼、访云楼等。

4.3.1.2 跨国家庭成员关系与空间分配的异国互动特征

"两头家"两边家庭的女主人，居于国内的一般为发妻，居于国外的为后娶，两边家庭的妇女长期分居两地，扮演着各自的家庭角色。

学界对于两边家庭妇女在华侨家族中地位的看法莫衷一是。如陈达认为在侨乡被称为"番婆"，留居南洋的海外妻子，仍受社会歧视，而有的学者认为，彼时国内与海外家庭妇女的地位已相对平等。也许我们很难用一个统一的标准来比较和衡量广东侨乡各地、各时期华侨家庭妇女的地位。即便是同一个华侨家庭内部的成员，基于各自的文化心理、亲缘情感以及经济利益等各种考虑，对"两头"家庭之间关系的理解，也会形成迥异的结论。

然而，不论是南洋的原住民，还是西方国家的白人妇女，抑或海外出生成长的华裔，由于直接协助或参与海外家庭经济的管理，所以具有显而易见的经济地位的优越感；而国内家庭的发妻，由于更多承担了赡养老人、抚育后代的重任，所以更多地表现为家族地位的重要性。

对于房屋的使用和继承分配，事关利益，直接反映成员地位及相互关系。为了协调家庭内部关系，实现国内及海外家庭的"安居"，华侨家庭对于财产分配一般采取折衷均衡的策略。因此即便海外家眷罕有回国，国内房产分配仍会为其预留房间。国内的家眷，一般也自觉维护空间分配后的使用秩序，不会擅自占用事实上长期空置的房间。

开平自力村建设铭石楼的方润文，曾先后娶有三位夫人（图4-3-2）。三夫人杨氏随夫长居美国，直到1948年方润文病逝后，杨氏扶灵回乡安葬，才在铭石楼第四层小住一段时间。梅县茶山村儒林第，虽然早年在印尼谋生的黄彬华"客终印尼"，但建筑内部空间的分配还是遵循三兄弟平分的原则，如今在祖堂之上仍然供奉三位先祖，从画像和照片来看，三兄弟着装迥异，一为清朝官服，一为乡绅打扮，一为西式洋装，意味深长地反映出清末以来各种文化在此地交融、碰撞的文化现象（图4-3-3）。

图4-3-2　开平铭石楼首层悬挂主人夫妇照片

图4-3-3　梅县茶山村儒林第三兄弟照片

这一空间分配的方式表明，虽长期侨居海外，但近代广东华侨，大都仍以故居地的家宅作为安身立命的根基所在。他们一方面通过侨汇支援维系故乡家庭的"完整性"，另一方面又通过故乡房产份额的分配，确保海外家庭成员的权利，以此显示对其家庭地位的充分认可。

4.3.1.3 移民家庭的动态化生存与居住生活的异国互动特征

与自然经济状态下的定居家庭不同，华侨家庭类型具有典型的移民家庭特征，既承袭故乡的旧传统，也带来海外的新要素，既追求家庭稳定安居而呈现静的特征，又因家庭成员的迁移变动而体现动的特征。①正是在这样的新与旧、动与静的纠葛互动中，华侨家庭通过内在调适，实现了自身状态的平衡、稳定。

华侨家庭是海外华侨社会和国内侨乡社会联系的纽带，海内外家庭成员之间密切而持续的生活互动，在家庭内部产生文化互动和互相适应的机制，促成了中外文化的自主交流。民居建筑则成为了文化交流的重要成果。在海外，华人努力在聚居社区营造故乡氛围；在国内，广东侨乡地区的建筑语言日趋丰富，外来形式与本土建筑语言大量结合，民居建筑因此而呈现异国色彩。区别在于，因三大民系在海外的主要侨居地不同，对外来文化的吸收亦有显著差异。广府侨乡民居所吸收的西式语言主要来自美洲国家，以碉楼和庐居为代表的民居建筑西化特征明显；潮汕、客家侨乡民居则借鉴东南亚国家的建筑形式，具有一定的南洋风情。

侨居地建筑文化的引入，是以华侨家庭为渠道进行的，并在家庭内部的文化适应机制下，经历了传播——适应——吸收的过程，因此侨乡建筑风貌的演化，首先是侨眷乐于接受的结果；另一方面，传统的文化模式和文化精神仍具有足够的影响力和约束力，华侨家庭必然对此予以不同程度的尊重和回应，故而侨乡建筑最终仍然是经历文化适应后折衷中外的产物。

家庭，是最基本、最具体的社会单位。静态的定居固然难以产生变迁的诱因，而移民家庭的动态生存模式，天然具有内在调适的动力。正是一个个华侨家庭内部成员基于不同的生活背景，自发自主进行的文化互动，形成了侨乡普遍的中外建筑文化交流的渠道和氛围。

4.3.2 家庭结构变化与增强居住独立性的不同形式

近代广东侨乡社会家庭结构的变化主要表现为，一是家庭成员的地位转变，二是侨

---

① 孙谦. 清代闽粤侨眷家庭的变化. 南洋问题研究[J]. 1996.3: 68-75.

眷家庭的规模缩小。

传统农业经济模式下，家庭既是生活的单位，也是生产的基本单位。成员个体的力量有限，因此分家析产之际，多数家庭为主干家庭、直系家庭、联合家庭等大家庭结构形式，[①]家庭成员同居共财，经济统一由家长支配。

广东广府、潮汕、客家民系在分家析产的时候，厅堂一般作为公产，其他房间则作为私产调整产权，广府民系的"三间两廊"，有"分灶不分家"之说，即兄弟成年或结婚之后，三开间中的左右两房、两廊会进行产权分割而各归一方，同时增设灶台，标志着家庭经济相互独立。一座院落由此容纳两个以上经济独立的核心家庭，组合形成一个"复合体"。潮汕地区，"爬狮"与"三间两廊"类似，析产分配过程中，长子可优先选择家产。最能代表这个家庭权威的住房一般归长子所属，次一级的房屋分配给余下的家庭男性。而且，家中的长子一旦成家，经济独立，即取代父亲成为一家之主，拥有其父辈曾经享有的权利和义务。潮汕和客家大型民居建筑中居住空间的分配方式有所差别：潮汕从厝式民居与客家堂横屋形制相仿，其护厝部分作为居住空间，每个家庭的房间是连续分布的；而客家围屋内各核心家庭的居住空间是分散交混的状态。

对于华侨家庭而言，无论单一家庭或是两头家庭，均为成员分居两地、两地异处的形式，同居共财客观上已难实现，大家庭的实质受到侵蚀，必然趋于瓦解。于是，在侨乡经济模式和生活方式转变之际，经济独立的核心家庭的主体地位凸显出来，成为独立的社会单位和华侨家庭主要的结构形式。

藉由足够的侨汇支持，原本需要大家庭协力完成的建屋大事，分家之后的小家庭也可独力实现了。父子、兄弟分别拥有或分别新建房屋的情况越来越普遍。在20世纪的前40年，侨汇资金充裕，是近代广东侨乡村镇建设的鼎盛时期。这一时期修建的民居，数量庞大，质量上乘，集中反映了近代广东侨乡民居建筑的建设水准和主流特征。

由于家庭结构小型化，华侨家庭在频繁分家析产，投资民居建设的同时，开始强化核心家庭居住空间的界限，提高其独立性和私密性。三大民系侨乡民居空间的具体表现形式如下：

4.3.2.1 广府：发展竖向扩展空间的模式

广府侨乡地区大量修建以"三间两廊"传统民居为原型变化而来的"庐"居、碉楼，通过增加楼层，竖向扩展空间，扩大了居住面积，而各层空间保持一定的独立性和

[①] 孙谦. 清代闽粤侨眷家庭的变化. 南洋问题研究[J]. 1996.3: 68-75.

私密性。楼房内部各层平面多保持一致，配备独立厨厕，中部为厅堂，两侧设房间。对应于小型家庭，单层100~200平方米的面积规模已足以满足其独立使用的要求。多数庐居建筑设置独立入口于正立面，已经不再采用三间两廊左右对称设置两处入口的形式，符合按照楼层划分居住空间的使用方式。

三间两廊作为一处民居单元，2个独立入口，2个独立厨房，2个房间对称分布，可以满足兄弟经济独立生活的需求。与之类似的是，多层的庐居建筑中，厨灶分层独立设置，同样满足了每"家"一灶，意味着各层居住的从大家庭析分而来的核心家庭，经济收支独立，为同居而不共财的居住形式。如开平瑞石楼，共九层，其中一至六层为黄璧秀一家子孙三代居住：黄璧秀大夫人居首层，三夫人居五层，长子、次子、三子分别居住二、三、四层，长子的四个儿子分别居于二层、六层（图4-3-4、图4-3-5）。

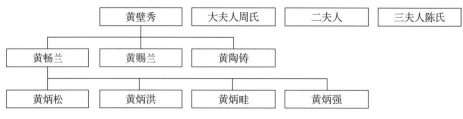

图4-3-4　开平瑞石楼家庭成员情况

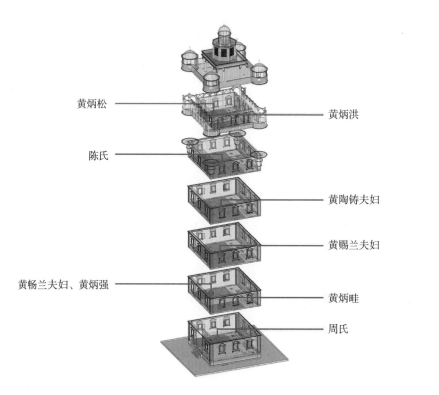

图4-3-5　开平瑞石楼各层使用情况

家境殷实的富人华侨，修建一座多层的庐居别墅，也只供一个小家庭使用，生活空间更为宽裕和独立。如开平赓华村，由谢圣泮及其家族成员集资购地开发，最终建成的六座庐居和一座碉楼，占地面积均等，但楼层数量各异，各楼的实际使用者为谢氏家族内部两代人分家之后的小家庭，包括：谢维立（谢圣泮之子）的泮立楼，谢维文（谢圣泮之子）的泮文楼，谢圣炯的炯庐，谢维晃（谢圣相之子）的晃庐，谢维明的（谢圣灿之子）明庐，谢维稳（谢圣相之子）的稳庐。其中泮立楼虽冠以父子之名，但事实上主要是谢维立及其夫人居住使用（图4-3-6）。①

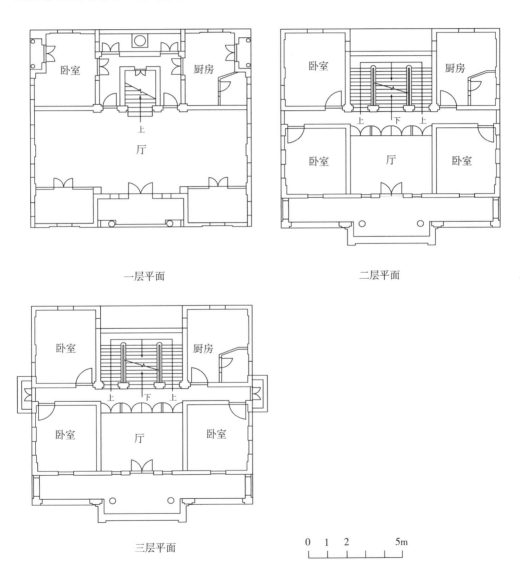

图4-3-6 开平泮立楼平面图
（来源：据现场测量及有关资料绘制。详见：于莉. 广东开平城乡建设的现代化进程[D]. 杭州：浙江大学，2013，219.）

① 张健人，黄继烨. 开平立园[M]. 广州：广东人民出版社，2005：48.

4.3.2.2 潮汕：延续和发展院落组合形式

潮汕地区传统民居通过院落组合形成规模不等的居住空间，因此近代以来侨汇资金支持下新建民居形式也十分灵活。"下山虎""四点金"仍大量营建，服务于中下层华侨家庭；中大型从厝式民居，如"三壁连""五壁连""驷马拖车""百鸟朝凤"等为富人阶层所青睐，由于其内部仍保留若干独立院落单元，因此小型家庭依然可以在此获得相对独立的居住空间。

如汕头澄海侯邦村有一座建于晚清时期的"七壁连"，当地人俗称"七座厝"，即主要由七座相对独立的"四点金"院落，结合护厝及后包组合而成，系由泰国谋生的七位黄姓华侨返乡联合修建。除水塘、广场及后包院落等空间为共享外，七家人各居一座"厝"，均有独立入口、独立院落，互相之间既保持空间交通的联系，又有着明确的界限，既体现聚居的形式，又符合各家庭独立使用的需要（图4-3-7）。

图4-3-7　澄海侯邦村七壁连外观及内部

汕头澄海前美新乡之善居室，是在传统的"驷马拖车"形制基础上发展演化而来，其护厝部分形成4个独立院落，另在禾埕设有2个独立院落的"书斋"，均设有院门，成为独立的居住单元。规模庞大的善居室在整体上凸显了家族势力，又在内部实现相对私密、独立的家庭居住。

陈达对粤东潮汕侨乡地区的调研，曾列举上、中、下、贫四个经济条件等级五个案例进行了比较：除下户和贫户居住条件较差外，上户、中户反映了当时侨乡主流的居住条件，中户为"厅一房二"的三层新式楼房，上户家庭曾"购买新屋凡三次"，住房面积宽裕，家庭成员居住的独立性程度较高。此外，对于部分富裕潮汕华侨家庭而言，建造规模庞大的宅院建筑群，已远远超出家庭实际使用的需要，更多是出于炫富和显示社会地位的心理。

4.3.2.3 客家：尝试创设独立居住空间

近代客家侨乡民居的主人，在建屋若干年后进行分家析产时，大部分选择传统的空间分配方式，这在一定程度上限制和制约了核心家庭、主干型家庭产生的独立居住需求。

具体情况如下：

1. 以平均平等为原则，将围屋内各部位房间，依据上下好坏空间交错搭配的原则，根据参与分家析产的"房份"，组合"打包"为若干份。每份的若干房间分布于围屋内各部位，基本不存在相邻两间为同一家庭的情况。如为两层楼，则上下楼的房间优先归属于同一家庭。由于长子一般承担较多的责任和义务，因此有时会出现长幼区别对待的情况。2. 以"抓阄"的形式进行房间分配。3. 房屋分配仅限于公共空间之外的横屋、堂屋间、后部围龙房间等，厅堂等公共空间不作分配。4. 继承者与屋主人的关系，除直系的父子关系外，还存在兄弟叔侄关系的情况。①此外，客家民居无论是否分家析产，长者一般依家庭辈分居于地位等级高的住房。当然，在现实生活中，上述原则的贯彻难免有所调整：如侨乡村潘育初没有参与长兄所建围屋的房屋分配，而是依赖儿子建造围屋。桥溪村的汀源同样未参与兄弟之间的房屋建设及分配，而是独资建造了世安居和祖德居，他的其他兄弟共五人合作建造了继善楼。

由于在海外谋生的缘故，侨乡有的围屋长期没有进行分家分配。如侨乡村十四世捷锴逾70高龄在1910年左右建围龙屋一座，其三个儿子常年在南洋谋生，直到1930年长子和次子才返乡分房。潘立斋于1902年建成德馨堂，其子11人俱在南洋，直到1987年，虽只有第五子和第九子健在，仍召集其他各房子孙回乡分房，并采用传统方式，下表为侨乡村德馨堂，桥溪村世德楼、宝善楼、继善楼、衍庆楼等的房间分配情况，体现了上述客家人空间分配的特征（表4-3-1）。②

对于大部分修建于民国初期的近代侨房而言，都曾经历过至少一次传统形式的分家析产。客家民系独特的空间分配和使用方式，使得围屋内部核心家庭成员体现为分散居住的生活秩序。各家庭所属空间随机分布于围屋各部位，形成"混居"形式，"民居中任意'核心家庭'均无法获得相对集中、独立的空间领域。"③客观而言，由于每个家庭的房间分散分布，使用起来并不方便，但对于客家人合族居住方式而言，其根本目的正是消除、削弱核心家庭的私密空间界限，以此消弭各核心家庭的社会空间界限，使其融入集体居住生活。

梅县侨乡村、桥溪村围屋房间分配情况表　　　表4-3-1

楼名	兄弟分配房间数量										
德馨堂 （潘立斋建）	长子	次子	三子	四子	五子	六子	七子	八子	九子	十子	十一子
	7	6	6	6	6	6	6	6	6	6	5

---

① 肖旻，林垚广. 桥溪——华南乡土建筑研究报告[M]. 南京：南京大学出版社，2011：101-119.
② 据现场调研及有关资料整理：详见：陈志华，李秋香. 梅县三村[M]. 北京：清华大学出版社，2007：65-70.
　肖旻，林垚广. 桥溪——华南乡土建筑研究报告[M]. 南京：南京大学出版社，2011：101-110.
③ 肖旻，林垚广. 桥溪——华南乡土建筑研究报告[M]. 南京：南京大学出版社，2011：115.

续表

楼名	兄弟分配房间数量									
世德楼（朝轩等叔侄三人合建）	忠源	昌京	昌志	维乾	维金	维升	维旺	维顺	维戊	昌桂
	7	6	5	5	6	5	6	6	4	5
宝善楼（维乾 建）	琪源	澄源	湘源	照源	莹源					
	9	9	9	9	9					
继善楼（琪源 等五兄弟合建）	琪源	澄源	湘源	照源	莹源					
	14	14	14	15	13					
衍庆楼（维琛 建）	蕴源	藩源	宛源	籍源						
	6	8	7	6						

注：世德楼一行最后一列"昌恭 6"应补入。

比较而言，针对华侨家庭小型化而产生的居住空间独立性、私密性要求，客家侨乡民居进行的创新性形制尝试显得难能可贵。具体形式有：

其一，围闭禾坪、水塘提高围屋的整体私密性。近代华侨修建的堂横屋（围龙屋），改变了早期围屋的开放式状态，开始设置围墙，围闭禾坪，甚或直接将水塘、禾坪共同围闭起来，围墙正面或斜侧面设斗门。这一围合在强化围屋整体性、独立性的同时，无疑加强了内部空间的私密性。

禾坪设围墙的案例如：茶山村儒林第、大夫第、云汉楼等。相对于整个村落环境而言，每座围屋前面的"禾坪"、"水塘"因隔墙封闭使得空间界面由模糊而清晰，不再向村落开放，转变为围屋内部成员共同使用的"半公共性"空间。

某些大型围龙屋如温氏仁厚公祠，其人口规模等同于广东其他地区的普通村寨，因而若将开放的"天街"类比为村落内部的街道，将"禾坪"理解为村前的广场，也就不难理解这些空间完全开放的公共性质了。而近代以来华侨修建的中、大型规模围屋并不少见，其实际居住规模却是大大降低，基本只是满足2、3代以内的直系家庭居住使用，使用者基于使用需求而提高围屋的私密性是真实生活需求的体现。

其二，横屋部分设置为独立式院落空间。传统的堂横屋，由居中的纵列堂屋和两侧的横屋组合而成。梅县侨乡村的南华又庐是形制变化显著的一例：其外观形态与传统堂横屋基本一致，中轴线仍为堂屋并列的形式，但两侧对称分布的院落，已与一般堂横屋通廊式单间的横屋截然不同：八处院落分别以单字命名，连贯为寓意美好的"中兴伊始，长其发祥"①，院落之间通过厅堂开门的方式保留交通联系，同时又形成相对独立的空间，分别供八兄弟分别使用。（图4-3-8、图4-3-9）②"一院一组"的单元组合形式，与中原地区的合院住宅类似。从8处院落房屋朝向来看，与中轴线堂屋保持一致，而不同于传统堂横屋向心围合、横屋朝向垂直于堂屋朝向的设置。

对应个体家庭设置独立性居住空间，这在本质上已经有别于传统围屋模糊核心家庭的居住空间界限，强调家族融合聚居的使用模式（图4-3-10）。

其三，兴建小型独立式"庐"居。梅州大埔县三河镇梓里村的健庐，梅县桥溪村的逸庐（图4-3-11），均为此例。逸庐系朱氏19世"昌廉公"为解决子女的居住于民国二十五年（1936年）修建。建筑占地面积狭小，仅110平方米，设有两层空间，为避免影响继善楼门前视线，因此高度受限，内部空间较为低矮，③类似的庐居别墅形式在梅县的侨乡村落中并非普遍，偶尔可见一两例。此外，

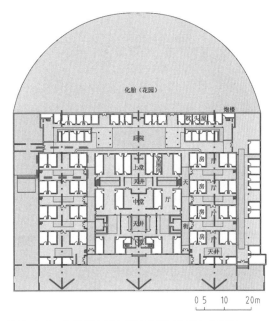

图4-3-8 梅县侨乡村南华又庐平面及朝向分析图
（来源：据《南华又庐一层平面图》改绘，详见：陈志华，李秋香. 梅县三村[M]. 北京：清华大学出版社，2007：69.）

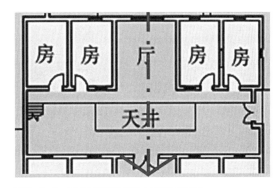

图4-3-9 梅县南华又庐独立院落平面图

还有"一明两暗"式的单堂屋或小型杠屋等传统的小型客家民居形态，如茶山村的义顺庐（图4-3-12）。由于人多地狭，特别是山区地形多有限制，所以类似的一次成型的小型民居不仅适合小家庭使用，也能够灵活适应现实的用地条件。

在兴梅侨乡客家人观念中，小型"庐"居的出现多因资金或用地条件限制，堂横屋（含围龙屋）、杠屋才是受推崇的首选形式。说明大部分客家华侨仍然在试图延续、维护或创设一个大家庭、大家族，并将之视为光耀门楣的重要象征。

---

① 八个字分别取自八兄弟的名字。其，同"期"。
② 吴庆洲. 中国客家建筑文化 上[M]. 武汉：湖北教育出版社，2008：167.
③ 肖旻，林垚广. 桥溪——华南乡土建筑研究报告[M]. 南京：南京大学出版社，2011：148.

a 独立院落入口　　b 独立院落入口

c 独立院落入口　　d 独立院落入口　　　　　　　　　　e 独立院落内部

图4-3-10　梅县侨乡村南华又庐的独立院落

图4-3-11　梅县桥溪村逸庐　　　　图4-3-12　梅县茶山村义顺庐

比较而言，围闭禾坪、水塘的处理方法，虽然短期内满足了小家庭独立居住的需求，但若未改变分家析产方式，将来仍然会形成分散居住的形式。而南华又庐对于堂横屋形制的创新性改变，也正是客家华侨在家庭小型化的现实居住需求与创设大家族的文化理想之间进行平衡而采取的空间策略，折射出进退两宜、尝试开放的文化心理。①

---

① 唐孝祥，赖瑛. 试析近代兴梅侨乡建筑的文化精神[J]. 城市建筑，2005，11：23-25.

4.3.3 家庭社会功能变化与居住地点的差异变化

在清代，传统家庭在社会生活中所起的作用或功能主要体现在：生产功能、消费功能、生育功能、教育功能、宗教功能、政治功能等。在华侨家庭，这些功能除生育、宗教功能等基本维持原状，其他功能均发生不同程度的变异。①

首先，经济层面生产功能和消费功能转变使得华侨家庭与乡村经济联系弱化。就生产功能而言，有两种情形，其一，国内侨眷不事生产，主要依赖侨汇生活，由海外华侨担负起主要的"生产"功能；其二，国内侨眷从事工商业、贸易活动，或参与侨汇投资实业、投资房地产的经营管理。消费功能方面，侨眷家庭的消费支出上升，出现奢侈性、消遣性消费的趋势。华侨家庭实业性的生产功能退化，消费功能占据主要，乡村农业快速衰落，而外购内销式的城镇商业日趋繁荣。其次，政治功能的变化意味着华侨家庭在宗族组织关系中的地位发生变化。清代的传统家庭，在社会结构上，"是宗族的附庸""许多家庭是宗族的成员，受其制约"；②而华侨家庭自身力量壮大，"集体负责原则转化为个人负责原则""'家'的含义已不是'五世皆亲'的理想，华侨关怀的只是少数亲戚"。③意味着家庭政治功能的简约化转变，反映了"家庭职能与社会职能的分化与交错，是传统家庭向近代化迈进的重要一步"。④再者，华侨家庭功能转变，建构起新的经济和社会关系网络。华侨家庭在保留传统乡村社会联系的同时，也在围绕华侨自身独特的身份背景，收入水平等条件，建立起新的关系网络。

从大的社会环境与家庭社会功能的联系来看，20世纪以来近代侨乡城镇的发展具备了各种吸引华侨家庭的条件。近代侨乡城市集中了丰富的社会资源，是区域性的政治中心和经济中心，同时也蕴含着巨大的开发潜力，对华侨家庭而言极具吸引力。因此在海外谋生的华侨产生回国定居的意愿，乐于将子女送回国内接受新式教育，热衷城镇商业项目的投资，热心市政公益事业的建设。部分华侨家庭逐渐从血缘结合的乡村聚落分离，融入新的经济和社会关系网络，居住地点向城镇靠近。自来水、电力、交通、通讯等市政设施日益改善，满足居民近代化新式生活的需要；教育资源聚集，吸引众多华侨将子女送来读书；宗教信仰团体进驻，吸引信众在附近定居。在这些侨乡城镇的建设活动中，华侨投资发挥了重要作用。华侨在此开设商店、投资房地产、经营酒楼、银号、捐资文教、医疗、公益事业，为城镇发展带来海外新风。

---

① 孙谦. 清代闽粤侨眷家庭的变化. 南洋问题研究[J]. 1996.3: 68-75.
② 冯尔康. 中国社会结构的演变[M]. 河南人民出版社，1994: 146.
③ 同上①。
④ 同上①。

4.3.3.1 广府：向城郊、城市、墟镇迁移定居

广府侨乡新建民居，早期多选址于原乡故居地进行建设，之后众人投资建设"华侨新村"方式兴起。广府侨乡"华侨新村"选址地域范围有较大弹性，既有享受祖先荫蔽，在旧村附近建设新村之举，也有远离旧村，迁出本县，在外乡置地开村，靠近城市建设聚落的活动。

新村聚落及民居选址，倾向于相对安全、资源丰富、交通便利的地区。新村建设者有时来自同村，有时则是更大地域范围的同族或异姓。如开平赤坎镇的耀华坊，由邻近虾村的加拿大华侨创建，新旧两村距离仅百米之遥。还有端芬镇的琼林里，"去原村不百武"，①也是毗邻原乡旧村而建；台山县端芬镇东宁村，参与营建者则来自近十余乡村的李姓族人；而开平赤坎镇马降龙村的庆林里，村内关氏由三个地方迁来，包括百合镇关氏，赤坎镇关氏，以及龙江里的关氏。

大量人口向海外远距离迁徙是侨乡形成的原因，而在侨乡地区内部出现的人口近距离迁徙现象，则在侨乡形成后的20世纪前30年间频繁发生。在清末民初，大批归国华侨受政府鼓励回国，后进入工商业、教育、政府、医疗等领域，从事祖辈华侨未曾接触的工作，其身份发生变化，家庭的社会功能发生变化。选址于大型城市、墟镇周边建设新村，虽然与参建者本人的故居地较远，但却符合其生活、工作的要求。如近代江门旧城区外的10多处侨属聚居区，广州东山的"洋楼"住宅区，开平新业堂的"模范村"，台山邝氏华侨在广州芳村兴建的聚龙村等（图4-3-13），均是华侨离开故乡，异地定居形式的典型。

图4-3-13 广州芳村的聚龙村（来源：施晓敏 摄）

沿海城市是华侨投资房地产的首选。广州和汕头，是近代广东乃至中国重要的两个港口型都市，社会经济条件优越，吸引大量华侨投资。在广州，以台山、开平、新会及南海籍华侨为多。华侨历年来投资房地产业共有7580户，计有房屋10854幢，占有土地面积1716535平方米，房屋有自用与出租两种用途，出租部分达8410座，共计约

---

① 创建琼林里股份章程簿. 转引自：何舸. 台山近代城乡建设发展研究（1854—1941）[D]. 广州：华南理工大学，2009: 130-133.

108004530元，①约占华侨在广州总投资的70%。其中东山区有华侨房屋921幢，港澳同胞房屋218幢，共计1139幢，②这些侨房多为独立式居住建筑，形式多样，成片分布，成为广州的"模范住宅区"。该区域的民居、商铺、市政设施的建设，以及文教、医疗等公益事业的发展均具有较高水准，推崇海外文明新风，具有鲜明的华侨文化特征。

就近代广东侨乡城镇建筑形态语言来看，华侨家庭进入城市生活，少了许多乡村传统的束缚，选择了更为多样的建筑形式。骑楼街区呈现出统一的城市面貌和浓厚的商业气氛，在政府主导下投资房地产、建设骑楼，成为近代民国时期侨汇投资的首要选择；而独立式居住建筑作为华侨出资自主建设的自住型住宅，以设计施工、建筑形式、建筑技术的近代化为突出特征，是侨乡城市居住形式的重要类型。

在广府方言区内迁移定居，在新的聚居地人们能够通过相同的方言、相似的文化背景建立良好的社会合作关系，同时仍然能够较为便利地实现与原乡故居地的联系。人口异动及其空间迁徙形成"华侨新村"，新聚落内部的社会关系网络，是基于共同的地缘性关系建构的横向连接关系；而新聚落居民与作为故居地的原乡聚落之间，则保留了基于血缘关系网络的纵向联系。"横向"关系体现了合作、平等的特征，"纵向"关系具有宗法制度下的等级特征。

4.3.3.2 潮汕、客家：乡村、墟镇、城市多地动态居住

对应于经营国际贸易的经济网络，潮汕、客家侨商建构起经济生活的家族网络，同时形成了多地动态居住的日常生活状态。从自己的故居地乡村，到地方城市，再远至海外谋生地，他们不遗余力地投资房地产、修建房屋。来自潮安的陈旭年，甚至在新加坡聘请潮州工匠，仿照自己家乡建造的资政第，建设了一座同样形制的"资政第"（图4-3-14）。

汕头吸引了众多来自粤东地区的潮汕、客家华侨购地建屋。如陈慈黉家族，在澄海前美村拥有善居室、郎中第、三庐别墅等，在汕头市区小公园一带拥有多处商铺（图4-3-15、图4-3-16）。揭阳泥沟村的张生趾，不仅在家乡建有6处院

图4-3-14 陈旭年在新加坡修建的"资政第"明信片图
（来源：http://blog.sina.com.cnsblog_51c17fbb0100fl08.html）

---

① 广州华侨企业调查报告. 1959 详见：林金枝，庄为玑. 近代华侨投资国内企业史资料选辑 广东卷[M]. 福州：福建人民出版社，1989：706-708.
② 郑加文. 广州东山近代独立式居住建筑研究[D]. 广州：华南理工大学，2008：18-19.

图4-3-15　泰国黉利故居（来源：善居室提供）　　图4-3-16　汕头黉利栈大楼（来源：善居室提供）

落组成的"厝局"，还曾携家眷居住于汕头，儿孙曾随其在南洋、汕头居住、学习、生活。

在汕头外马路至碛碌尾及中山路一带，形成洋人、归侨、官商聚居的区域，俗称为"富人厝"。这些私宅的建筑风格融合中外，多冠以"园""庐"的名号，形成独立的庭院空间。如外马路155号的"香园"（图4-3-17），澄海林姓商人所建"桂园"，汕头商会主席陈少文的"彬园"，安南华侨孔氏兄弟所建南庐，以及南园、洁庐、泽庐、禅庐、惠庐、瑞庐、铭庐、张园、景园、杜园、芳园、云庐、克秀庐等，显示出近代汕头作为开埠城市的风貌。[①]

客家华侨，除在客家地区的梅县城镇居住，还出现了跨越民系文化区进入汕头居住的现象。这一方面是潮汕地区与客家地区历史文化渊源关系的体现，同时也显示汕头作为客家人与海外联系中转地的重要性。如梅县"陈富源"汇兑庄创办人陈济轩，系程江乡西山村人，在梅县程江镇车上村建有"济济楼"（图4-3-18），在梅县程江河畔百花洲建有"济园"，在汕头外马路，则拥有"鼎庐"，为西班牙式的洋房。

---

① 邓忠庭. 神秘香园[N]. 汕头特区晚报，2012，10（11）：7.

图4-3-17 香园（来源：今日潮汕网）

图4-3-18 济济楼（来源：赖瑛 摄）

4.4 本章小结

本章重点探究社会结构变迁影响下，近代广东侨乡民居空间格局与功能的差异演化。

第一，对应于社会关系网络的分析，从宏观层面的侨乡乡村与墟镇、城市空间联系来看：由于侨乡原本单一封闭的宗族关系网络扩张形成多重社会关系网络，侨乡地区城乡聚落空间的结构趋于复杂化。对应于移民网络、经济网络、社团网络、资讯网络等社会关系网络的结点，城市、村镇空间出现了各类新式建筑成为空间结点，形成城镇与乡村空间上的密切联系。

第二，对应于社会结构层次的分析，从中观层面的侨乡聚落民居空间格局来看：伴随着侨乡宗族结构加速析分，传统封闭的血缘宗族体系日渐开放，宗祠不再是聚落中统率民居的唯一核心。近代侨乡民居大量建设，聚落内民居的空间格局呈差异演化的态势。广府侨乡发展了地缘关系主导的邻里街坊式格局；潮汕侨乡在富裕侨商阶层的主导下，传统的单一格局演化为多向度发展的格局；客家侨乡析居现象加快，基于宗族血缘关系与华侨身份形成了重叠交叉的组团格局。

第三，对应于社会结构要素的分析，从微观层面的居住单元来看：首先，由于华侨家庭的类型变化，导致侨乡民居在民居营建、空间分配及居住生活三个方面呈现异国互动特征；其次，由于华侨家庭的结构变化，促使核心家庭的独立意识增强，广府、潮汕、客家侨乡的民居建筑不同程度地、以不同的形式增强了核心家庭居住空间的独立性；再者，由于华侨家庭的社会功能变化，部分广府华侨家庭在广府方言区内迁移定居，选择在城郊或城市、墟镇定居，而潮汕、客家富裕侨商基于从事国际贸易的家族网络，形成了乡村-墟镇-城市多地动态居住的日常生活状态，有的客家华侨还进入潮汕侨乡地区的城市居住生活。

第5章 基于侨乡人文品格的近代广东侨乡民居形态与审美比较

近代广东侨乡人文品格的形成，以海外侨居地文化与本土民系文化的互动为主要线索，折射出独特的社会时代精神和地域文化特征。广东侨乡民居的形态演化，正是中外文化接触、碰撞、交流与融合现象在建筑层面最为突出和直观地反映。

客观而论，北美洲和东南亚国家的社会文化各异，在与中国文化的互动中客观存在的文化"势差"不同，必然造成中外建筑文化的交流融合呈现差异；从主观因素看，广府、潮汕、客家民系的侨乡文化精神同中存异，深刻影响民居建筑审美活动。传统建筑文化原本恒常稳定的状态因此而出现了震荡异变的现象。

5.1 侨居地建筑文化推动侨乡民居形态演化的趋势

华侨在海外生活日久，深受西方技术文明浸染和文化熏陶，人们的民居营建思想观念不断受到冲击，西式建筑风格逐渐为华侨接受、推崇。

留学海外接受现代建筑教育的设计人才归国，所起到的推动作用也不容小觑。如台山籍的留学归国建筑师有李锦沛、谭天宋、陈伯齐、陈均沛、陈荣枝、伍子昂等人，创作了大量作品。在华侨及侨眷的合力推动下，洋化建筑语言与中国本土建筑传统相结合的洋化民居建筑出现，在一定程度上改变了传统村落的风貌，促进了民居的多样演化发展。

5.1.1 材料技术革新改进

近代以来欧美工业强国的工业化成果不断冲击中国，在全国范围内，上海、天津、广州等城市的建设规模快速发展，至20世纪20、30年代，某些重要建筑所采用的建造技术已趋世界领先水平。

在华侨的进一步推动下，西方建筑形式及建造技术在沿海侨乡地区广为传播，新式建筑材料逐渐由进口而实现本土化生产，相应的建造技术也获得推行。在此背景下，侨乡民居建设所使用的材料、施工工艺等也发生了变化。

首先是伴随着水泥、钢铁等建筑材料引进而采用了新的建筑构造方式。

"水泥"据英语发音译为"士敏土"（cement），侨乡民间将其称为"红毛泥"。[①]中国近代初期所需水泥主要依赖从欧美国家进口，至19世纪70、80年代，开始出现水泥工业，如澳门的青州洋灰公司的水泥厂等。至1948年，全国已有19家水泥厂，产量居世界

---

① 以前广东人称欧美人为"番鬼""红毛"，所以进口水泥得名"红毛泥"，亦称"洋灰"。

第六。①广东"士敏土厂"建于1907年，所生产的水泥质量较高，但当时在市场所占份额有限，广东各地仍多见进口水泥和澳门生产的水泥。直至广州西村士敏土厂成立后（后与广东士敏土厂合并），本地水泥产能才获得大幅增长，并逐渐扩大了市场份额。

近代广东建筑的钢结构体系包括钢与砖木结构混合的砖木钢骨混凝土结构、钢与砖石结构混合的钢骨混凝土结构、全钢框架结构。由于广东政府的推广和引导，砖木钢骨混凝土和钢砖钢骨混凝土结构广泛地运用于城镇骑楼建筑中。②在广大乡村地区，开平、台山等地的侨乡村落，已率先使用钢骨混凝土用于民居建造，并在20世纪20、30年代趋于普及。

根据建筑材料及建筑构造特征，近代江门侨乡地区的碉楼有石楼、三合土楼、砖楼、和钢筋混凝土楼几种。③从建材及建筑结构来看，钢筋混凝土碉楼最为坚固耐久，其分布范围也最为广泛，保存数量最多，钢筋混凝土结构与传统砖木民居形式形成鲜明对照，成为一种典型的碉楼类型。民间工匠摸索新型材料及其施工工艺，进行了难能可贵的多样化尝试。大量坚固的碉楼直接使用水泥、沙石、钢筋形成钢骨混凝土，形成碉楼墙体，起承重作用（图5-1-1），承托钢筋混凝土梁和楼板，建筑外立面即无色彩的素面混凝土。由于采用了该种结构，突出防卫功能的碉楼可以不断突破建筑高度，最高者达到9层。部分碉楼内部采用用木质楼板和木梁，应该是资金或技术所限采取的变通做法（图5-1-2）。除碉楼外，广府侨乡常见的庐居也喜用钢筋混凝土构造，其工艺做法与碉楼类似。

在潮汕、客家等地也可见钢筋混凝土柱身、梁架替代传统石材或木材的做法（图5-1-3），但以三合土贝灰为原料的版筑墙体始终具有顽强的生命力，甚至多层的洋楼民居仍然乐于沿用这一传统建造工艺（图5-1-4、图5-1-5）。

a 增城棠荫楼

b 开平锦江楼

图5-1-1　混凝土碉楼

图5-1-2　开平锦江楼内部木质楼板

---

① 陈真，姚洛合. 中国近代工业史资料 第4辑 中国工业的特点资本结构等和工业中各行业概况[M]. 北京：生活·读书·新知三联书店，1961：727-735.
② 钢骨，也即钢筋的另一种叫法. 详见：薛颖. 近代岭南建筑装饰研究[D]. 广州：华南理工大学，2012：317.
③ 刘定涛. 开平碉楼建筑研[D]. 广州：华南理工大学，2002：31.

图5-1-3 澄海明德家塾钢筋混凝土结构

图5-1-4 潮汕民居版筑墙身　　图5-1-5 梅县"焕云楼"版筑墙身

其次,在装饰装修方面,引入陶瓷面砖、彩色工艺玻璃、铁艺等新型装饰材料及工艺(图5-1-6、图5-1-7)。

近代工业文明兴起,出现模具化批量生产装饰构件的新方式,侨乡民居之装饰材料及工艺呈现新旧并举的情形。

陶瓷面砖曾广泛流行于南洋地区,以及台湾、闽南侨乡和广东的广府、潮汕侨乡地区。在闽南侨乡和潮汕侨乡、广府侨乡均可见瓷砖铺地及建筑入口凹堵门瓷砖贴面的做法。各地的瓷砖花纹、加工工艺、铺贴部位及形式相仿(图5-1-8)。陶瓷面砖自欧洲进口,有转印法、模具成型法和镶嵌法等多种加工工艺。[1]据当地人自述,近代华

---

[1] 薛颖. 近代岭南建筑装饰研究[D]. 广州:华南理工大学,2012:248.

图5-1-6 铁艺装饰　　　　　　　　　　　　　　图5-1-7 彩色玻璃

a 泰国大皇宫瓷砖及马赛克装饰（来源：姜磊 摄）　　　b 台山潮湾村民居门楣彩色瓷砖

图5-1-8 瓷砖、马赛克的应用

侨曾从西班牙、意大利等欧洲国家大量购买瓷砖。结合曹春平《闽南传统建筑》一书关于"闽南传统建筑砖作"研究可知，此类瓷砖旧称"马约利卡（Majolica）瓷砖"。英文Majolica由意大利文转译而来，而意大利早期的锡白釉陶瓷技术传自西班牙。马约利卡瓷砖可认为由伊斯兰建筑所用的马赛克演变而来。16世纪中叶以后，西班牙的这种锡白釉陶瓷技术流传到英国，以颜色区分图案，以各类曲线、花草图案为多（图5-1-9），后经英帝国海外贸易在世界各地广为传播。[①]

以彩色水泥和石子混合而成的彩色水磨石应用于室内地面、墙面、柱身等作为装饰面层，成为广东侨乡流行的高档装饰工艺。该工艺可塑性强，可以调色进行拼花，光亮整洁，而且耐久性好，保存至今仍然质感分明（图5-1-10）。

需要说明的是，在20世纪20、30年代修建的洋楼建筑，由于建筑主体采用了钢筋混凝土结构，因此部分建筑之中木雕、石雕、砖雕等传统手工艺装饰减少，开始呈现新旧装饰工艺并存，竞相争彩的形态。

---

① 详见：曹春平. 闽南传统建筑[M]. 厦门：厦门大学出版社，2006：105-107.

图5-1-9 动植物及几何图形图案瓷砖

a 开平泮立楼栏板

b 梅州市区达夫楼柱身

c 梅县焕云楼墙裙及栏板

d 开平立园晚香亭地面

e 开平泮立楼壁炉

图5-1-10 水磨石工艺的应用

5.1.2 建筑符号诠释运用

建筑符号具有鲜明的民族、地域和时代特征，人们正是通过建筑符号来认识建筑的。基于人们对符号的共同理解，建筑符号作为一种文化信息的物质载体，以可观、可感的空间形态，实现了建造者意图的表达和旁观者的认知。

建筑符号本身具有构造性和装饰性的实用功能，同时蕴含了一定的象征意义，具有表意功能。建筑符号实用功能和表意功能并非恒久不变，通过诠释和运用可以实现变化。

第一，侨乡民众对中外建筑符号的诠释处于不同层次。根据符号学理论，人们对建筑符号的诠释从感性到理性形成三个递进层次：直觉式、实证式和解析式。

对国外建筑的认识，华侨及侨乡民众基本处于直观感受形态内容的直觉式层次。大量具有西洋风格的侨乡民居，多是通过有海外生活经历者的口头描述或明信片及照片图案模仿建造，部分工匠虽有在城市建造西式建筑的经验，但也未必对此进行更为深入和专业的解析。对国外建筑符号的直觉式解读，促使人们在侨乡民居设计建造的过程中，采用易于把握的建造方式，直接套用熟悉的建筑造型、符号以塑造鲜明的建筑风格。

专业建筑师经历了系统的学习和训练，因而对建筑符号的理解及应用达于解析式的层次，较之于民间的自发性直观感受，更为严密、深入和完整。如开平风采堂等由专业设计师参与建造的侨乡建筑，对西方建筑符号的诠释和运用，显然更为熟练和规范。

对于本土的传统建筑符号，侨乡民众具有更为深刻的切身体验和认识层次，达到"实证式"甚至"解析式"层次。人们熟悉传统民居的建筑格局，建造工艺及装饰装修的基本模式，熟悉各种建筑符号的实用功能及其象征意义，已形成较为完整系统的理解，如家宅天地人神的祭祀空间秩序、中轴对称的礼制秩序等，均已深刻融入人们的建筑观。

第二，侨乡民居在形态层面综合运用中外建筑符号，实现建筑形式语言的多样化。即通过引借、解构、变形、拼贴等方式方法，将本土的传统建筑符号与西方古典建筑符号进行重组。由于符号运用较为直白，侨乡建筑也因此而给人以折衷中西的笼统观感。事实上建筑符号多样化，组合方式亦多样化，由此而演化生成的侨乡民居建筑形式是十分丰富的。

折衷主义建筑并无固定风格，形式语言混杂，虽也注重比例的推敲，在欧美影响深刻且持续时间长，但客观存在着内容与形式之间的矛盾，并未体现工业革命以来新的社会生活方式、新型建筑技术及材料的发展需求，与古典形式语言之间的矛盾。[①]然而，

---

① 罗小未. 外国近现代建筑史 第2版[M]. 北京：中国建筑工业出版社，2004：10.

华侨们在推崇并大量使用西方古典建筑符号的时候，显然并未意识到甚或并不在意这些内容与形式之间的"矛盾"。

人们将本来系统完整的外来建筑文化稀释提炼，抽象等同为某些具体的形式符号，"嫁接"于本土建筑。建筑形态的重塑更看重形式语言的符号意义，而忽略其精确的尺度比例，再加之施工过程中存在技术误差和人为主观因素的影响，因此近代侨乡民居建筑的各构件尺度比例并未遵循严谨的古典规制。具体表现为：传统的立面原型成为抽象化的概念形象，具有一定的形态基础，但没有精确的造型限制；同理，外来建筑语言基于一定的原型基因进行形态重塑后，变异转化为更为多样的形态样式，具体的造型尺度均根据现场需要作调适性处理。

如对于柱式这一西方古典建筑的典型要素，人们的理解仍停留于造型内容。洋楼中的柱式形态林林总总，往往是综合中外各个时期、不同风格的柱头、柱础、柱身符号于一体。通过选取广府、潮汕和客家典型侨乡民居中的柱式进行分析，可发现柱头、柱础、柱身的尺度比例各不相同，且均与西方古典柱式存在较大差别，并未遵循严谨的柱式规范（图5-1-11、图5-1-12）。

总之，中外建筑符号经由人们的引借、解构、变形、拼贴运用，不仅令民居建筑语言更为丰富多彩，而且实现了多元风格的组合构成。

第三，侨乡民居在意义层面对中外建筑符号原有意义的保留和转译。许多传统建筑符号象征意义已深入人心，包括一些传统的具有风水寓意的建筑语言，在侨乡民居中仍保留使用。

如在客家地区无论是风水格局的"喝形"，还是建筑形象的塑造，均有大量象征隐喻的符号性语言出现。围龙屋作为梅县侨乡地区最为普遍和成熟的一种围屋形制，从建筑整体到局部均蕴含深刻的形态寓意。在广府侨乡的碉楼和庐居中，保留了由天井演化而来的"光井"（图5-1-13），与天井的传统功能相比较，光井

图5-1-11 西方古典柱式比例分析图
（来源：程大锦. 建筑：形式、空间和秩序[M]. 刘丛红，译. 天津：天津大学出版社，2013：309.）

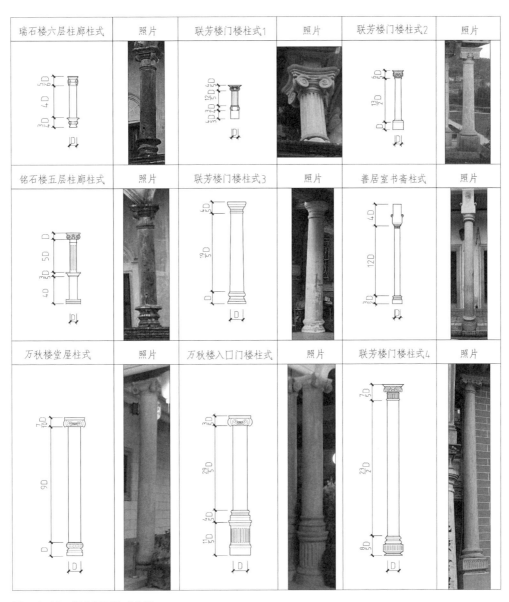

图5-1-12 侨乡民居柱式分析

保留了采光的功能的同时，增加了楼层之间传声、传物的功能；重要的是，天井所具有的敬天的含义在其空间形态发生变化后得以延续。

  西方古典建筑以"数"为基点，发展了追求平衡稳定、整体统一、中轴对称的形式美原则。古希腊神庙山墙、各种经典柱式、古罗马石墙、帕拉迪奥主题、穹顶造型，以及雕塑、壁画艺术等代成为代表西方建筑形象的典型建筑语言。西方建筑的塑造凸显了雕塑感，多样的柱式、精致的雕塑、复杂的饰线、绚烂的壁画，皆源自人体象征的意义。这些建筑符号的意义在侨乡再现之后发生转变，实现了意义转译。建筑符号作为建筑结构、装饰构件等的实用功能客观存在，而其原本的象征意义却大多消失，如柱式作

图5-1-13　开平马降龙村骏庐光井

为人体象征的意义并未获得理解和重视，而是成为西方文化的标志象征。彩色的瓷片，玻璃，精美的家具，西洋唱机代表了新式生活——本土乡民未曾接触而艳羡的生活；装饰壁画中的飞机、列车、洋楼更是直白叙述海外、大都市生活的现代与先进。再如侨乡民居中出现了平屋顶，并采用瓶状栏杆或连续圆洞形式的女儿墙（图5-1-14），这本为南洋地区常见做法，具有防台风，降低风阻的功能。侨乡民众主动借鉴这一具有节奏感的建筑形式，使之成为代表南洋建筑风格的符号。可见，符号所代表和象征的含义，只是先进的海外文明；所具有的功能，是反映主人的文化态度和身份背景。建筑整体形象所体现的艺术价值并非重点，建筑语言符号成为代表新生活方式和主人社会地位的标志。

从建筑的整体形态来看，堂横式围屋建筑，前低后高，是适应于山地地形的必要举

a 澄海湘祖家塾女儿墙瓶状栏杆　　　　　　　b 澄海通祖家塾女儿墙圆洞造型

图5-1-14　侨乡民居的屋顶女儿墙

措，但侨乡村、仙花村等侨乡村落，华侨将围屋建于平原地带，并无坡地地形限制，却仍然人为地垫高后部，保持前高后低的建筑姿态，其背后的隐喻象征意义显然已经超越其原本的实际功用。具体而言，前低后高，有步步高升之意；正面远处观看围龙屋，形似太师椅，寄寓家族成员为官出仕；空间的平面组织及形态塑造，整体象征女性母体，体现生殖崇拜的意义。从建筑的局部形态来看，以化胎为例。化胎是识别堂横屋、围龙屋的一个重要标志性形态。化胎在上堂屋后部，前低后高形成缓坡，在形态上是一个中部隆起的曲面，象征怀孕女性的腹部，而化胎表面铺地覆盖的无数卵石，寓意"百子千孙"，反映了多子多福的宗族理想。

侨乡的围屋一般会将此类具有深刻寓意的建筑符号加以保留，形制变化巨大者也不例外。

当外来建筑与本土建筑语言符号并置的时候，两种风格在互为映衬的对比之下，符号特征更显突出。如开平赓华村庐居泮立楼、泮文楼，顶部的座中式坡面组合屋顶（图5-1-15），在与洋化的屋身相结合的时候，屋顶作为传统建筑符号的表意更为清晰了。

由上可知，在侨乡民居出现大量中外建筑符号共存的现象，无论是建造者，还是受众心目中，中外建筑符号所蕴含、传达的意义在侨乡发生转译加工，从而产生综合变化。

第四，建筑符号的流行运用实现了侨乡民居文化的传播。

流行化的建筑语言变化快速、频繁，形式多样，是具有革新意义的实践成果，因此侨乡"流行"的新民居建筑语言与传统建筑大不相同。具有符号特征的建筑形象易于促进侨乡民居文化的广泛传播。

中外文化融合互动的影响下，近代广东各地侨乡民居造型发生不同程度的演化，通过古今中外建筑符号的诠释运用，实现了建筑个性化形态的塑造。建筑符号的诠释，是

a 开平泮文楼

b 开平泮立楼

图5-1-15 中式屋顶与西式立面

广大侨乡民众在认知层面对中外建筑文化的解读，是进行符号运用的前提和基础；建筑符号的综合运用，使得新建筑形态的出现成为可能，是中外文化互动的演绎结果。

在近代侨乡由传统的生产型社会向消费型社会转变之际，比较各民系侨乡发现，广府侨乡民居中对具有西化特征建筑符号的运用最为普遍和广泛。广府侨乡民居建筑一度引领消费文化的潮流风尚，实现了传统民居形式向近现代民居形式的转变，成为侨乡社会转型、华侨观念转变的见证。民间自发、自主营造的建筑不同程度地突破传统建筑程式，开始以最通俗易懂的形态描绘自己的审美趣味。那些拼贴式的建筑语言成为典型代表：取材于古今中外各文化系统的建筑符号堆积在一起，虽然大都不具有学院派的专业水准，但其异彩纷呈的、丰富热闹的景象在当时公众的眼中却是流行并令人愉悦的形式。

"符号"的生产具有可复制性而易于流行化。面对大众市场的大量消费需求，侨房楼宇不断进行着流行符号的复制与拼贴。个性化的需求使得各类风格的建筑形式语言如古希腊式、古罗马式、哥特式、文艺复兴式、巴洛克式以及古典主义、浪漫主义、洛可可等能够在侨乡民间开放包容的气氛中共存。这些外在的形式语言，虽然并非实现建筑功能所必须，但却成为附加于建筑功能本体之上，反映大众审美价值取向和消费观念的符号。

侨乡民居建筑在拼贴复制中外建筑符号的同时，其本身也在成为被复制的对象，如在庆林里等村落，非华侨身份的本地商人，通过模仿先建的洋楼，建造出形态相似的民居。可见，当华侨经济地位上升，成为社会主流阶层之后，便试图以流行的、新颖的建筑形式，有意识地把自己和传统乡村社会的农民阶层区分开来，而其他阶层人员则主动向"主流"社会靠拢，接纳并融入侨乡的流行文化。

普通华侨和民间工匠非专业人士，对于西方建筑理解浅显，浮于表面是客观的事实；但实际在这些侨房业主的主观认识当中，中外建筑构件原本程式化规范化的严格的尺度、比例乃至构造要求根本就无关紧要，他们所关心的和追求的只是构件符号所代表的文化及其带来的审美体验。流行的建筑符号形式承载着侨乡民众所追求的审美文化理想，成为引领潮流的文化景观，促进了侨乡民居文化的传播。

5.1.3 空间形态渐进发展

第一，空间形态演化提升居住舒适性。

空间形态的渐进发展，使得居住功能的宜居程度得到提升和改善，居住舒适度增强。

首先，住房通风采光条件获得改善。民居门窗尺度、开设数量及位置，直接影响内部空间的空气流通和日照采光。近代以来，传统民居的居住条件备受争议，华侨陈嘉庚先生所著的《住屋与卫生》中对传统住宅卫生状况提出尖锐批评："我国人住屋不卫生，以乡村为尤甚。盖自来建屋，原不注意空气与日光需要；习惯又多畏风，故屋宅大都户小窗乏；不但空气不足，日光更难到达……各种弊端，为害甚烈。"并提出"水，空气，日光，为生命上最重要之三原素。空气少到，养气自减。屋内无日光，则细菌及害虫发生益盛。水不但有关饮食，于洗澡及清洁亦甚重要。"①

海外的生活经验，促使华侨家庭在新建住房之时注重空间舒适性，主动改善居住环境的通风、采光条件。传统民居以"一明两暗"的形式形成光厅暗房，卧室房间开窗狭小，且位于高处；而多层洋楼开窗面积成倍增加，不仅单个开窗面积扩大，而且开窗数量增加，且降低了墙面窗户的位置高度。江门侨乡的碉楼或庐一般每层单个立面开窗2个以上，保证了每间卧室1～2个窗户，室内明亮通风。如瑞石楼首层四面开窗，正面为一门二窗，其余三立面均开窗三处，保证卧室、厅堂、厨房、厕所均有开窗。用于居住的碉楼由于注重防卫功能，因此窗洞尺度窄小，窗洞尺寸在400毫米×600毫米到600毫米×900毫米之间，庐居的窗洞尺寸较大，大部分接近或超过0.6毫米×0.9毫米。

在潮汕及客家侨乡地区，部分民居还借鉴南洋热带地区常见的木质百叶窗做法，既具有通风效果，又保持一定的私密性（图5-1-16）。

此外，卫生条件得到了改善。在传统村落，厕所设置供集体使用，各家庭使用多有不便。在开平的碉楼、庐居内部，各层均设有独立厕所，使用便捷；在梅县的侨乡村落，也在围屋内部出现设置多处独立厕所或洗澡房的情况。部分村落或民居还逐渐引进了自来水、电力设施。在广州，19世纪90年代实现城市供电，20世纪初实现自来水供应。据民国政府在20世纪20年代的统计，东山区的洋楼六成以上住户已经使用自来水。在开平，泮立楼中已经使用了陶瓷制的马桶和浴缸等洁具，一些碉楼和庐居中还出现了唱片

a 梅县焕云楼百叶窗　　b 汕头旧城建筑百叶窗　　c 梅县逸庐百叶窗　　　　a 灯具　　b 留声机

图5-1-16　木质百叶窗　　　　　　　　　　　　　　　　　图5-1-17　新式室内陈设

---

① 陈志宏,贺雅楠. 闽南近代洋楼民居与侨乡社会变迁[J]. 华中建筑, 2010, 06: 122-125.

机、进口家具等（图5-1-17）。部分人家购置发电机提供电能，供碉楼用于防卫使用的报警器、探照灯等使用，防卫功能大为提高。以上设施大都国外生产，进口购得，经海运回国。

第二，空间形态更为多样。

一方面，单层建筑向多层建筑发展。

楼式建筑形制在近代广东侨乡大量出现。主要发展了两种形式：其一，多层的独立式洋楼建筑在广府侨乡最为普遍，其二，在潮汕侨乡和客家侨乡，群落式的民居建筑更为普遍，但在此基础上，民居整体或局部发展成为2~3层的多层空间形式。

广府侨乡村落，并存多种民居形式，包括单层三间两廊、二层三间两廊、屋面局部露台式的楼式建筑，以及屋面整体露台式的"庐"和碉楼。其中的"庐"和碉楼，楼层多达3~6层，成为独立式居住建筑形式，这也是广府地区最具创新特征的侨乡民居形式。

在潮汕侨乡村落亦有少量建设类似的独立式洋楼民居，如位于潮安县庵埠镇凤岐村的文庐、仙溪村的"红砖楼"、亭厦村的"高楼"、开濠村的"时钟楼"等，①均为两层独立式住宅，建筑立面西化，内部有采光井，有的还有独立院落（图5-1-18~图5-1-20）。建设者多为经营国际贸易或在政府工作的归侨，他们不仅自身见识广泛，

a 文庐

b 红砖楼

图5-1-18 潮汕侨乡独立式居住建筑

---

① 李鸣初修建。

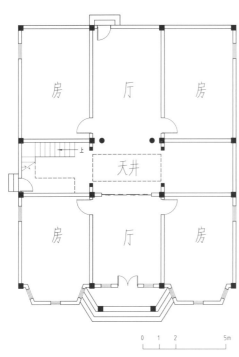

b 院落入口大门

a 首层平面图

c 建筑外观

d 内部光井

e 院落入口大门

图5-1-19 潮安亭厦"高楼"

而且乐于聘请专业的设计师和施工队伍进行房屋建设。潮汕侨乡更常见的是将多层洋楼作为群落式建筑组群的从属部分，充当"护厝"或"后包"。由于洋楼高大醒目，因此有时人们也将其独立命名，作为一处独立的建筑来看待。本章5.2.3部分将对此做详细论述。

在客家侨乡，偶然可见独立式住宅的案例形式。传统围屋并不乏多层建造的形式，主要采用木构技术，二层"阁楼"空间尺度狭小。近代以来引进了钢筋混凝土工艺，部分侨乡围屋从外观形态到内部空间结构演化，建造为多层洋楼的形式，其主要特征是在传统围屋格局的基础上整体性地增加楼层，且一般为二层，二层空间尺度较传统围屋更为宽敞高大。如联芳楼、万秋楼、联辉楼、全凤楼、焕云楼、达夫楼等。

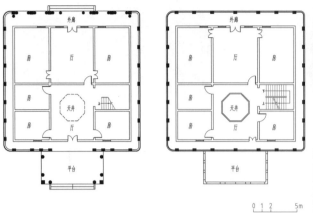

图5-1-20　潮安开濠村"时钟楼"

另一方面，增加了外廊、平台、厅堂等活动空间。

外廊空间一改传统民居内向封闭的空间特性，塑造了外向型的生活起居空间，是侨乡民居空间发生巨大变化的形态标志之一。

外廊式建筑是东南亚流行的殖民地式建筑风格，符合热带、亚热带的气候的居住要求，在近代中国最主要的粤闽两大侨乡省份，外廊在建筑平面格局中，有单边或多边设置，具体形态有连续拱、柱廊或券柱式等。[①] 客家地区的茶山村资政第（图5-1-21），广府地区的孙中山故居（图5-1-22），均为单边形式。客家地区的联辉楼，在外立面环以"L"形的外廊；广府地区的碉楼、庐居，常见顶层环廊的形式；潮汕地区的"时钟楼"，也设置了环绕一周的外廊（图5-1-20）。屋顶局部或全部成为平顶之后，出现了平台空间，在洋楼顶部平台视线良好，能满足日常生活的起居、休闲、晾晒等功能。

---

① 闽南各地均有四面设外廊的实例，有些外廊四面宽度相近，保留了热带殖民地外廊建筑的特点；但大多数外廊的宽度是南北向廊较宽，东面向廊较窄，这与闽南地区亚热带气候环境相适应。当然，各种外廊布置方式中以设于正立面的南向单边外廊最为普遍，并以五脚基式为主。详见：陈志宏，贺雅楠. 闽南近代洋楼民居与侨乡社会变迁[J]. 华中建筑，2010，06：122-125.

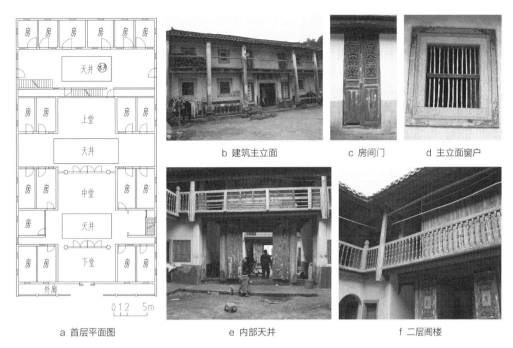

图5-1-21 茶山村资政第

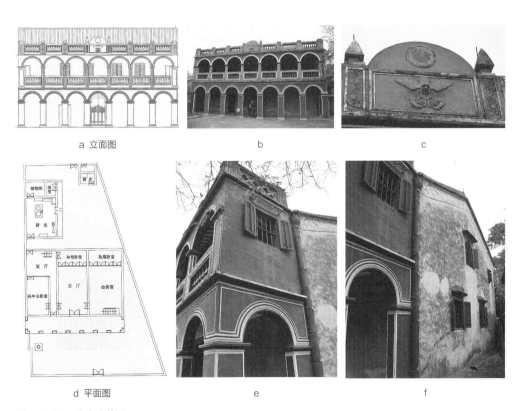

图5-1-22 孙中山故居

(来源：《孙中山故居立面示意图》《孙中山故居一楼平面示意图》黄健敏，翠亨村. 孙中山与翠亨历史文化丛书[M]. 北京：文物出版社，2008：83.)

早期的传统民居建筑在中轴线上设置开放的厅堂，可以集中族人进行神圣的礼制性活动，除此以外日常生活起居的公共活动面积有限。近代侨乡民居由于楼层增加，建筑面积扩大，可以设置更多的活动空间，为读书、会客、玩耍、饮食、手工劳作等提供了适宜场所。

外廊、屋顶平台、厅堂这些空间不同于私密空间，具有一定的外向性、公共性，易于被人关注，因此同时成为建筑中重点装饰的部位。

第三，空间层次结构关系更加丰富和复杂。

根据建筑空间的特性进行划分，可知各种不同性质空间的过渡联系，存在如下对应关系（图5-1-23）[①]（图5-1-23~图5-1-33色块含义与此关系图对应）：

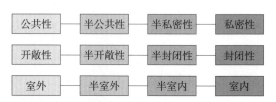

图5-1-23 空间特性对应关系分析

与传统民居比较，近代侨乡民居的空间形态、类型及层次更趋于丰富，注意了空间的过度和渗透。据有关案例的建筑平面图进行空间性质分析可知，介乎于室内、室外之间的半室内、半室外空间，在私密、公共空间之间的半私密性、半公共性空间，在建筑中所占比重大幅增加。

广府：通过三间两廊的平面图及空间组织示意图（图5-1-24、图5-1-25），与碉楼瑞石楼的平面图及空间组织示意图比较可知（图5-1-26、图5-1-27）：碉楼和庐居，虽然天井不复存在，但是由于增加了屋顶平台、楼梯间、各层的独立厨卫空间，以及各层单独设置的起居室，因此比传统三间两廊内部空间关系更为丰富，空间结构也更为复杂。

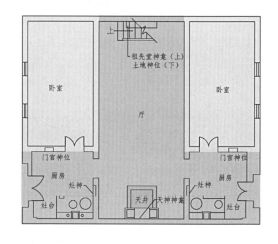

图5-1-24 三间两廊功能分区图

图5-1-25 三间两廊空间组织示意图

潮汕：以揭阳一座传统三壁连民居平面图与前美村善居室为例进行比较（图5-1-28、图5-1-29），前者中部为一"五间过"，两侧各有两纵列的护厝，后部两重后包，建筑之间是狭长的"火巷"。善居室与前者的建筑形制及规模较为类似和接近，但其两侧护厝及

---

① 来增祥，陆震纬. 室内设计原理 上[M]. 北京：中国建筑工业出版社，1996：51.

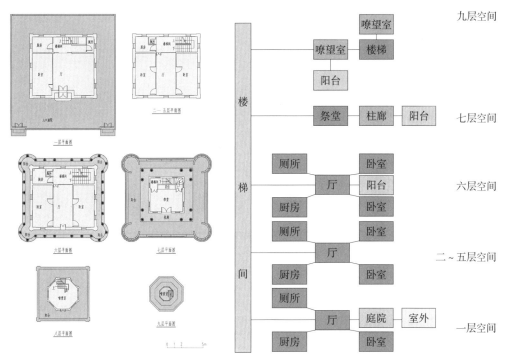

图5-1-26 瑞石楼功能分区图　　图5-1-27 瑞石楼空间组织示意图

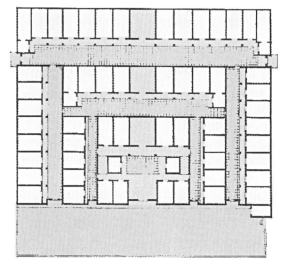

图5-1-28 三壁连民居平面图
（来源：陆琦. 广东民居[M]. 北京：中国建筑工业出版社，2008：106.）

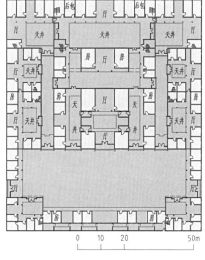

图5-1-29 善居室平面图

后部的后包形成多个院落，被划分为多个独立空间，私密性增强，且建筑局部以平屋顶取代坡屋顶，形成可上人的露台空间，丰富了空间层次和内容。

客家：以梅县客家围龙屋为例，早期的围龙屋是开放式的，空间结构秩序较为简单、直白，人们可自由出入，围龙屋更像是一座集体聚居的村寨。禾坪、天街是将堂横

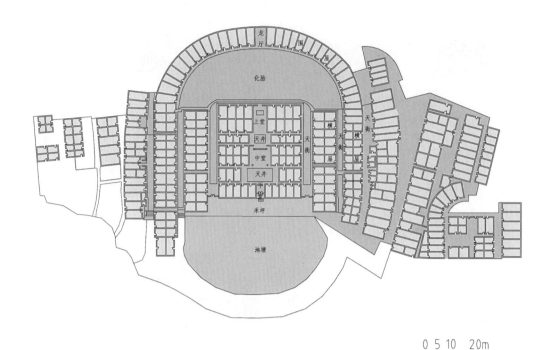

图5-1-30 老祖屋平面图
（来源：根据《南口镇及附近村落图》结合现场调研改绘。详见：陈志华，李秋香. 梅县三村[M]. 北京：清华大学出版社，2007：112-113.）

屋各部分有机联系的室外过渡空间，具有公共性特点。围屋"天街"不设大门，纵向贯穿于纵列横屋之间，直接与禾坪、化胎相连接，呈现为线性的、狭长的、开放式的室外空间形态。横屋内的各个家庭，虽可直接占据屋前"天街"的局部空间进行活动，但开敞的空间形态突出其作为"街"这一通过性空间的公共性，是一个趋于动态化的场所，私密程度极低，因此严格来讲各个家庭并无专属的室外空间领域，典型案例如侨乡村的"老祖屋"（图5-1-30）、丙村仁厚温公祠、兴宁宁新东升围等。清朝中后期以来，围屋中狭长的"街"，向天井式院落空间转变。特别是通过设置花砖隔断墙、隔断门、过厅等，形成了相对封闭、私密和趋于静态的空间节点。侨乡村、桥溪村、茶山村的多数近代围屋民居都出现类似的处理方法，从空间层次的营造来看，横屋厅、过道厅、门厅、过道是室内外浑一的半开敞起居空间，使室内与室外空间的过渡衔接更为自然、有序（图5-1-31、图5-1-32）。

通过不同空间性质的空间面积比重对比发现（表5-1-1），建于明代至清代中叶这一时期的围屋，空间层次单一，围屋中的横屋间用于居住，是室内私密空间，面积比重最大，占建筑面积的40%～50%左右；近代客家侨乡围屋的发展趋势是，私密性房间的功能面积比重下降，起居活动使用的开放式、半开放式空间，也即半公共、半私密性空间比重增加，空间层次更加丰富（图5-1-33）。

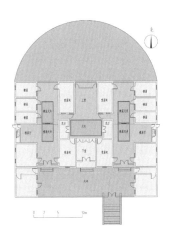

图5-1-31 儒林第平面图
（来源：据现场实测、族谱资料及《梅县水车镇茶山村保护规划》绘制。）

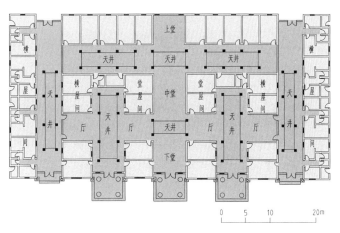

图5-1-32 联芳楼平面图
（来源：据现场实测调研及相关文献图纸《联芳楼平面图》改绘。详见：广东梅州传统民居实测图集. 转引自：吴庆洲. 中国客家建筑文化 上[M]. 武汉：湖北教育出版社，2008：152-162.）

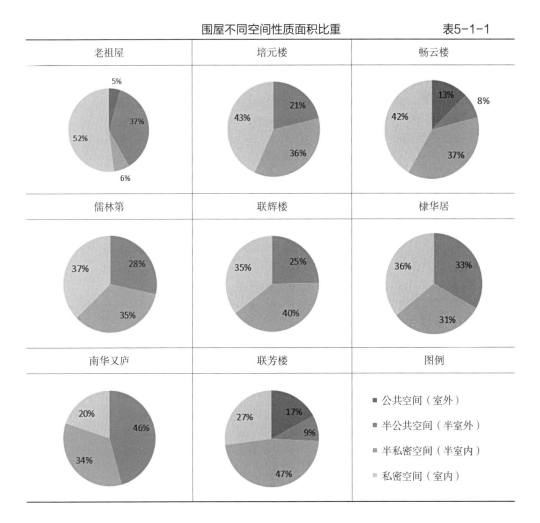

围屋不同空间性质面积比重　　　　　表5-1-1

图例：
- 公共空间（室外）
- 半公共空间（半室外）
- 半私密空间（半室内）
- 私密空间（室内）

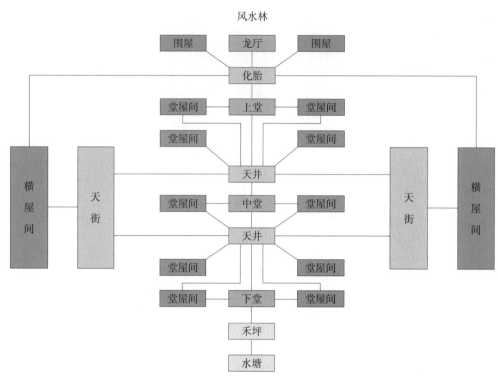

a 传统围龙屋空间组织示意图

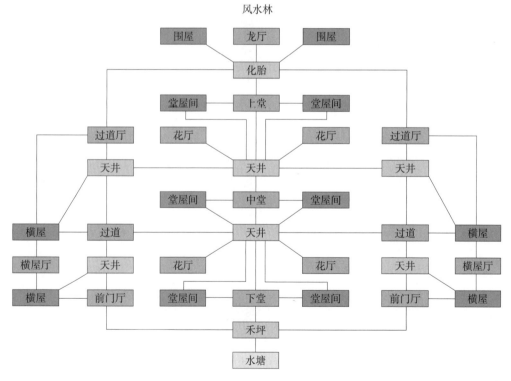

b 近代侨乡围龙屋空间组织示意图

图5-1-33 围龙屋空间组织对比示意图

由上述分析可知，树状的空间功能结构分支增加，表明侨乡民居建筑在发展过程中，原本简单的空间层次结构日趋复杂化。居住空间的层次由少而多，室内外空间之间增加了过渡空间，使得私密性空间的封闭性更好，私密性得以充分体现和保护，适应了社会生活层面小家庭生活日渐独立，个性需求日渐丰富的需求。

5.1.4　装饰语言中外结合

侨乡民居建筑装饰艺术以开放融通、择善而从的文化追求，呈现出兼容并蓄的艺术风貌，具体表现为装饰材料、技法、装饰造型、符号，以及装饰内容、题材的中外结合。

中外建筑装饰材料、技法的结合。

近代以来，不少侨乡民居装饰既有传统工艺的烙印，又有工业化时代的痕迹，反映了近代中外文化交流之际，先进生产工艺对本土装饰技艺的巨大影响。水泥、钢筋、铁艺构建、彩色玻璃、彩色瓷砖等材料及唱片机、琉璃灯、卫浴洁具、欧式家具等陈设的引入，以其特殊的细节和工艺凸显了装饰艺术在时空上的对立与调和。其中水泥使用较为常见，室内地面开始采用水泥抹灰的形式，工业化生产的栏杆，也因使用混凝土预制成型的批量生产技术，造型洗练，质地坚硬耐久（图5-1-34）；铁艺技术引入后制作的隔断、栏杆，以富有曲线美感的造型见长，令装饰语言大为丰富。

进口的水泥，与传统装饰工艺结合，被塑造成为传统的装饰形象。如一些露天的"灰塑"也开始采用水泥为塑形原料，由此催生了"水泥塑"（或称为"水泥雕"），二者的造型原理及特征相类似。

中外建筑装饰造型的结合。

中外建筑装饰造型、符号的结合，使得装饰造型形式多样：希腊、罗马柱式，繁复细腻的门窗装饰线脚，绵延连续的花纹图案，乃至英文字母符号，与中式的石制门

图5-1-34　预制栏杆

套、雀替、檐角、书法匾额、屋脊装饰等和谐共处。江门的碉楼、庐居常见比例变形后的西方柱式，环绕于建筑顶层，形成柱廊，有的柱子上部是爱奥尼柱头，下面则是饰以莲花纹的中式柱础，还有在"装饰艺术"风格造型的窗框装饰中融入中式图案的做法等（图5-1-35）。再如汕头的善居室，在建筑多处转角部位，柱头为爱奥尼式的变体，饰以中式的流苏，柱身粘贴彩色瓷片、马赛克或是制作灰塑的植物纹样（图5-1-36）。梅州的联辉楼，传统的客家民居平面结合了西化的券廊式立面，中部入口上下两层均为西方拱券式，但墙面装饰均为中国传统图案。东北角建有一座具有钟楼功能的"摘星阁"①，圆形的"玫瑰窗"却嵌入了中国的盘长纹纹样（图5-1-37）。以上各案例中，中外装饰语言杂糅并处，是极富乡土性和创造性的融合处理手法。

a 中式猫蝶（耄耋）图

b 中式回形图纹

图5-1-35 "装饰艺术"风格造型中的中式题材　　图5-1-36 中西结合的柱式

a 西式建筑的玫瑰窗　　　　　　　　　　b 联辉楼摘星阁的圆窗

图5-1-37 玫瑰窗的变通应用

① 建筑原本内嵌一个时钟。详见：吴庆洲. 中国客家建筑文化 上[M]. 武汉：湖北教育出版社，2008：153.

中外建筑装饰题材、内容的结合。

中国传统的装饰题材异常丰富：既有深受儒家文化影响的吉祥图案，又有反映世俗人情的传说典故，还有充满生活气息的田园风光。外来文化影响下的装饰内容和题材，多反映国外风土人情，如西方的城市、建筑面貌，新式交通工具形象，身着水手服或西服的洋人，东南亚的热带植物、动物装饰题材，乃至宗教题材的装饰形象。通过借鉴、吸收、融合，侨乡民居建筑装饰的题材和内容实现了中外融合、雅俗共赏的景象（图5-1-38）。

以梅州的联芳楼为例，该楼始建于1931年，1934年告竣。建筑风格中西合璧，装饰富丽堂皇。联芳楼采用传统布局，立面造型及装饰则呈有明显的巴洛克风格。建筑正立面设有三个入口门楼（图5-1-39），中部入口门楼居中题写"联芳楼"金色大字，字的上方为一金色五角星，下方为中国传统吉祥题材狮子滚绣球（地球）（图5-1-40）。门楼采用了西式的穹顶、檐口及柱式，包括爱奥尼、塔司干柱式，在局部产生变形。中式语言和西式造型相结合，如正中檐下有麒麟雕塑；檐口垂饰"上部为一四面心形装饰，下垂一朵石榴花。石榴是多子多福的象征，这垂饰或许寓意四方同心，多子多福"，拱门两侧的柱头下方还塑有龙头，口衔铁环，下垂流苏。[①]两侧的门楼装饰有所不同，上部的装饰造型为一大五角星，四周环绕16个小星星，星星左右两侧各一天使环抱，上面为西化的狮子形象（图5-1-41～图5-1-43）。

a 水磨石门堵上的蝙蝠图案

b 钱币图案

c 狮子滚"地球"

图5-1-38 中外建筑装饰题材案例图

图5-1-39 联芳楼三个入口门楼
（来源：赖瑛 摄）

图5-1-40 联芳楼门楼装饰

---

① 吴庆洲. 中国客家建筑文化 上[M]. 武汉：湖北教育出版社，2008：153.

图5-1-41　联芳楼门楼装饰之一

图5-1-42　联芳楼门楼装饰之二

图5-1-43　联芳楼门楼装饰三

图5-1-44　联芳楼门楼装饰之四

中外并举的技术、形式手段，实现了本土与异域文化的和谐共存。民居形式发生演化的时候，许多异质元素的出现，与传统建筑形式具有或多或少的相似性联系，实现异质文化的共存。开放兼容的文化性特征表征着侨乡民居对新形式的积极探索，"兼容"是侨乡文化主动"开放"的结果，也是其发展与创新的动力。

5.2　中外文化交流的差异性导致民居形态演化方式不同

广东的广府、潮汕和客家民系在相应的民系文化圈内形成了各具特色的传统民居文化，体现出中华建筑文化的文化多样性。但就各民系而言，传统民居长期处于相对独立和相对封闭的文化圈，趋于模式化和单一化，演进发展进程缓慢。侨乡形成后，来自海外文化的冲击突破了本土文化的封闭性，将侨乡置于广阔的世界范围，形成了中外文化的交流互动，令文化的发展更为开放和多元。

华侨在自己的家乡有意地还原海外侨居地的居住环境，通过建筑以显示个性化的审美趣味，传统的建筑语言和来自海外的建筑语言在重置重组过程中发生诸多变化，但仍然具有内在逻辑，使我们能够从中发现侨乡民居建筑文化融合演化的谱系渊源、文化动因。文化融合推动文化创新演进。侨乡本土民居建筑文化在与外来文化发生融合现象的时候，经历了适应、调试和吸收的过程，这一过程并非简单的新旧文化要素和特质的增减，而是通过综合演化创造性地推动了建筑文化的发展。

侨乡民居建筑文化是地域传统文化与海外异质文化碰撞交流的产物，由于中外文化客观存在的文化势差而导致中外文化交流存在差异性；广府、潮汕、客家民系文化开放性的层次差异，则导致中外文化融合程度从地理位置上由南向北推移呈现出阶梯性减弱的特征。据此展开侨乡民居文化的比较，我们发现：广府侨乡实现了中外建筑文化的创新性实质融合；潮汕侨乡的广大乡村则态度保守，以本土文化吸纳外来文化，实现整合性的有限融合；客家侨乡，表现为对外来建筑语言尝试性的借鉴融合。侨乡民居建筑文化融合方式的差异，直观表现为洋化建筑的分布差异，建筑本体功能形制、装饰语言的演化差异。

5.2.1 中外文化交流的"势差"比较

人文学科文化势差概念的提出，借用了物理学理论中"势能"的概念，指由于不同文化内在差异，而"在文化流动中表现出的影响力、辐射力、渗透力及文化标欠功能等方面的差异性"。[①]不同文化之间的交流，是在文化势差作用下，高位、强势、优势文化向低位弱势文化流动，或是通过填补文化元素而实现"有势"向"无势"流动的文化传播现象。[②]同一时代异质文化间客观存在的文化"势差"正是造成侨乡中外建筑文化交流的基本动因。

文化的传播、互动和交流需通过一定的途径、介质。在近代侨乡，以移民为主，兼及外交、贸易、战争等形式，共同成为中外文化交流的途径或介质。

由于广府的江门侨乡地区多美洲华侨，潮汕、客家侨乡多东南亚华侨，而中西文化、中国与东南亚文化客观存在的文化"势差"必然有所差异。

5.2.1.1 中方弱势的文化势差

西方建筑文化进入中国，是西方文化由高势向低势传播，强势向弱势传播的现象。具体表现为：

第一，从近代的国际环境来看，西方文化处于强势输出的优势地位。

西方文化早在16世纪伴随着航海贸易已经在中国传播流布。19世纪，欧美国家经历工业革命之后发展了以工业文明为特征的资本主义文化，并以强势的殖民拓展，在世界

---

① 何一，青萍. 文化势差、质差与文化流动的历史诠释[J]. 西南民族学院学报（哲学社会科学版），2003，02：156-159，1.

② 同上。

范围内与以农业文明为特征的封建文化广泛接触、碰撞，凭借科技、经济领先的优势，西方文化体现出高位、强势的"势能"，并以多样的传播途径在世界范围内产生影响。

近代中国的社会发展进程与西方国家差距明显，面对正处于强劲上升时期的西方资本主义国家，中国的封建社会正在走向崩溃的边缘，19世纪西方列强以坚船利炮强势而来，影响到中国社会生活的各个层面。西方文化对侨乡文化的重大影响和首要影响就是海外侨民最直接地接触并承认和接纳了更为"先进"的技术成就，以及更为多元的生活方式。

第二，美洲华侨在海外生存处于文化劣势地位。

如本书第2章所述，分布在加拿大、美国等地的广府籍移民在海外的生活异常艰辛。在种族歧视的社会环境条件下，华侨自身权益难以得到有效保护，还不断面临排华运动和排华政策的排挤。

面对中西文化的巨大落差，从情感上而言，华侨艳羡西方社会主流文化，希望通过自己的努力进入社会阶层的上游，以接近和融入西方主流社会为个人荣耀。主动地学习和吸收西方文化，是华侨融入海外生活的必然选择。

第三，华侨借西方建筑形象表达提升自身社会地位的愿望。

建筑与人们日常生活息息相关，修建一处像样的住房于中国人而言，是实现人生理想的大事。华侨在积累财富，回乡建房之时，将自己在海外生存生活的奋斗理想，寄托于"洋楼"的建筑形态，仿佛是时空错置，实际是华侨尝试改变自身所属社会阶层，融入主流社会，提升社会地位的愿望表达。

5.2.1.2 中方强势的文化势差

在中国文化尚处于优势、强势地位的情形下，东南亚建筑文化进入中国是有势向无势传播的文化流动现象。

第一，从中国与东南亚国家的文化交流互动关系来看，中国文化处于优势、强势地位。中国与东南亚各国同属东方文化系统，存在诸多同质化的文化基因。历史上中国曾经是许多南洋国家的宗主国，晚清、民国时期中国作为区域大国的优势和影响尚存。在建筑文化的领域，中国的砖木结构的营造技术推动了当地建造技术的发展。

侨乡建筑吸收南洋文化，是有势向无势传播的现象。从有势流向无势，在实质上反映了一种文化元素对另一种文化元素"真空"的填补，仍属是正向流动。[①]

第二，华侨在东南亚侨居历史悠久，华侨阶层在当地经济地位及社会地位较高。前往东南亚的华侨，契约移民与自由移民同时并举，其中自由移民的历史传统由来已久，并且是移民的主要形式，这也是潮汕、客家近代移民一大特点。

---

① 何一，青萍. 文化势差、质差与文化流动的历史诠释[J]. 西南民族学院学报（哲学社会科学版），2003，02：156-159，1.

在泰国，早在18世纪中叶之时，祖籍广东澄海的华侨郑信在此建立王朝，潮汕华侨因此而受到优待，有"王室华侨"之称。潮汕华侨在泰国人口规模庞大，[①]为官经商者甚众，不仅拥有较高的社会地位，而且经济条件优裕。在二战前，几乎全部大米出口贸易、橡胶出口90%、国内中小商业99%为华侨占有。[②]以至于有"无潮不成市"的说法。在客家华侨居多的印尼，西方殖民者为顶层阶层，华侨处于中间阶层，也拥有相对较好的发展条件和经济社会地位。

因此综合比较来看，在东南亚的华侨及侨乡民众的思想中，普遍存在较强的"优势"心理。

第三，东南亚建筑文化的引进，反映了华侨借鉴、吸纳外来文化充实本土文化的自主自信心态。东南亚建筑文化综合了中国、印度、西方国家、伊斯兰国家的多元文化要素而呈现异彩纷呈的风格特征。华侨选择性地引进了钢筋、水泥、瓷砖、玻璃等建材及其施工工艺，塑造了具有南洋热带风情的外廊式空间，以及形式多样的装饰符号。所有这些内容是多方面的、综合性的，同时又是经过主观价值判断和筛选的，而非一味地移植和复制。在此过程中，由于西方国家的殖民活动，东南亚华侨以间接的方式接受了西方文化的影响，但在乡村民居的营造活动中，其影响程度较为有限。

文化间的势差有一定的隐秘性，经过长期的互动和交流方能得以清晰显现，而人们的主观情感因素，更增添了人们面对异质文化进行抉择取舍的可变性，因此各地侨乡民居建筑文化在外来文化传播影响下呈现出多样、渐进的演化过程。

文化交流的结果，一方面是有利于自身文化体系内容的充实，另一方面也有可能造成自有文化传统的丧失。对应于西方文化的强势地位，异质文化的传播使得侨乡的传统文化的中心地位受到巨大冲击和动摇，但侨乡的特殊之处就在于，华侨及侨乡民众作为文化传播的主体，主导作用十分突出，与西方列强以政治、军事等强制因素下进行的殖民文化输入相比，侨乡的文化引进更为自觉、自主。

5.2.2 广府：中外文化的"交融式"融合

5.2.2.1 洋化民居大量广泛分布

庐居和碉楼是近代广府侨乡最为独特和典型的新式民居，具有显著的西化特征。新式民居普遍、大量、广泛地分布于广府侨乡各地市乡村，尤以江门的台山、开平、新

[①] 19世纪上半叶，暹罗华侨已有100万人，约占其总人口的1/5。抗日战争爆发，进入泰国的中国人激增，1937年约有30万人。1946~1949年间，约26万人。1955年，约231.5万人，其中祖籍广东的有200.7万人，1988年统计，泰国华侨及华人共465万人，其中以潮州籍最多，占60%~70%，其他广东人占10%。

[②] 聂德宁. 华侨在近代中国与东南亚贸易往来中的地位和作用. 载庄国土. 世纪之交的海外华人. 福州：福建人民出版社. 1988: 169，转引自：刘权. 广东华侨华人史[M]. 广州：广东人民出版社，2002: 57.

a 台山浮月村　　　　　　b 台山浮月村　　　　　　c 台山永盛村

d 台山永盛村　　　　　　e 珠海会同村　　　　　　f 珠海会同村

图5-2-1　形态各异的庐与碉楼

图5-2-2　开平自力村天际线

会、鹤山、恩平最为集中。

在以传统三间两廊建筑为主体的侨乡村落，新式民居建筑一般分布于村落外围的两侧和后部，或是在远离村落的田野出现。形态各异的庐或碉楼出现，带来新的建筑风尚。与传统聚落相比，建筑形态更为多样化，村落天际线高低错落，起伏有致，富于变化。如台山斗山镇浮月村，台山斗山镇永盛村，珠海唐家湾镇会同村，开平塘口镇自力村等（图5-2-1、图5-2-2）。

在独立规划建设的新村，新式民居集中建设，且整体风格西化，这也是西方建筑文化在广府侨乡广泛传播，深刻影响的主要表现。如开平塘口镇的赓华村，开平赤坎镇灵源村耀华坊（又称"加拿大村"），台山端芬镇的汶秧村等。赓华村由美国的谢氏家族组织兴建，内有6幢形态各异的庐居，1幢碉楼，以及一处园林"立园"（图5-2-3、图5-2-4）。耀华坊是加拿大的关姓华侨组织建成的华侨新村，内有10幢洋楼，1幢碉楼，建筑形态各不相同，采用西化的建筑外立面（图5-2-5）。汶秧村由旅居东南亚的华侨主持兴建，采用统一规划设计的方案，前后两排住宅整齐排列，均为二层结构的骑楼形态，无内部庭院。

5.2.2.2　民居形制综合创新生成独立式建筑

功能的演化首先以华侨海外生活方式的影响为主要动因。赓华村创建者之一的谢

图5-2-3 开平赓华村立面

圣泮认为新村住宅应效法"美国制",而当时流行于美国的民居形式,是分布于市郊的独立式住宅,自然环境条件优美,建筑内部空间宜居舒适,建筑造型倾向于欧式复古风格。

广府侨乡民居建筑形制的最大变化,正是实现了由三合天井式,向独立式住宅建筑的演化,由此实现了个体精神的张扬[①]。即在三间两廊平面功能的基础上,竖向拓展空间成为楼式建筑的庐或碉楼两大类型,并发展出多种亚型变体。采用平屋顶的形式,露天的天井消失,代之以贯穿内部各楼层的"光井"。建筑形态语言中西并举,立面形式更为自由,西化特征明显。同时,通过调整房屋间距,改梳式布局为棋盘式布局,建筑各立面外观得以充分展示。

对应三间两廊的前后座部分,建筑空间的竖向拓展,因前后座楼层增加情况不同而出现多种形式：仅前座或后座部分单独增加层数；前、后座同时增加相同或不同的楼层数（图5-2-6）。空间的拓展使得建筑使用面积增加,缓解了家庭人口增长带来的居住压力。建筑各立面均开窗,比传统民居的窗户数量增加、尺度扩大,充分改善采光和通风条件,内部空间更为宜居舒适。如庐居泮立楼,楼梯未做隐蔽性处理,而是居中开放式,首层左右两侧为开放式大厅,厅墙壁设有壁炉,二层以上各层主要为卧室和起居室,这一空间格局与美式建筑类似,此外,有的建筑外围还出现围墙围护的附加院落或花园,形成独门独户的格局,居住独立性、私密性得以加强。而碉楼与庐居或三间两廊形成建筑组合形式,则可以使防卫功能与居住功能分离（图5-2-7）。

---

① 郭焕宇,唐孝祥. 基于"消费型"特征的近代广府侨乡民居文化探析[J]. 华南理工大学学报（社会科学版）,2013,03: 49-53.

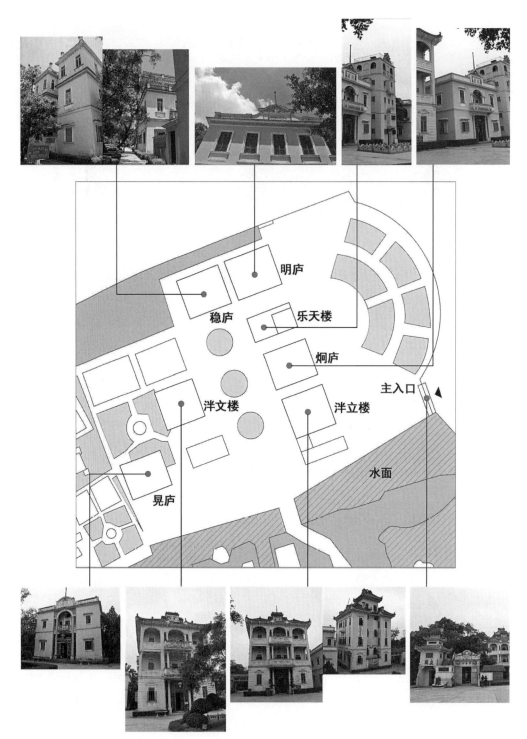

图5-2-4 开平赓华村的"洋化"民居

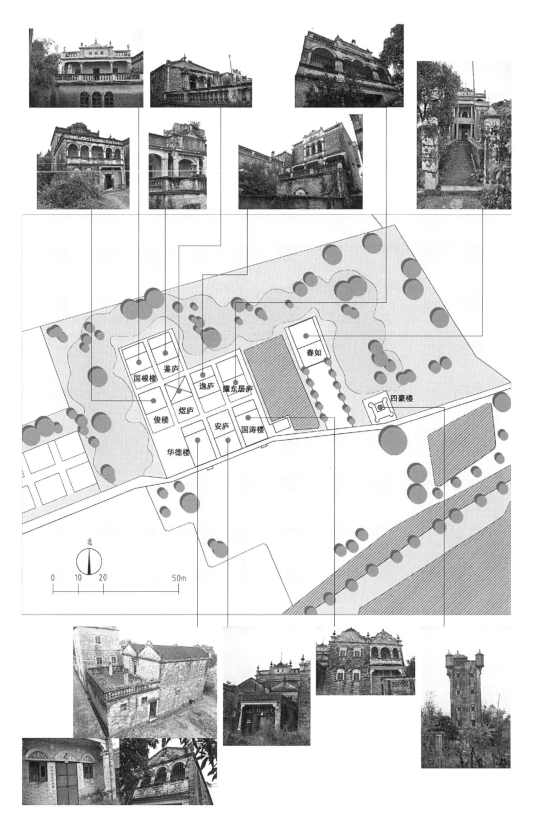

图5-2-5 开平耀华坊的"洋化"民居

序号	模型	照片	说明
1	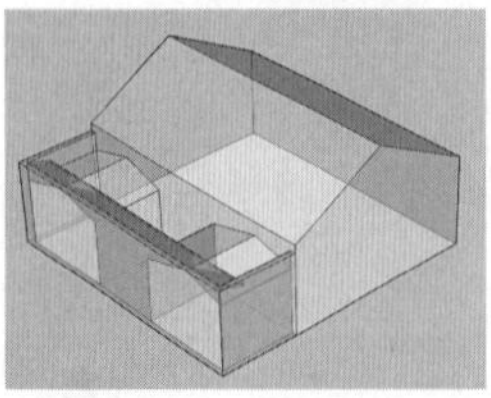		传统型（前后座均为一层）
2	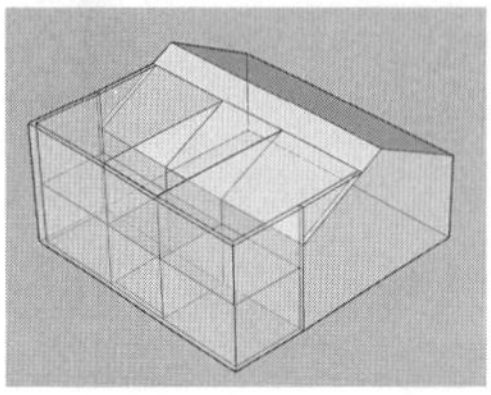		前座增加一层
3	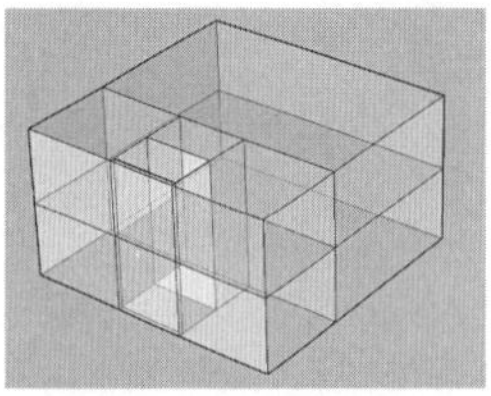		前后座各增加一层，均为平屋顶
3	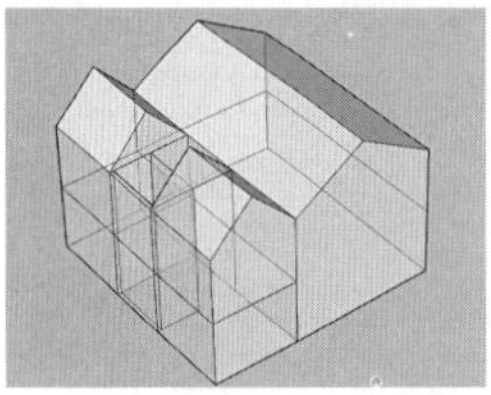		前后座各增加一层，均为坡屋顶
3	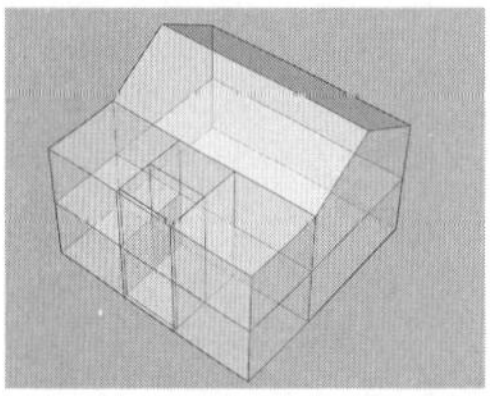		前后座各增加一层，前座为平屋顶，后座为坡屋顶
			前后座增加相同层数，平屋顶化
4	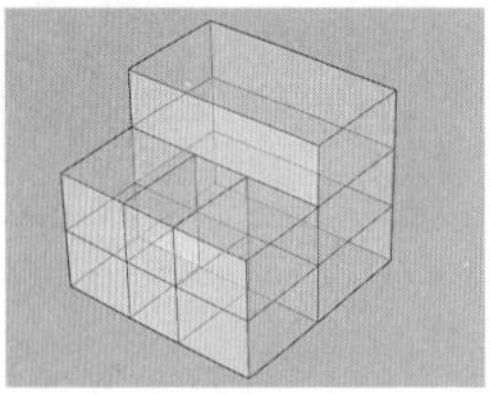		前后增加不同层数，平屋顶化

图5-2-6　以三间两廊为基本型的侨乡民居形态演变形式

a 中山白石村碉楼　　　　　　b 中山白石村碉楼　　　　　　c 中山白石村碉楼

d 鹤山禾南上黄村　　　　　　　　　　e 开平自力村叶生庐居

图5-2-7　碉楼与庐居或三间两廊的建筑组合形式

　　碉楼中用于居住的居楼，是具有广府侨乡特色的，突出防卫功能的民居类型。其主要特征有：楼层数量一般多达4～6层；楼身立面造型简洁，开窗形式简洁；屋顶多设挑台、回廊、瞭望亭等；立面墙身平整，装饰语言多集中于屋顶部分；设"燕子窝"、枪眼等防卫据点；采用水泥、钢筋等建筑材料加强建筑稳固性。

　　以碉楼瑞石楼为例（平面图见图5-1-26），整体为三开间的平面格局，正面居中设入口，首层的客厅占据两个开间，形成非对称式的平面，卧室在客厅一侧，厨房、厕所及楼梯间在客厅后部，较为隐蔽。厕所系利用楼梯底部开间设置。二至五层平面一致，每层中部为厅，两侧对称各设一卧室，厨房与卧室均设于楼梯口对面，在此基础上，六层外围增加了券柱式外廊阳台。七层室内空间缩小，单独作为设置祖先牌位的场所，其外部由内及外设置券柱式外廊、露台。八层露台中部设八边形瞭望室，内部设楼梯可登至九层。外廊与露台、穹顶亭子以及室内空间形成紧密联系，空间层次丰富，组织有序。建筑首层层高较高，达3.7米，以上各层层高在2.7米以上。楼梯间作为垂直交通形成空间的纵向组织联系，各层中部的厅则关联每层各功能空间。建筑天井消失，室内采光依赖四个立面的开窗，采光通风条件良好。

5.2.2.3 洋化装饰语言整体性融入建筑内外

就装饰部位而言，洋化装饰语言出现在建筑的外观立面和内部空间，附着于功能性的、结构性的建筑部位，在突出相应构件功能特征的同时起到装饰美化的作用。独立式建筑庐、碉楼的出现，建筑形态与流行于西方国家的独立别墅接近，装饰部位、装饰题材内容乃至装饰工艺均发生显著变化。

部分庐居及楼式三间两廊仍然沿用左右同时开始入口大门的做法；而许多全新规划的华侨新村，则通过村落布局调整，扩大了建筑前后、左右的巷道距离，因此民居入口可以改为正面设置，正立面因此也成为建筑装饰的重点。

平屋顶取代坡屋顶以后，传统屋脊装饰消失，屋顶平台喜用古典柱廊、穹顶、拱券等西式造型，因此建筑装饰大量出现于顶层。用于题写楼名的屋顶山花，造型各异，成为彰显个性的标志造型。建筑外立面整体素净，多以融合西式装饰线脚、造型、图案的窗楣及窗框、门楣及门套形成亮点（图5-2-8）。室内空间也不乏拱券门洞、古典柱式等造型，甚至将位居至尊的祖神牌位也饰以西方柱式和拱券（图5-2-9）。

a 稚庐

b 国根楼　　　　　c 浮月村某庐

d 楚庐

e 骏庐

f 昌庐

图5-2-8　建筑顶层山花

a 开平耀华坊俊庐祖先堂

b 开平耀华坊俊庐祖先堂背面

c 开平自力村昌庐祖先堂

图5-2-9　祖先堂神楼的西化装饰

从装饰题材内容及其表现技法来看，通过传统题材与西洋技法的结合，或采用传统技法描摹海外风情，塑造"现代"装饰造型等多样形式，实现了装饰手法的融汇创新（图5-2-10）。如开平瑞石楼挑台以拱券、柱廊形成主题形式，其栏板立面则饰以"囍"字形图案，挑台柱廊的柱础为中国"覆盆式"，柱头却是西方的爱奥尼形式，顶部山花两侧的收束望柱，柱头为麒麟形象，而柱身为西式几何形方柱（图5-2-11）。在碉楼、庐居的门楣、窗楣图案中（图5-2-12），除传统常见的花鸟、山水图案外，还出现了火车、轮船、高楼等代表"先进""新式"生活的景象。

在装饰工艺方面，由于建材更换，许多民居使用钢筋混凝土为主体构造，部分传统工艺逐渐式微，甚至失去用武之地，比如砖雕、石雕等，唯传统彩绘、灰塑工艺保留较多。

总体而言，丰富的洋化装饰与传统装饰相结合，整体性地融入建筑各重点部位，能够与建筑本体较为融洽地结合在一起。

在广府侨乡，当外来文化的传播成为潮流，获得普遍认可之后，塑造与"侨房"相似的建筑便成为人们共识，并无海外生活经历的普通民众也开始大量兴建洋楼，使人置身侨乡，却宛若生活在国外。

图5-2-10 描摹西式建筑风情的陶塑装饰

a 挑台券柱

b "囍"字图案

图5-2-11 开平瑞石楼装饰

图5-2-12　门楣彩绘

5.2.3　潮汕：本土文化的"吸纳式"融合

5.2.3.1　洋化民居少量分散分布

潮汕与广府地区的自然地理条件相似，以分布于平原地带的村落最为普遍和典型。村落形态整体性强，民居建筑形态统一，形成较为规整的聚落空间格局。而洋楼建筑的出现，无疑会造成既有空间秩序的变化。

洋化现象在潮汕侨乡少量出现，就单个"侨宅"而言，洋化语言多消解分布于建筑的局部，表现为建筑功能形态的局部演化和装饰语言的片段性运用，在整体传统的建筑形态中，洋化现象较为隐蔽而不突出。如前美"新乡"，由泰国华侨陈慈黉家族主导开发营建，成片连续分布数十座大、中、小型院落，仅"三庐"别墅等个别建筑院落（图5-2-13）形制与外观发生整体的显著变化，"洋楼"形象突出。善居室、郎中第、大夫第等，则沿袭传统平面格局与秩序，局部的形制变化和洋化的装饰语言融入建筑整体的传统风格之中，因此前美村的整体风貌仍然是以传统为主要导向（图5-2-14、图5-2-15）。

图5-2-13　前美村三庐别墅

图5-2-14　前美村鸟瞰
（来源：汕头市政协学习和文史委员会. 陈慈黉故居建筑艺术[M]. 汕头：汕头大学出版社，2011.）

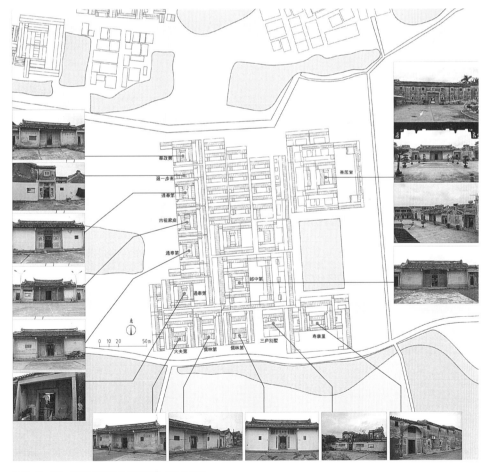

图5-2-15　澄海前美村"新乡"民居风貌

类似现象普遍存在于潮汕侨乡地区。

从聚落层面的分布数量来看，建筑体量和形制变异突出的洋楼少见；分布状态表现为，"洋楼"分散性地分布。虽然同为平原地区的聚落，潮汕聚落并不似广府做法，将高耸的洋楼分布于村落的外围或是集中组团分布。潮汕聚落格局具有方位的调适机制，代表不同房支的建筑组群"厝局"分别朝向不同方位，这就为"洋楼"的选址提供了空间；洋楼一般位于本建筑组群的后部，其他建筑组群因与之并不同向，因此在很大程度上避免了高楼产生的遮蔽影响。在一些较大规模的侨乡聚落，如泥沟村，聚落经历数百年发展而形成密集的建筑密度，洋楼零散分布于聚落各处（图5-2-16）。

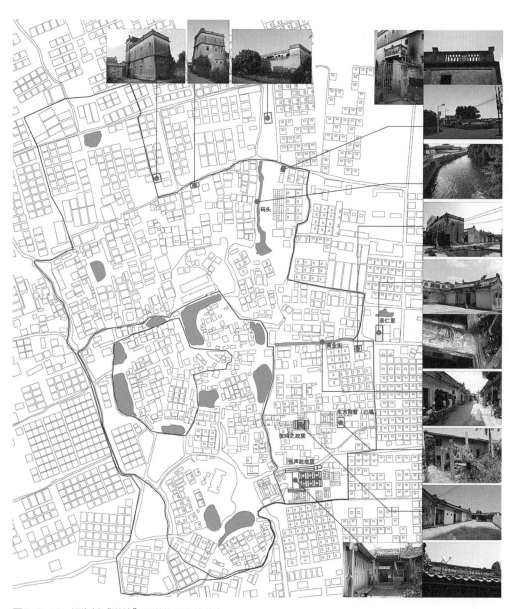

图5-2-16 泥沟村"洋楼"及洋化民居的分布

5.2.3.2 民居形制演化集中于从属部分

潮汕侨乡与广府侨乡民居形制演化的主要差异在于，前者是群落式居住建筑形式的延续，后者则竖向发展演化为独立式居住建筑形式。

潮汕地区常见的"下山虎""四点金"等小型民居建筑形式，是与"三间两廊"规模相当的民居单元。近代的富裕华侨家庭、家族，多倾向于修建大型的民居群落，来显示家族的势力财富。即通过民居单元的组合、变化、发展，形成从厝式的建筑组群。因此对于竖向发展的高楼并不十分热衷。建筑虽然已开始由单层向二至三层发展，但通过建筑单元的组合形成院落式建筑群的基本模式未发生根本性、普遍性的改变。

礼是"约束生活方式、伦理道德、生活行为、思想情操的规范。带有强制化、规范化、普遍化的特点，制约了包括传统民居在内的中国古代建筑活动的方方面面。其中最突出的表现便是传统聚落中礼制性建筑的普遍存在。"[①]潮汕地区，独立式祠堂和住宅建筑中轴线的厅堂均为礼制性的祠祭空间。群落式建筑的空间秩序体现了礼制性的主次、主从等级关系。在从厝式建筑空间中，家长一般居住于靠近中轴线的院落。前部反照、后部的后包和两侧的护厝属于外围的从属性、围护性空间，空间等级地位低。受外来文化影响的形制变异现象一般出现于建筑的从属部位，在空间的等级体系内实现局部演化，如从厝式民居的后包、护厝部分，礼制性空间则罕有使用，仍保持传统形态。

以前美新乡陈氏家族民居建筑为例。近代以前陈慈黉之父陈宣衣所购置改建的"刘厝"以及近代时期陈慈黉及其子兴建的郎中第、寿康里、善居室，虽规模不等，但形制较为接近，均采用潮汕中、大型从厝式民居空间模式，主要由堂屋、护厝、阳埕、反照以及后部的后包等部分组成。从建筑形制做法来看（图5-2-17）：礼制性空间的格局和尺度仍然是由民间匠师依据传统法则而决定；中轴线的多进院落组合形成礼制性的空间序列，传统坡屋顶形制得以延续；厅堂梁架作为传统风水意义的关键部位，装饰语言遵

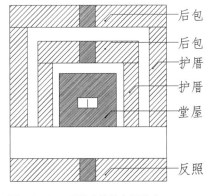

图5-2-17　群落建筑的空间秩序

---

① 唐孝祥. 试析中国传统民居建筑的文化精神[J]. 城市建筑, 2004, 02: 12-16.

图5-2-18　厅堂脊檩彩绘

循严谨的排布规则，如以"符镇"形式出现的木构架彩画，先天八卦、后天八卦、河图、洛书等系列图纹具有等级差异，分别对应相应级别的空间（图5-2-18）；建筑物的各檩条排列形成大小尺寸变化规律，依附其上的彩画尺寸也相应变化。[①]前美村民居对礼制性空间形制格局、装饰语言严格控制，体现出对传统的程式化建造方式的坚持。

其中，善居室从属性空间的形制变化较为丰富，在两侧护厝、后包部分以院落形式进行了空间的划分；除厅堂空间外，其他部分多为二层空间，且设有阳台或外廊；建筑局部为平屋顶，形成可上人的露台空间；在阳埕两侧靠近的入口"龙虎门"的位置，分别设有两处带独立天井院落的书斋。书斋名为"兰室"和"蓬庐"，形制参照较早期的"刘厝"但有所改变，建筑设二层空间，使用了瓷瓶栏杆。此外，善居室内具有洋化特征的柱式形象，贴有进口瓷砖的入口门楼等，也分布于从属性空间，如图所示，传统柱式a1、a2、a3，全部分列于首层的中部的厅堂空间，采用瓷砖或洋化装饰符号的"变异"明显的柱式b8、b9、b10等，几乎全部分列于外围护厝、后包部分的二层空间（图5-2-19）。同理，首排的建筑主入口及书斋入口一律采用传统形制，贴有进口瓷砖的入口分布于内部的护厝部分（图5-2-20）。

类似的案例还有：淇园新乡出现的一座高楼，平面为凹字形，是从属于驷马拖车式荣禄第的后包（图5-2-21）。"兰香楼"，是属于"仁美里"建筑组群的后包部分，位于三座落二从厝格局的后部（图5-2-22）。揭阳泥沟村还有一处厝局，单边的护厝部分为高楼形式（图5-2-23）。形制变异后的"高楼"多采用平屋顶的外廊式立面，高大的体量利于烘托内部核心院落的空间地位。

还有部分形态变化显著者，如明德家塾、湘祖家塾等，建筑整体已经是两层的楼房，且内部空间尺度明显扩大，立面造型洋化，但其平面格局仍然是具有主从关系的从厝式，凸显出中轴线部分厅堂之重要地位（图5-2-24）。

---

① 郑红. 潮州传统建筑木构彩画研究[D]. 广州：华南理工大学，2012：165.

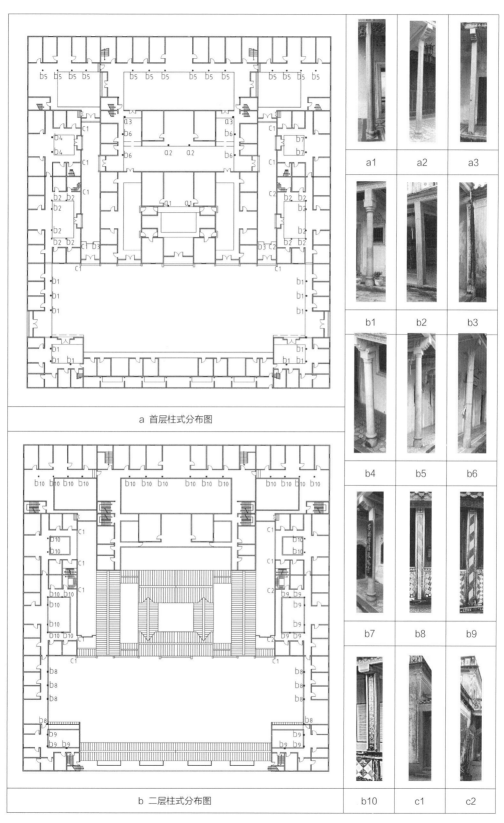

图5-2-19 澄海善居室柱式及其分布图

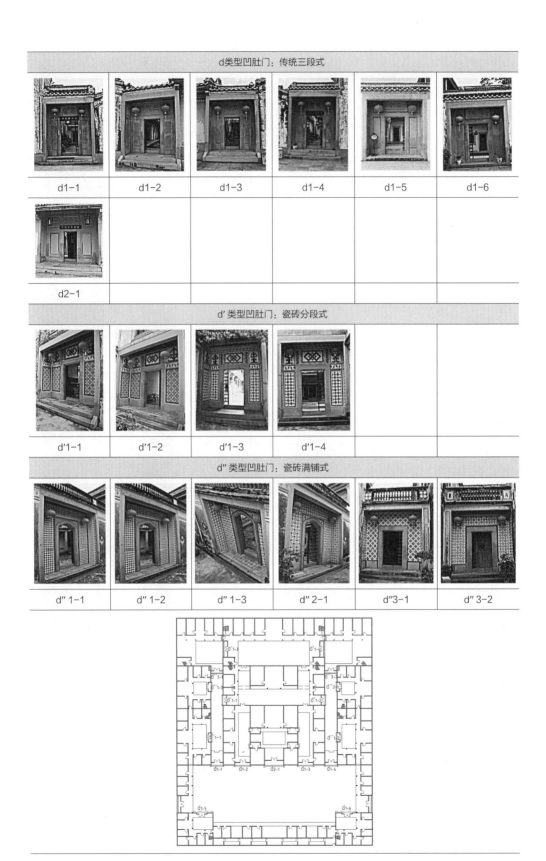

图5-2-20 澄海善居室入口形态及其分布图

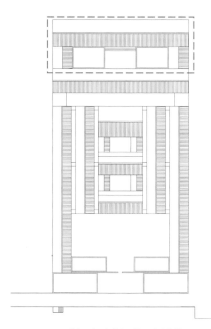

图5-2-21 淇园新乡荣禄第后包洋楼

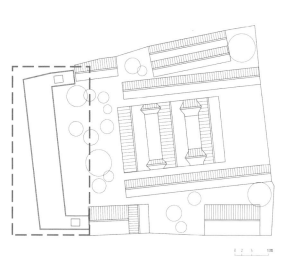

图5-2-22 揭阳榕城仁美里后包洋楼：兰香楼

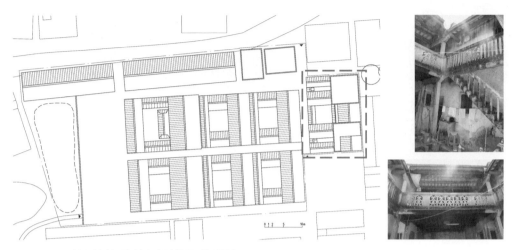

图5-2-23 揭阳普宁泥沟村张声趾故居后包洋楼

a 湘祖家塾外观

b 湘祖家塾内院

c 通祖家塾外观

d 通祖家塾二层房间

图5-2-24 澄海湘祖家塾、通祖家塾

因此，潮汕侨乡民居建筑虽然开始呈现新异多变的外观，但观其布局形式和空间秩序，仍然以传统为纲，体现了宗法制度下"父尊子卑、长幼有序、男女有别"的家族宗法伦理观和人与人的等级地位关系。可见，潮汕华侨多固守传统儒学作为自己的本位立场，视之为回乡起屋建厝的思想根基。

形制变化对应空间主从关系，反映潮汕侨乡民众以本土传统文化为纲，容纳吸收外来文化的文化主张。在这一点上，客家侨乡与之较为类似。

5.2.3.3 洋化装饰语言片段性融入建筑内外

潮汕地区的民间工艺传统历史悠久，成果卓著。石雕、木雕、彩绘、嵌瓷等具有潮汕地方特色的建筑装饰艺术以精致细腻、丰富多彩的艺术特色闻名于世，即便是远离故土在南洋生活的华侨也引以为傲。一旦接触国外的建筑装饰艺术，人们有足够的自信将外来的新式建材、工艺、形式和内容"为我所用"，创造加工成为符合潮汕工艺特征、符合民众审美情趣的装饰形象。具体方式表现为：

一，以传统的形制，容纳洋化的装饰语言。建筑入口立面向来是装饰的重点部位，潮汕常见的凹斗门形式，门肚墙身一般多段划分，各段分别饰以石雕或彩绘，塑造出人物、花鸟、吉祥纹样等寓意美好的装饰形象。进口瓷砖和马赛克引入后，在多段式构图框架内，瓷砖替换了传统的石雕、彩绘，其表面多为抽象的几何图案，偶尔出现具体的动植物形象，通过连续铺贴的重复手法，使基本图案单元互为联系、叠加、组合形成多种图案关系，实现了既有规律性，又多变统一的画面效果。演化形式与传统立面形制基因相同，局部的变异是在既有的传统形式的框架下进行和发生的（图5-2-25）。

再如梁架、窗框、门楣等处的彩绘、灰塑，出现天使、水手、洋楼、汽车、摄像机等形象，这些装饰图案对建筑形制并未产生功能性的影响，而是融合于建筑构件的表面（图5-2-26）。

图5-2-25　门肚装饰效果对比图

图5-2-26　反映外来文化题材的梁架彩绘

二，以传统技法组织进口材料，形成贴近潮汕审美标准的装饰语言。"审美主体因审美兴趣和审美需要的不同，会选择不同风格或不同特点但又契合自己审美需要的建筑作为审美对象。"[1]鲜艳的色彩，精致的纹样，细腻的工艺均符合潮汕传统审美的标准。进口的装饰材料，经由潮汕"嵌瓷"的工艺技巧展示出来，充分体现精细的艺术追求，如在窗框、门框的装饰线上，连续镶嵌若干细小的马赛克的做法（图5-2-27）。前美村善居室阳埕返照部分的书斋，在其墙面所开漏窗创新性地采用马赛克贴面形式，以"饶字"形式形成"福""禄"字样，漏窗形制虽与"刘厝"书斋的做法相似，但装饰表现有了新的内容（图5-2-28）。

三，采用新型建材技术，塑造传统的装饰造型。如梁枋构件，虽然已采用钢筋混凝土的材料，但是仍然以仿木的做法，将其塑造为木构形态。此外，还有在使用水泥建造的楼梯踏步表面，以模具压花方法压制传统纹样的做法（图5-2-29）。

四，综合性特征。潮汕侨乡民居装饰工艺复杂多样，灰塑、彩绘、嵌瓷、木雕往往综合使用，古今中外的技法、题材集中出现于某一部位（图5-2-30）。

图5-2-27　门框门楣镶嵌马赛克

图5-2-28　"饶字"形式的"福""禄"字样　　　图5-2-29　水泥压花踏步

---

[1] 唐孝祥. 岭南近代建筑文化与美学[M]. 北京：中国建筑工业出版社，2010：71.

图5-2-30 嵌瓷、灰塑、彩绘、木雕综合装饰

5.2.4 客家：外来文化的"嵌入式"融合

外来建筑文化"嵌入式"进入客家侨乡的融合关系，与潮汕侨乡的"融入式"相比，类似之处是"洋化"建筑语言在侨乡出现的比重偏低，不如广府侨乡普遍和广泛；区别之处是，洋化的民居建筑出现于客家侨乡，就如同镶嵌于聚落内部，却又不是聚落整体组成部分的独立对象，与聚落整体之中其他传统民居建筑的对话、交流关系不够密切。

5.2.4.1 洋化民居零星稀少分布

洋化建筑在乡村零星散落分布的状态，客观上体现了新旧围屋建筑之间互不同化的关系，同时也体现了侨乡在家侨眷及其他民众在主观上对外来文化的观望态度（图5-2-31、图5-2-32）。类似西阳镇白宫新联村的联芳楼这样形态发生显著变化的大型"围屋"，在侨乡村落罕见，在某些村落偶尔可见一、两栋，如梅县茶山村的"资政第"，侨乡村的焕云楼。

洋化异变形态的进入，对于部分仍在家乡居住的、秉持传统者而言，事实上形成了强烈的心理冲击。如"焕云楼"，虽然采用了堂横屋的基本格局，但其立面形制已全然西化，因此而饱受争议，其主人家到中落，也被当地一些人归咎为住屋风水不吉。虽然类似的争议在广府地区也曾出现，但在碰撞磨合的过程中，广府民众最终表现出更为开放和包容的姿态，理解并接受了西方建筑文化的进入。

少量洋化的民居建筑，以独特的形态独立出现于聚落之中，与其他民居形成鲜明对比，也符合客家聚落内围屋功能及形态的独立完整特性特征。[①]

---

① 潘安总结客家聚居建筑形制特征表现于四个方面：1、点线围合关系，具有向心性、整体性、秩序性特征；2、具有显著的独立特征；3、基本构成要素简单明了；4、具有极大的灵活性。详见：潘安. 客家民系与客家聚居建筑[M]. 北京：中国建筑工业出版社，1998：137.

首先，受山地丘陵地理条件限制，围屋选址和分布因此难以形成平原聚落规则的建筑关系。在客家侨乡村落，绝大多数的围屋沿山地丘陵等高线带状分布。模式化的形态、规模，决定了围屋建筑的选址、方位等主要受山区地理环境条件制约，首先以顺应山势为前提，而建筑之间的空间关系退居其次。

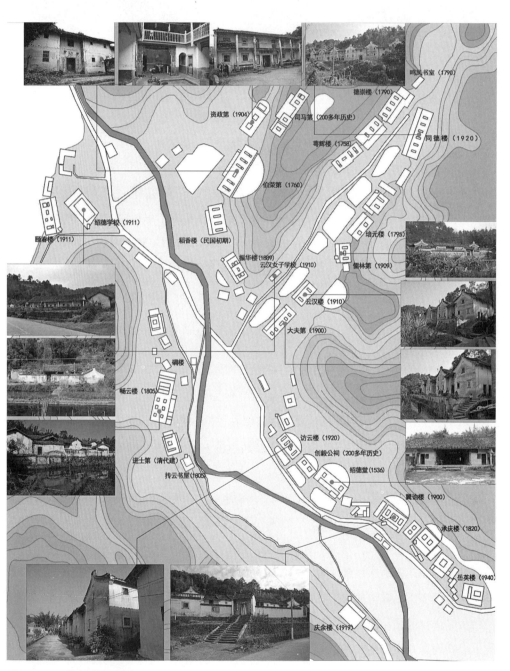

图5-2-31 茶山村民居风貌
（来源：据现场实测、族谱资料及《梅县水车镇茶山村保护规划》绘制。详见：黄氏云祖公族谱，1975.《梅县水车镇茶山村保护规划》，梅县建设局、梅县水车镇人民政府、嘉应学院客家建筑研究所、梅县规划设计室，2009．5）

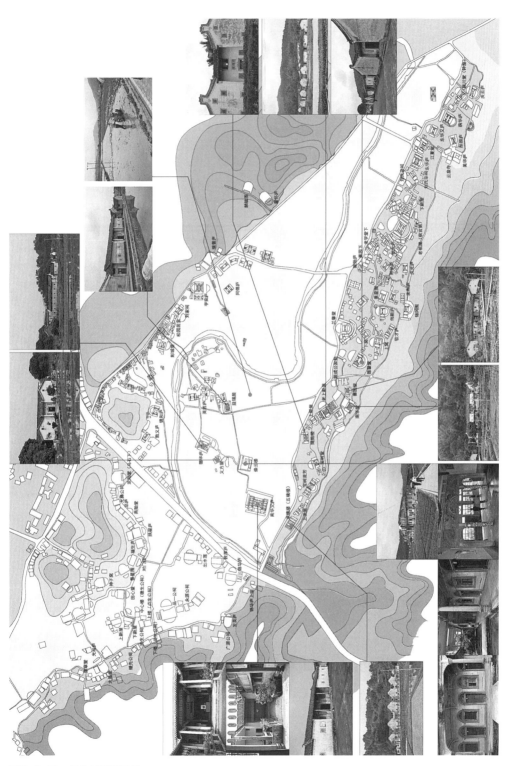

图5-2-32 侨乡村民居风貌

（来源：据《南口镇及附近村落图》结合现场调研改绘。详见：陈志华，李秋香著. 梅县三村[M]. 北京：清华大学出版社，2007：95.）

第二，祠宅合一形成祠祭与居住功能一体的独立性空间。

祠堂存在且占据最重要和最显著位置，建屋者及其子孙过世后在此接受后人的供奉祭祀，围屋因此而具有血缘排他的特性。围屋规模虽大，但其内部并没有中原富商官宦府邸大院所常见的仆人，其居住者俱为亲人。独立的围屋建筑，以祠堂为标志建构了与其他"房"支成员之间的空间与精神界限。每一户家庭都接受集体的管辖，内部祠堂成为所属成员互为认同的标志，人们通过祭祀行为完成了精神空间的建构。

第三，围屋以独立的建筑形象显示主人的身份地位。

围屋建筑大型的建筑形态，表征宗族内一个"房"支集体。有时一座围屋的规模，就已经接近甚至超过广府地区的一座村落。围屋空间形态外封闭，内开敞，特别是堂横式前后呼应的弧形形态，是向心而排他的。围屋的形态封闭，自成一体，独立性强，围屋之间一般无明确的轴线联系和空间对应关系。

此外，外来文化的"嵌入式"融合也与客家人的营建传统有关。传统的围屋以层层扩展的动态生长机制为标志性特征，祠宅合一的围屋强调空间形态、秩序的整体统一。在累世同居、聚族而居的居住模式下，个别家庭试图改变所居住围屋局部形态的想法是不现实的。具有创新想法的个别华侨，只能通过自己的努力，新建属于自己家庭的新式建筑。

因此在侨乡村落，我们所见联芳楼与棣华居比邻而立，却一中一西，风格迥异；侨乡村的焕云楼，兀自矗立于平川之上；此外还有联辉楼、万秋楼等，就建筑形态而言，这些形态外观变化显著的围屋数量稀少，在风格上难与周围的传统形式民居相协调。但他们的真实存在却也意味着，在一定程度上，人们能够接受并认同该形式的存在合理性。只不过，这些洋化特征明显的围屋，更加鲜明的体现了围屋建筑独立性特征，同时，也正因其独特迥异的形象风格，充分显示了华侨主人的身份地位。

5.2.4.2　民居形制演化以传统平面布局为基础

客家侨乡民居建筑形制的演化以传统平面布局为基础。

就数量最多的堂横式围屋来看：首先，客家侨乡新建围屋大都延续了祠宅合一的空间秩序，空间布局及主从关系基本保持不变。其次，与潮汕侨乡民居相类似的是，宗族的、礼制的空间营造仍显保守和严谨，而生活居住的空间则形态变化丰富，功能更加舒适。再者，外观形态的变化多未影响平面布局。

梅县客家侨乡民居主要的围屋形态，包括堂横屋和杠屋。围龙屋可认为是堂横屋的一种衍化形制。比较而言，在人们心目中，更加推崇堂横屋（含围龙屋），因杠屋未像堂横屋形成鲜明的礼制性的"堂屋"空间，主次关系较为模糊。从近代侨乡修建的情况来看，茶山村、侨乡村、桥溪村等侨乡村落堂横屋数量均占绝对主要的数量。

对于具有崇拜象征意义的非实用性建筑语言要素，主人的态度、当地群众的态度无一例外地倾向于传统的一面；对于世俗性、实用性的生活空间，则体现出较大的弹性。主要表现为围屋公共交往活动空间增加。如本章第一节所述，早期堂横式围屋仅中部堂屋为开放的供众人进行公共活动的内部空间，显然难以满足日常公众生活的需求。清中后期以来，围屋内部厅堂空间面积呈增加趋势。横屋部分开始设置有横屋厅，过道厅，门厅等空间。从功能来讲，这些空间更具生活气息，成为居住空间——横屋单间之外的活动空间，为读书、会客、嬉戏、饮食、手工劳作等活动提供了舒适的场所。这些变化主要体现在围屋中的从属空间，即礼制性空间之外的生活居住部分。

在保持传统的主从空间关系，平面布局及空间划分发生有限变化的同时，部分围屋立面形态及屋顶形式也出现洋化的特征。万秋楼、联辉楼、全凤楼、达夫楼、联芳楼、焕云楼等围屋，主体建筑均为传统的堂横式形制，内在秩序未发生本质变化，但其主体建筑的主立面增加了外来建筑语言，通过外廊、门楼等造型，使其外观颇具异域风情。

尽管外立面风格洋化，但仍然注重强调中轴线礼制空间的重要性，突出轴线起点的入口形象。如万秋楼在建筑正立面中部设置具有希腊复古风格的门楼；联芳楼正立面并立三座西式门楼，中部门楼形态及体量最为突出，而且建筑两侧边缘的附属横屋空间尺度低矮，更加凸显建筑的主体形象；联辉楼外廊式立面形成富有韵律的节奏美感，但其中部入口处券廊节奏突变，不仅拓宽柱间距，而且施以丰富的装饰语言进行强调。

建筑立面造型在一定程度上考虑了西式建筑立面的"三段式"构成方式，也注意了各部分造型的尺度比例问题。如联芳楼立面，横向的主体与附属部分三段式构图，主体部分采用纵向上中下三段式构图，且各部分存在一定的比例对应关系，如居中的主门楼穹顶部分长宽比例接近1∶1，某些尺度为接近黄金分割率的比例（图5-2-33）。再如万秋楼立面开间依比例均等划分，中部入口部分开间为左右两侧开间的两倍，入口门楼接近于1∶1的立面尺度比例，显示出稳定庄重的效果（图5-2-34）。然而，西式立面造型作为建筑外观的部分，而在传统建筑平面格局优先存在的前提下，很可能出现立面与平面难以工整对应的矛盾，对此，民间工匠巧于变通，进行了适应性处理。如联辉楼，正

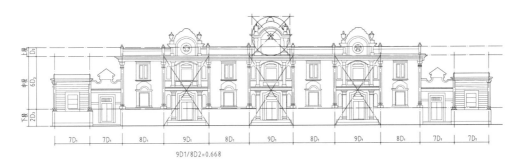

图5-2-33 联芳楼门楼立面尺度分析图

立面统一为外廊式造型，对应于堂横屋的格局，柱廊拱券的排布节奏受到影响，外廊柱间距出现三种节奏及造型，其开间尺度比例如图所示，D3（中部主入口间距）＞D2（两侧横屋天井入口）＞D1（外廊柱间距）；而且由于堂屋与横屋高度的变化，拱券高度也随之调整为两个尺度（图5-2-35）。梅县的万秋楼在借用"外廊式"语言符号的时候，

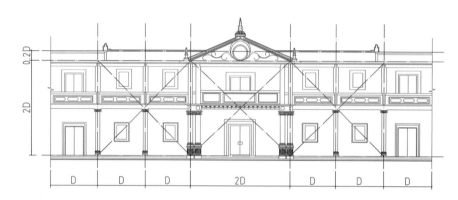

图5-2-34　万秋楼立面分析图

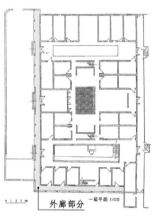

a　联辉楼外观及一层平面

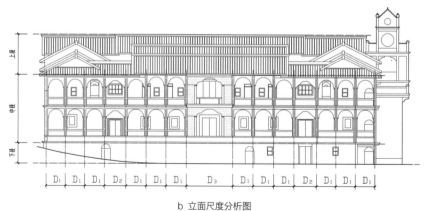

b　立面尺度分析图

图5-2-35　联辉楼

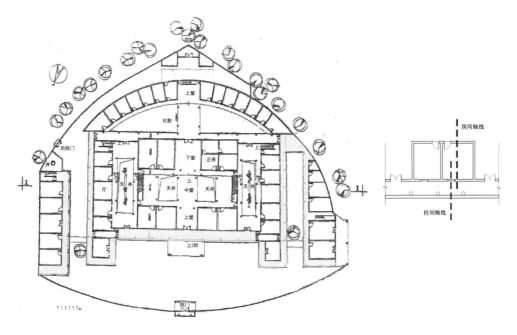

图5-2-36 万秋楼平面图及房间局部放大图[①]

中部门楼两侧的开间尺度均等，房间窗户设置于外廊柱间的中部位置，立面节奏统一、协调；但是由于内部空间的格局仍然沿用传统堂横式，房间的开间节奏与外廊不一致，所以开窗位置在房间内部来看并非居中位置，而是偏于一侧（图5-2-36）。

多数侨乡围屋中轴对称，仍然采用坡屋顶，多为二层建筑，只有个别案例变化较大。如联芳楼采用平屋顶形制，且有多处楼梯直达屋顶平台。而联辉楼则顺应坡地地形，设置有地下一层，局部三层的空间，另外在建筑左侧建有一处"摘星阁"，又兼具钟楼的功能，整体外观已非对称结构。

少量的独立式居住建筑"庐"。以桥溪村唯一的一栋钢筋混凝土建造的独立式居住建筑逸庐为例，因其造型类似出洋乘坐的机动轮船，因此此类庐居还有一个共同的称谓叫做"火船屋"。从外观来看，外观洋化，两坡屋顶，入口设于山墙面，屋顶部位出现了三角形构图的山花造型，窗户内嵌木制百叶窗，显示出"洋楼"的特征，但该建筑仍然具有某些客家传统民居杠屋的特征，如以山墙面为建筑正立面，以及平面布局以纵深方向排布房间的做法，纵深尺度较大，平面长宽比达6∶1（图5-2-37）。

---

① 图5-2-33～图5-2-36，据现场实测调研及相关文献图纸《联芳楼正立面图》《联辉楼立面图》《万秋楼正立面图》改绘。详见：广东梅州传统民居实测图集. 转引自：吴庆洲. 中国客家建筑文化 上[M]. 武汉：湖北教育出版社，2008：152-162.

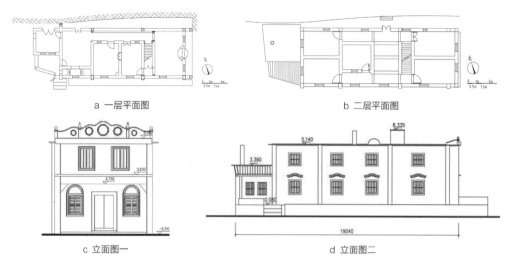

图5-2-37 逸庐平面图、立面图
（来源：林垚广. 梅县桥溪乡土建筑研究[D]. 广州. 华南理工大学，2006. 6：52-53.）

5.2.4.3 洋化装饰语言附加性融入建筑外观

传统客家民居的装饰是较为节制和朴素的，在一定程度上接受来自潮汕、广府等周边文化圈的影响。近代侨乡的经济条件改善，部分华侨建屋注重通过精美装饰来显示实力，并且推崇外来文化。拱券、柱式、山花、门窗线脚等造型语言开始集中出现于建筑外观的醒目之处，以正立面最为集中。附着于西式构件造型的装饰语言，不乏精美的植物、几何图形等题材内容。对于建筑内部空间而言，装饰语言则趋于传统，多以传统题材、形式和技法为主。

附加性的装饰，是指忽略装饰语言所依附相关构件、造型的功能结构作用，而强调形态造型的艺术表现力，使之成为具有某种象征含义的形式符号。客家侨乡民众在尝试性吸收、使用外来建筑语言的过程中，既难以大胆舍弃或改变建筑的传统空间格局，同时又充满吸纳外来文化的热情，故而主要采用拼加装饰造型的直观方式，用以展示自身的华侨身份和文化主张。洋化的装饰语言集中分布于外廊，入口门楼，均是在传统民居形制基础上增加的部分。

附加性的特点还体现在，外立面的装饰语言仅集中出现于主人认为重要的部分，未结合建筑的整体作系统考虑。如独自矗立于田野的联芳楼从正面看俨然一座来自国外的洋楼，但其侧立面及背立面，却几乎没有任何装饰，呈现为朴素的传统建筑样貌。联辉楼的情况类似，建筑的右侧立面虽有另一座全凤楼局部遮挡，但仍然可见正立面柱廊在此处戛然而止，立面造型的过渡显得较为突兀和生硬。

综上所述，客家侨乡乡村民居出现的文化交流现象，是有限的、尝试性、有所保留的，不及广府侨乡全面和深入，即便是从梅州城镇出现的骑楼形态来看，也不及汕头、广州等地骑楼的洋化风格明显，而且，这些尝试往往停留于形式表面，难以从根本上触及并改变民居空间的传统秩序。"兴梅建筑面对中外建筑文化的交流碰撞，尚处于艰难的理性抉择阶段，尚未达到实质性的融汇创新，更多地表现为在沿袭传统建筑文化之时试探性地借鉴外国建筑符号和建筑技术。"[①] 侨乡民居建筑的变与不变，反映出侨乡民众在中外文化的交流中，其精神文化层面的变化和演进是非常有限且十分谨慎的。

通过比较，我们可以发现广府、潮汕和客家民系华侨及侨乡民众，在各自独特的侨乡环境，分别形成了独特的文化融合方式。在古今中外多元文化的碰撞、交流过程中，华侨及侨眷充分发挥了主导作用，经由情感与理性的选择、加工，最终实现了侨乡民居文化的融合性建构。

5.3 侨乡文化精神不同导致近代广东侨乡民居审美特征差异

近代广东侨乡民居的营造，不仅仅是物质形式的建设，更反映精神文化层面的追求。解决经济收入和温饱问题是华侨最初出洋谋生的激励因素，而解决生计问题之后的华侨，获得社会尊重、情感享受、心理归属的需求更为强烈，但异国他乡的生活显然无法充分实现。返回家乡以建设房屋炫耀财富，成为华侨获得社会认同与尊重的主要形式和途径；宗族活动在海外及国内侨乡的延续，并在建筑活动中加以呈现，表明宗族记忆满足了个人的心理归属需求，华侨的宗族意识及观念，并未因家庭经济独立而削弱。

广府、潮汕和客家民系侨乡文化品格以民系性格为基础，在侨乡社会文化的建构过程中形成，表现出文化开放性及审美价值取向的差异，侨乡民居建筑审美由此而具有丰富多样的内涵特征。

5.3.1 广府：开放精神下侨乡民居的审美特征

珠江三角洲平原的广府地区南部面海，借助于海上航道，对外经济文化交流由来已久。古代中国封闭状态下，广州作为长期开放、对外通商的官方港口，促进了地区商业经济的发展。活跃的经济环境和强烈的商品意识，内化为广府民系的文化精神，表现为开放的文化心理和精神品格。近代时期，粤中广府侨乡地区得风气之先且开风气之先，率先推动了经济、政治、文化领域的变革。

就文化心理的开放性而言，广府民系独立自主、开放兼容、开拓创新、积极探索的主动开放程度超越潮汕和客家民系，对于外来文化的接纳程度最为包容。在广府侨乡，

---

① 唐孝祥，赖瑛. 试析近代兴梅侨乡建筑的文化精神[J]. 城市建筑，2005, 11: 23-25.

由于较早地广泛接受海外文化，民间对于外来文化的认识和接纳程度较高。普通百姓即使没有去过国外，也深受西方文化的浸染。西式生活方式深入到普通家庭生活和社会生活的方方面面。

在中西文化交汇碰撞的环境下，广府侨乡的建筑文化改变了中国古代建筑单一的程式化模式，快速走向早期现代化，实现了若干建筑领域的突破，如广州、江门等地进行城镇改造，高密度建设骑楼建筑，使得城市和墟镇面貌巨变。各类型公共建筑拔地而起，如由台山华侨筹建、投资、设计建造的爱群大厦，"高冠广州"，系广州第一栋钢筋水泥建造的高层建筑，其建筑规模、技术设施水平已经处于世界先进水平，被誉为"中国南方建筑之冠"。

乡村民居建筑也呈现多样化的特征。主动吸收西方建筑语言，改造或改进本土民居建筑的形式，成为广府侨乡民居建筑发展的主流。从形制到装饰，从技术到制度的深刻变化，广府侨乡体现出了最为强烈的包容性和开放性。广府梳式布局的聚落形态，强调民居建筑单元的同一性、整体性，在此基础上发展出建筑形态统一整齐的华侨新村，建筑风格西化，但是装饰细节差异；部分聚落的民居建筑则形态各异，个性鲜明，是广府人个性猎奇、求新求变性格的反映。

如在建筑空间特性的层面进行比较，传统民居实质上是伦理空间。传统的建筑形式生产为特权阶层所服务，象征特权阶层的统治，因此这类建筑更多的是一种文化创造的结果，而非文化商品；①而侨乡建筑大量建造，每个人、每个家庭都可以平等地进行消费，尤其是独特的外观形态已经成为一种侨乡大众的消费品。

近代广府侨乡民居之审美特征，表现为世俗化、商品化和个性化的特征。

5.3.1.1 体现侨乡大众趣味的世俗化特征

传统社会的伦理等级制度下，程式化的民居在凸显权贵阶层特殊地位的同时，严格限制普通民居的形式。高大、宽阔、装饰精美的建筑成为阶层等级的特权象征，乡间大规模分布的普通民居则形态单一。

近代广府侨乡地区，在社会经济、文化、制度悄然转变之际，传统权贵阶层的话语权逐渐为具有经济实力和代表文化潮流方向的华侨阶层所掌握，广大华侨及侨乡民众开始成为社会文化的主导者。与传统社会注重建筑空间等级的倾向不同，新式的侨乡民居开始鲜明而张扬地呈现普通大众、平民百姓的个体需要，每个家庭、每位业主都拥有了通过建筑来彰显个性、表达情感的的权力。侨汇支持使得华侨家庭经济独立是这一转变

---

① 王又佳. 中国建筑·形式变迁[M]. 北京：中国电力出版社，2010：129.

的主要诱因,而近代民主思想和制度的建构则进一步促成了转变的发生。

侨乡村落面貌由此而改观。"当建筑与其他艺术形式一样从神话、集权和英雄崇拜中解放出来的时候,其形式话语便失去了以往的严肃与理性,转向自由、富强、幸福这些感性价值的追寻中。……可见,消费社会中建筑形式的价值取向已经不同于前消费社会的终极关怀,而是已经与世俗世界沟通,一切人为的森严等级、优美与粗俗、高雅与低级的界限以一种游戏式的反讽和戏谑消解掉了。"[①]建筑的宏观理性和宗法约束趋于弱化,建筑形式成为普通大众审美消费的世俗化对象。丰富多姿的造型,俗丽堆叠的装饰,不再是等级特权的象征,而是基于市井生活和世俗文化,迎合侨乡大众趣味的产物。

各种代表国家权威,反映时政的图文符号,也以通俗的形式成为民居装饰的内容。印证着孙中山所言"华侨是革命之母",体现出华侨爱国爱乡的现实情怀和国家意识,反映了华侨在海外异国他乡艰难生存,迫切希望祖国强大兴盛的美好愿望,也显示出华侨通过时政符号确立自身主流身份地位的心态。如在民国时期修建的许多庐居、碉楼装饰中,民国政府旗帜的蓝白色彩成为建筑的装饰色彩;国民党党徽图案成为建筑外立面和内部天花的装饰符号;位于顶层的旗杆,有时还会悬挂民国旗帜。此外,楼宇命名及楹联内容以文字的形式表达时政意义,如"民权可贵,国体光荣""民歌盛世,国际太平""文明发达,世界维新""青年才俊,黄种图强""宗功伟大兴民族,祖德丰隆护国家"等。

须知此国非彼国,神圣的、等级制度下的"王朝""天下"在此转换为民主国家的概念。国家代替了天下,在观念转变的背后,是社会、政治、历史的深刻变迁。新的"国家"观念和意识下,华侨阶层普遍关注社会现实,更加注重现世生活的改善。

日常的生活体验和世俗情感流露于建筑的装饰细节:开平赓华村立园的主人谢维立,曾先后娶有四位太太,立园中毓培别墅内地面使用彩色水磨石,将四个心形图案连接成为组合图案,暗喻主人与其夫人的爱情。赓华村的乐天楼本为碉楼,虽要担负安保功能,但仍书写对联"乐天乐土,天视天听",豁达地直抒胸臆,令人顿生心旷神怡之感。自力村的云幻楼,于顶楼题写横批"只谈风月",以及对联"云龙风虎际会常怀怎奈壮志莫酬只赢得湖海生涯空山岁月,幻影昙花身世如梦何妨豪情自放无负此阳春烟景大块文章","索居庐"题写有"盘溪甚水,农圃为家"……大量碉楼的楼名和楹联,成为个人情感的生动反映(图5-3-1)。[②]

---

① 王又佳. 中国建筑·形式变迁[M]. 北京:中国电力出版社,2010:94.
② 李日明. 开平碉楼楼名及楹联文化初探[A]. 见:张复合. 中国近代建筑研究与保护(4)2004年中国近代建筑史研讨会论文集[C]. 北京:清华大学出版社,2004:55-64.

a 开平民居对联（来源：立园博物馆）　　　　　　　　b 云幻楼对联

图5-3-1　楼名和对联

5.3.1.2　满足侨乡消费需求的商品化特征

侨乡民居"商品化"一是指建筑本身的开发营建过程市场化，营建过程的市场化为实现建筑的商品化提供了制度支持。二是指建筑具有了商品和文化产品的二重性，是一种文化商品。作为商品，其使用价值首先在于满足侨乡民众的生活物质需求；而同时作为文化商品，其文化价值在于通过具体的建筑形象满足华侨及侨眷阶层的文化诉求。代表着新式生活方式和文化的西方建筑形式，满足了当时人们物质和精神层面的双重需求，成为最恰当的选择。

"商品化"的侨乡民居建筑，其文化价值的实现主要取决于于侨乡民众的独特审美取向和审美趣味，而非传统的宗法理念。一方面，广大华侨对各种海外信息积极传播，并投以大量侨汇资金支持城乡建设；另一方面，海内外专业设计师和工程公司直接参与设计施工；乡村建筑工匠在实践中对自身的营造技术进行适应性调整，开始研习制作西洋建筑构件的方法。在市场化的推动下，中式民居形象向西式风格靠拢，折衷中西的建筑形式最终形成风靡广府侨乡的建筑消费文化。

5.3.1.3　实现华侨自我价值的个性化特征

华侨作为使用者同时介入建造活动中，建筑形式被要求符合其审美趣味和个性消费的要求。广府地区的碉楼既注重防卫功能，同时又以夸张的建筑装饰造型张扬地炫富。"人们愿意在突出村落民居水平线的碉楼上部下功夫，从造型到细部装饰尽施其力，不惜钱财，图的就是展现自己的经济实力，独有的审美情趣和爱好。以新奇异吸引人们的眼球，获得乡亲们的肯定和自身心理的满足。所以开平碉楼的造型无一座重复，即使是所谓的姊妹楼，细观察也有区别。"①当侨乡民众的审美诉求在建筑文化世俗化和商品化的过程中得以实现的时候，伴随海外文化传播而来的西方建筑形式成为人们竞相追逐、品味鉴赏的对象。这些建筑形象以图片和建筑实体的具象视觉形式广泛传播，西式建筑符号因此而深入人心。丰富多样、个性多变的建筑造型渲染着广府侨乡民居建筑文化景观的消费气氛（图5-3-2）。

五邑地区的碉楼、庐居等房屋建好后一般会题写楼名，位居顶层，异常醒目。命名方式有多种，或与地理位置有关，或巧妙运用数字，或用楼主的名字或号来命名。其中，取房屋主人姓名为住宅命名的个性方式，在潮汕和客家侨乡地区较少见，但在广府文化圈的江门五邑地区却较为普遍，体现出华侨彰显自我价值的个体意识。仅以开平地区而论，取材楼主人名作楼名者约占碉楼总数的30%。②潮汕及客家地区的近代侨乡民居，或取功名头衔，或取地名表明家族渊源，或取材儒学经典，其命名多延续传统，体现尚古崇祖之思和伦理教化观念。少数以主人名号命名者如大埔县三河坝镇的"健庐"，独树一帜，其建筑形制也异于邻里，洋化风格突出，然而从主人的描述来看，当地人对

图5-3-2　塘口镇仓东村等村落民居

---

① 张国雄. 从开平碉楼看近代侨乡民众对西方文化的主动接受[J]. 湖北大学学报（哲学社会科学版），2004，05：597-602.
② 李日明. 开平碉楼楼名及楹联文化初探[A]. 见：张复合. 中国近代建筑研究与保护（4）2004年中国近代建筑史研讨会论文集[C]. 北京：清华大学出版社，2004：55-64.

新颖的建筑做法仍心存芥蒂。①

综上所述，开放精神下广府侨乡民居的文化地域性格，体现其审美文化特征，代表着侨乡建筑文化的自我反省和对新的建筑形式和建筑风格的积极探索，②集中体现了近代广东侨乡社会转型之际的文化趋向和时代精神。

5.3.2 潮汕：双重性格下侨乡民居的审美特征

潮汕地区在岭南处于既开放又封闭的地理区位，北部山区阻隔，而南面临海；在海洋文化背景下，潮汕民系有封闭、传统、保守的一面，也具有博大开放的胸怀，不断吸收和融入外来文化。历史上，儒家文化是潮汕文化发展的主题和动力，自明代起，商贸经济在潮汕日臻繁荣，至近代汕头开埠，侨乡形成后达于全盛，由此而形成的尊儒与重商并存的双重性格反映了潮汕侨乡文化传统与经济生活的多重发展走向。

潮汕侨乡民居的审美特征主要表现为以下三个方面。

5.3.2.1 博采众长与复古更化

潮汕侨乡既开放兼容、博采众长，又传统保守、沿袭旧制的双重性格和心态，不仅反映于侨乡城镇与乡村风貌的层次差异，还深刻体现于侨乡民居在"博采众长"地吸纳海外建筑语汇过程中，以"复古更化"的方式来实现具体应用。

对外来建筑风格的接纳度，城市开放而乡村保守，反差较大。1860年汕头开埠，是潮汕历史开端的标志性事件，汕头成为最大的粤东移民口岸和港口型商业都市。汕头城市近代化进程处于全省乃至全国前列。20世纪20、30年代汕头城市改造建设，模仿了法国巴黎的规划方案，形成以中山纪念亭为中心的放射状街区形态。市内商业繁荣，骑楼林立，分布着各式洋行、会馆、商场、酒店、领事馆、教堂，建筑风格多样，中西兼具。而在广大乡村，洋化现象的少量、分散出现，建筑的乡土性与城市蔚为大观的开放性、兼容性建设形成对照。

由于大胆吸收，博采众长，潮汕侨乡村落出现的洋楼，在整体布局上虽然是从属于从厝式建筑组群的一部分，但其建筑风格、体量已经与建筑组群内的其他传统形制建筑形成对比；而对于进口引进的新式建材和装饰工艺，潮汕华侨则以复古更化的思维，使之消解于传统的建筑程式之中。

侯幼彬先生指出，中国古代建筑的发展历程，深深烙上了"述而不作"的印记，建

---

① 屋主邓文健为澳洲华侨，据其儿媳说：当初原想建造双堂两横围龙屋的，因地皮难谋，地形局限不能建造，只好改建西装屋。详见：袁光明. 古今三河坝[M]. 广州：广东人民出版社，2008：261.

② 唐孝祥，朱岸林. 试论近代广府侨乡建筑的审美文化特征[J]. 城市建筑，2006，02：81-83.

图5-3-3 钢筋混凝土梁的仿木、仿石现象

筑形制的变化大多采取"复古更化"的方式,"就是在大体承继旧有形制的基础上,作一些局部的更新变化。这种做法使得建筑的革新进展不得不背着沉重的'旧制'包袱而缓慢地演进",[①]建筑营造因此而呈现程式化特征。在守常、守旧观念引导下,"仿木"现象在中国古代建筑中十分常见,即新材料出现后仍沿袭木构做法,于是大量出现砖、石结构模仿木构构造和形态的建筑形式。

得益于在东南亚地区积累的商贸资源,潮汕华侨充分利用海外贸易网络,经由南洋进口各类新式建材,如各式瓷砖,彩色玻璃,名贵木材等,特别是钢筋、水泥已经运用于乡村民居的构造体系中。如明德家塾就采用了钢筋混凝土的梁柱结构,但仍然通过装饰性手法,以仿木构的造型手段和雕花彩绘的技法,将其形态塑造为木构形式。该做法固然未能真实体现新型材料的特性,而是复古性的程式化处理方式,体现出博采众长与复古更化兼备的审美特征(图5-3-3)。

5.3.2.2 尊儒崇礼与重商炫富

从尊儒崇礼的方面来看:

儒家强调个体对群体的适应,潮汕侨乡民居爬狮、四点金式布局及其空间组合体现了儒家思想的深刻影响。[②]潮汕地区素有尊儒传统,历史上曾有众多儒家名士活跃在此。华侨在致富之后,仍以儒家思想的精神建构伦理化的民居空间,侨乡民居建筑因此在空间秩序、装饰题材呈现认宗族、讲礼制、重道德的审美文化特征。

传统的生产型乡村社会以农田和住房为本。民居建筑、祠堂建筑的建设以建构和实现儒家文化所倡导的生活模式为理想。潮汕侨乡民居建筑以传统形式为主流,表明潮汕华侨阶层对传统形式所代表的生活方式、生活理想的选择与认同。建筑与人生的意义关联,形

---

① 侯幼彬. 中国建筑美学[M]. 北京:中国建筑工业出版社,2009:179.
② 唐孝祥. 试析中国传统民居建筑的文化精神[J]. 城市建筑,2004,02:12-16.

式内涵深刻。作为外迁者的华侨，回乡建屋，既是眷恋乡土的情感表达，更是实现和证明人生价值的方式。建筑空间，成为现实联系过去与未来的一个场所，是华侨家庭强化家族存在感，延续家族生命的意义空间。因此，潮汕侨乡民居建筑的使用意义，在于着力塑造、维护和延续家族形象，即以空间的形式，在时间的维度实现承继前世，教化后代的功能。

第一，标榜先人功名身份以建构家族传统。在南洋商界，潮汕侨商也曾翻云覆雨，竭尽纵横捭阖之能事，而返回祖籍地，由海外侨民到原乡"侨绅"的文化身份一旦转换，便仍旧奉孔儒之学为圭臬，甚至仍将获取功名视为安身立命之荣耀。

在捐输制度下，以捐款方式而受封荣亲，成为华侨"商而优则仕"的一种途径。[①]民间常见的大夫第、儒林第等民居，多为商人获取功名后建造。郑智勇及其后代建设的"淇园新乡"，虽建于民国时期，郑智勇本人甚至还曾捐款支持革命，但新乡内的建筑却仍然名之"大夫第""荣禄第"[②]，陈慈黉家族所建前美新乡，也有一座"郎中第"[③]，显示功名身份。即便政权更替，封赏功名的清王朝早已被推翻覆灭，华侨家族却仍将代表功名荣耀的堂号高高悬挂。这一现象至少说明："民国"新型的国家观念并未在潮汕侨乡获得足够的宣示，朝代可以更替，儒家文化的核心价值却永续长存，华侨家庭正是将自身的家庭理想构筑于这一核心价值之上，试图构建儒家所推崇的耕读传家、累世同居的大家族传统。

形成鲜明对照的是同时期的广府侨乡民居，极具现实意义的民国旗帜图案、国民党党徽图案、时政用语频繁出现于乡村碉楼、庐居的装饰内容之中，反映出社会转型之际两大民系华侨殊异的文化心理。

第二，以祠祭空间及祠祭活动寄托崇祖寻根的思想。在侨房林立的潮汕侨乡，华侨修建的祠堂数量之多令人惊叹，如潮阳浮洋镇，一镇就有94座祠堂。祠堂、宅院门前题写有"江夏旧家""颍川世家""汾阳世家""太原旧家"等表明祖先郡望的门匾或灯笼，不仅是家族门户的标志，也表达了各姓潮人承继前世的寻根情结。祠堂兴盛，乃因其为家族组织的中心，是祭拜祖先、系联族众的场所。潮汕侨乡民间的宗族活动繁盛，通过频繁的祭祀仪式，子孙在心灵上与祖先沟通，得以体会家族生命延续的意义；同时也加强了族众的联系，使家族更具凝聚力。

第三，注重道德教化，延续家族理想。出于建构累世同居"世族"大家的家族理想，民居的创建者以礼制化的空间秩序，富有教化内容的装饰语言传达教化意义。对于家族成员而言，遵从空间限定的礼俗秩序，领会依从空间形式传达的教化意义成为精神生活的重点。

潮汕侨乡民居的装饰语言所描绘的装饰内容蕴含了深刻的人伦道德意义。装饰内容

---

① 清朝的捐纳制度，使得海外侨商获得了便利的商而优则仕的功名途径。自清中叶放松海禁开始，潮州府县方志人物传里，就已常见由儒而商或由商而儒的记录。以投资金额的大小来决定爵位官衔，成为清廷吸引海外侨汇资金的重要手段。详见：刘桔红. 晚清华侨投资国内行业状况分析[D]. 厦门：厦门大学，2007：11.

② 郑智勇曾因捐款救灾，被光绪皇帝御赐荣禄大夫封号。

③ 郎中第，是为纪念曾官拜"郎中"的陈慈黉之父而命名。

以图文并茂的形式，以历史典故、神话传说、民间习俗、家族历史为题材，大量采用人们熟悉的图文形象，寄托趋吉避凶、取意吉祥的生活愿望，实现了道德教化的目的。

位于澄海莲下潜溪村由华侨黄建思建成的"思成大厝"内，题写有"百世鸿图鼎新华构贻谋远，千秋大厦丕创模猷裕后深""父子凤毛济美，孙曾麟趾呈祥，地势山环水绕，门前气聚风藏""宝氏胞同五桂，王公手植三槐，正拎彩衣庭舞，又见画锦堂开"等楹联。而《滕王阁序》《醉翁亭记》《滕王阁景》等内容成为木雕、金漆画的主题内容，典雅大方、富贵华美，传递着传统的人文气息。以成公祠的《皇清浩赠通奉大夫赏戴花翎道员加三级沈君家传》和《皇清浩赠通奉大夫赏戴花翎道级沈公祠堂记》两处碑记中，记载了陈以成父子赈灾捐款，获得功名的事迹，教育后人，继承家风。

潮汕民居门楼上方的门匾，直接显示主人家族的社会地位和文化取向。这些门匾书法多出自名家之手，楷、草、行、篆、隶等字体各异，各具情态。即使进入民国时期，华侨家庭仍然推崇这一形式。如陈慈黉故居保留了若干书法石刻，为清末著名文人朱汝珍、吴道镕、华世奎、陈景仁等人墨宝。其中，华世奎还题写有澄海程洋岗"留余小筑"，潮安县凤凰镇福南村凤岐里黄氏祠堂"继昌堂"，潮南区胪岗镇埔尾村"睦堂祖祠"等地匾额[①]。而清末榜眼朱汝珍所题写黄氏宗祠、明德家塾等门匾，也十分出名。邀请获得功名的文人来书写匾额，充分渲染了民居空间的教化气氛（图5-3-4、图5-3-5）。

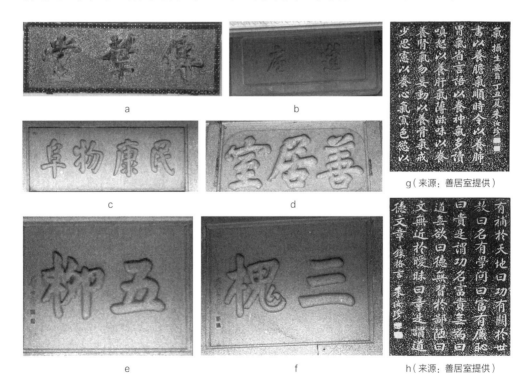

图5-3-4　善居室书法装饰

---

① 陈卓坤. 潮汕文化撷谈[M]. 北京：九州出版社，2009：25.

从重商炫富的角度来看：

富裕的潮汕华侨多在海外经商而起家，致富返乡后以衣锦还乡的心态营建房屋，喜用富丽多彩的装饰手段，体现出重商炫富的审美特征。分析其背景成因，主要体现在：

图5-3-5　明德家塾的朱汝珍题词

第一，长期经商的传统，形成了重利思想和炫耀心态。第二，通过炫耀性的传统装饰形象，获得乡土社会的身份认同。第三，通过异质化的新奇装饰效果，凸显技高一等的差异性，同时显示华侨身份的自豪感和优越感。

民居及其装饰的营建活动，是华侨返回故土，重建自身社会地位的过程。华侨家庭藉由气势恢宏的庞大规模，精彩的装饰细部，凸显建筑差异性，进而宣示自身地位的崛起，既希望获得乡土社会的肯定，又希望显示"华侨"身份的特殊性，乃至进一步争取在当地社会秩序中的主导角色。建筑装饰成为潮汕侨乡民居体现和炫耀主人财富，凸显其身份地位的主要手段。

从装饰部位看：衣锦还乡、光耀门楣、光宗耀祖的心态于海外奋斗的侨民而言，极具情感的鼓舞性，因此华侨返乡建屋的一个重要内容就是修缮和建设祠堂。与居住空间对比，独立式祠堂或民居建筑中轴线的祠祭空间不仅显示家族财富，而且象征家族社会地位，而装饰手段利于突出祠祭空间的建筑形象，凸显宗族意义，突出其作为伦理化的礼制空间的重要地位。因此潮汕侨乡村落，祠堂的装饰最为醒目；在祠宅合一的民居空间内，装饰语言也是大量集中于祠祭空间，建筑入口、厅堂梁架、窗楣门框、屋顶等均为重点装饰部位。

从装饰内容看，装饰语言金碧辉煌，即便描述圣贤故事，也热闹喜庆，与中原地区传统民居的素雅之风有显著区别。同时，出现了传递"富好行其德""义利并举""诚信不欺"等具有商业价值观的教化内容。

从装饰风格看，使用大量高纯度、高明度的浓艳色彩，金漆木雕富丽堂皇，石雕被创造性地施以鲜艳的彩绘颜料，嵌瓷工艺，使用五彩缤纷的瓷片塑造形象。这些传统装饰风格追求鲜明、亮丽的色彩审美，促使主人及工匠在吸收国外建筑语言的时候，主动找寻了符合传统审美标准的形式，如彩色的玻璃马赛克、瓷砖拼花等。通过装饰手段在建筑内外的运用，不仅衬托出金碧辉煌的建筑内部空间，而且凸显出历久弥新的建筑外观效果。

潮汕侨乡民居尊儒重礼与重商炫富的双重特征，体现了雅俗共赏的审美价值取向。

5.3.2.3 宏大叙事与精益求精

宏大民居建筑承托世族理想。

潮汕地区的华侨富商乐于兴建"驷马拖车""七壁连"这样的大型建筑，有"潮州厝，皇宫起"之说。

潮汕乡村社会是典型的宗族社会，"乡绅"掌握着宗族权力。"华侨"在海外获得经济地位的崛起之后，仍然通过重复"乡绅"的行为建树，来谋求在原乡的社会地位。传统乡绅的身份和地位主要依据血缘辈分及功名来确立。相应的，华侨一方面大量经营建房、修祠堂、修族谱、置族产等具有宗族意义的活动，另一方面努力求取功名，来确立并壮大自己所属房支在宗族之中的地位。大型民居、祠堂成为建家立业的重要标志和宗族地位的象征。

潮汕地区传统民居，通过院落组合形成不同规模。不同的建筑形态，表征着不同的宗族心理。堡寨盛行于明末至清中期的社会动荡年代，是潮汕"豪强之族"依靠霸力资材争夺社会权力和经济利益的产物；清中期以后盛行的大型从厝式民居则是"世族"大家证明自身正统地位的象征。汕头澄海陈氏家族的变迁史，正是形成"豪强之族"并向"世族"理想努力的过程；①同时也是新兴"侨绅"与乡间传统"乡绅"权力博弈，实现社会权力易位的过程。

汕头澄海前溪村，建村于明中期。清代中期，依靠海上贸易致富的陈氏先祖慧先公最初由溪尾迁往多姓杂居的前溪之时，仅建有"永祚楼"一座，陈氏在村内是人寡势弱的小姓。后经财力积累，至雍正十年，陈慧先之子陈廷光建成近一万平方米的永宁寨，寨墙高筑达二丈五尺，寨内设供奉祖先的"松茂堂"。在"豪强"之风盛行的时代，陈家正是通过堡垒式的建筑来构筑宗族空间，永宁寨成为争夺资源和保障家族利益的大本营。此后凭借商业财富和功名影响，陈家开始实现儒家所推崇的"世族"理想，通过修祠堂，捐族产，做慈善等宗族建设活动，逐渐成为当地最有势力的家族。至19世纪中期，由于在南洋开展海外贸易，陈氏资材更为雄厚，先后扩建大夫第，购置"刘厝"，修缮陇下大宗祠，修建古祖家庙，修缮陈氏家庙等，建设了气势恢宏的前美新乡建筑群落，显示出陈氏家族在当地的势力地位。

潮汕侨乡村落中新兴崛起的华侨阶层，不遗余力，大兴土木，营造大型从厝式民居，可见华侨依然试图将自己的社会身份归置于传统的社会秩序之中，依然以实现儒家正统的"世族"理想为人生目标，民居建筑成为华侨回归乡土宗族社会的见证。

---

① "世族"风尚，即因儒学和科举大为兴盛，人们基于血缘关系建立宗族组织，进入正统的社会体系。形成一个世族大家成为宗族建设的目标。"豪强"之风，即强悍的民风和纷嚣的社会习尚，人们以霸力和资财，而非礼仪秩序，维护自身利益。详见：黄挺. 世族与豪强大族之辨：明清之际潮州的宗族与社会[A]. 见：传统中国研究集刊（第六辑）[C]. 上海：上海人民出版社，2009：462-438.

建筑装饰工艺显示精细化的审美特征。

对于富裕华侨而言，出于建构世族大家，实现累世同居的主观意愿，修建祠堂或住宅尤为重视工程质量。他们往往对建造工期不做严格规定，而要求建筑工匠以"慢工出细活"的态度，对建筑工艺精雕细琢。特别是装饰构件，如效果不理想或主人不认可，即重新制作。以致消耗巨资，耗时漫长的民居建筑比比皆是。

聘请工匠的施工过程，还流传着装饰技法的斗工、竞艺机制，即在同一处建筑中，聘请工匠艺人各自承揽一半的空间进行施工制作，比拼手艺，一争高下。以致于同一栋建筑，整体看去左右对称，细观装饰却各具千秋。丛熙公祠之"士农工商"石雕，就流传有"一条牛索激死三个师傅"的传说，故事虽然夸张，却也折射出主人不惜重金聘请高水平技师，极尽工匠之所能，夸技于乡里的心态。

追求精细化的装饰技艺，体现微观机巧的思维方式，是潮汕文化精细化的具体表现。对此学界已形成一致的看法。潮汕地区不仅孕育了"种田如绣花"的精细化农业生产模式，而且发展了潮绣、木雕、漆画等极具精细特长的民间工艺，由于技艺水平的评价标准和审美取向一致，因此出现互为贯通的做法。善居室的门楣窗楣装饰甚至借鉴了潮汕花边编织的图案纹样（图5-3-6）。[①]

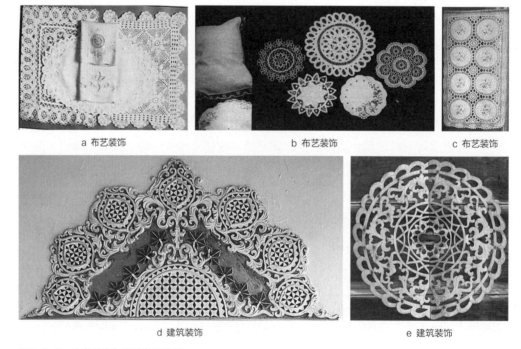

a 布艺装饰　　　　b 布艺装饰　　　　c 布艺装饰

d 建筑装饰　　　　e 建筑装饰

图5-3-6　布艺花边与建筑装饰纹样

---

① 清朝末年，汕头的美国教会，培训女性教徒编织花边，用于桌布、床单、枕套、椅垫、手帕及刺花的衣服等。女工除少数从业于工厂，大部分于家务之余进行编织。详见：陈达. p31

嵌瓷、木雕、石雕等地域特征鲜明的传统建筑装饰工艺，繁复精美，营造出奢华富丽的空间氛围，由于精雕细琢，纹样细腻，因此在有限的建筑装饰部位，容纳了多样丰富的内容（图5-3-7）。而面对林林总总的国外建筑装饰风格，以繁复细腻为风格特征的巴洛克符号语言，更受侨乡民众的欢迎（图5-3-8）。近代时期修建的侨乡民居建筑，不仅大量运用传统工艺，而且擅于以精细化的潮汕工艺对新型装饰建材进行加工处理，体现精细审美的特征。潮汕工匠声名在外，其影响力达于客家地区，是富裕家庭建房的

图5-3-7 精细化的各类装饰工艺

图5-3-8　汕头小公园骑楼窗套装饰

首选,如梅县的南华又庐、焕云楼、达夫楼等,均曾经聘请潮汕工匠进行施工。

总之,在侨汇支持下,近代潮汕侨乡村落的民居建筑大量兴建,虽不乏海外文化影响的痕迹,但总体而言,潮汕地区传统的生产型社会的建筑文化特征得以延续,在建筑营建过程、建筑空间特征以及建筑的使用意义等方面皆有具体呈现。生产型社会的恒久心态,使得建筑形式在演化的同时维系了传统之制。在近代中外文化交流互动的文化选择过程中,潮汕人独特的民系性格和文化精神,既表现出传统文化意识顽强的稳定性和延续性,又显示出具有开拓性和探索性的创新精神,深刻影响侨乡民居建筑文化的发展。

5.3.3　客家:崇古心态下侨乡民居的审美特征

与广府和潮汕沿海地区的侨乡相比,粤东北的客家侨乡地区相对闭塞,外来文化的传播遇到较大阻力,这是客家围屋形态演化缓慢的客观原因之一。

俗谚有云,"广府人叹现在,客家人讲过去"。兴梅客家华侨,身居海外,思乡念祖之情更甚。历史上客家祖先经由中原南下,辗转迁徙,艰苦卓绝,唯有依赖宗族集体的力量,方得以生存。祖先身份及其功绩令后人获得自豪感,推崇并强调祖先的重要地位,可以通过宗族的形式在思想层面和社会组织关系层面,将家庭成员联系组织起来。

在以宗族利益为先的思想下,客家人形成谨言慎行、踏实做事的性格,习惯从历史经验,传统做法寻找生活智慧的心态。

5.3.3.1　光宗耀祖,垂裕后昆

客家侨乡的房屋营建活动以宗族文化为核心,围屋建设表现出光宗耀祖,垂裕后昆的特征:

第一,营建房屋是祖宗荫庇之功。

在客家侨乡村落不同形式的历史文字记载中，常见将现世宗族成员的发展，归因于村落风水和祖先庇荫的叙述。南华堂碑记以近半篇幅回顾家族发展历史，说明建屋始末缘由及建屋者潘祥初对分家析产的态度："《诗》曰：'君子有谷贻孙子。'幼读此诗，未尝不叹我祖宗遗泽孔长，故今日得蒙业而安也""追我曾祖钦学毅成公则以贸易起家，积成巨富。我王父国城公复继绳之，家声丕振，又于上神卒另造新居一所""迩年来，蒙祖宗洪福，稍有寸积。岁庚寅乃创建南华堂私居一所"。① 桥溪村世安居和祖德居的建设者朱汀源在碑文中，也言及正是因"生理叨祖宗之积德，蒙父母之鸿恩"，方能"连年颇有顺遂，稍有一线之开"，资财有所积累，得以建屋。②

第二，营建房屋光耀宗族。

修族谱、建祠堂和设公尝是最重要的传统宗族活动。客家人"开枝散叶"的外迁过程，总是伴随着"叶落归根"的思想。在近代客家华侨心目中，聚族而居，族必有祠，宗必有谱，族谱和祠堂就是最形象具体的"根"的象征。客家围屋祠宅合一，建屋可能使屋主及其裔孙成为宗族中独立祭祀的房派分支。

族谱对于具有宗族意义的围屋营建，多予重点关注并详细记载。茶山村历史上共建有围屋建筑20余栋，我们可根据黄姓后裔编撰的族谱厘清绝大部分建筑的修建信息，③如父子共建的信息：镜堂长子南生"廿九岁赴日本，卅一岁由日本赴美……卅五岁调秘鲁……"，五子鸿生"自十余岁二兄宦游异国，父亲即以家事督责，卅二岁承父兄命筑资政第屋……"；兄弟合建的信息：国麟"与乃兄杏麟公合建之翼诒楼新居"；还有建屋相赠的信息：康华"自幼经商印尼泗水，富有巨万"，不仅"手创访云楼"，而且建设义顺庐赠与同族兄弟等。

族谱的记载，俱因祠宅合一形式的围屋意味着"房支"独立。创建围屋成为华侨自海外返乡后证明自身财力，光宗耀祖的主要形式。

第三，营建房屋泽被后世。

慎终追远，耕读传家，是客家文化精神的核心。耕读思想，一者农耕，二者读书。而其落脚点和旨归，在于"传家"，即家族事业的永续发展。围屋的建设者将"传家"理想融入建屋活动，并期望于围屋的建设能够荫泽后世。

在后代眼中，先祖的定居，是宗族开村立基的标志，祖屋的建设，具有"耕读启后"，促宗族发展的意义。因此选择好的风水屋场建设围屋，是泽被后世之举，备受重视。《南华堂碑记》载曰："溯我始祖素斋公由兴邑迁居梅州，二世祖英才公由梅州移居南口堡寺前排，创造祖屋一所，以耕读启后，累世安之。"朱汀源创建世安居，在碑刻

---

① 创建南口堡上神卒南华堂新居及田业加拨诸弟设置尝产记. 详见：陈志华，李秋香. 梅县三村[M]. 北京：清华大学出版社，2007：34-35.
② 肖旻，林垚广. 桥溪——华南乡土建筑研究报告[M]. 南京：南京大学出版社，2011：40.
③ 黄氏云祖公族谱，1975.

自述"造屋原为儿孙后裔永久昌盛";创建祖德居,同样寄望于后世子孙:"但愿我裔孙各宜立志成人,方为上策""愿日后裔孙昌盛,威震家声,房房富贵,世世荣昌,以慰吾生平之愿,亦可伸吾之壮志也"。

客家侨乡民居建设表现了光宗耀祖,垂裕后昆的营建思想和审美特征,是慎终追远、崇宗敬祖、伦理孝亲等宗族思想和民系精神的具体反映。在围屋建筑中,楼名堂号、楹联内容大多反映各姓渊源和祖宗功德,郡望、人名、功名、房派关系,以不同的内容形式强化宗族发展的历史记忆,把家族的发展在时间上与过去相联系,在空间上与土地和房屋相联系,强化了后人对宗族的认同感和归属感。

5.3.3.2 回归乡土,宗族崇拜

客家围屋祠宅合一的空间秩序,以建屋制度的形式,在近代侨乡华侨的新建围屋中延续下来。从建筑物态空间的建构和精神空间的建构两个层面来看,精神空间的建构显然是优先的,主导的和根本性的。在围屋建筑物态空间的建构过程中,中轴线的宗族崇拜空间即属于优先、重点建设的"精神空间"。

建构以宗族崇拜为核心的空间序列。房学嘉认为,客家围屋的信仰空间有显隐之分,血缘和非血缘,自然神和神灵等多分类。在分析温氏仁公祠时,房学嘉将围龙屋的信仰归纳为血缘信仰和非血缘信仰。非血缘性的信仰,包括天神、土地福德神等,换言之,温家大围屋中的两种神系不仅在表现形式上有隐、显之分,在功能上也不一样。隐性重在自然神灵的崇拜,且带有神秘的哲学意味,它表达了主人把居室与天地同化、把人与自然混一的愿望;它意在追溯人的自然本源,祈求自然神灵的保护。而显性的宗祠建筑则重在祖先崇拜,它表达了主人认同于家族,追求个人与家族合一的愿望;它意在追溯宗族本源,以祈求神明的保护。而这二者在中轴线上并蒂相生,成为温家大围屋的"上层建筑"或曰意识形态。①吴卫光认为,"围龙屋的拜祭点正是客家人的世界观在崇拜活动中的体现",他将粤东客家人在围龙屋中的拜祭对象,划分为天上、阳间、阴间,或者说天界、阳界、阴界。②这三种崇拜形式对应于围龙屋中轴线一系列的拜祭点,在时间和空间维度相互交错,实现了崇拜空间秩序的构建。

化胎、五行石、福德土地神、祖龛、天神等处于围屋建筑的中轴线上。这些多样丰富的形式,在民居空间中建构的信仰空间序列实现了客家人的崇拜依赖,并成为"实现宗族愿望和目标的唯一外部力量"③。一座围屋对应一套信仰系统,围屋内部的各个小家庭均处于这一信仰系统的"庇佑"之下,其本质是以佑一方平安,促宗族发展为根本

---

① 房学嘉. 客家围龙屋建构的文化解读——以梅县丙村镇温家大围屋为例[J]. 嘉应大学学报,2001,05: 111-116.
② 吴卫光. 围龙屋建筑形态的图像学研究[M]. 北京: 中国建筑工业出版社,2010: 147.
③ 吴卫光. 围龙屋建筑形态的图像学研究[M]. 北京: 中国建筑工业出版社,2010: 144.

目的宗族崇拜（图5-3-9）。综合来看，在这些拜祭点中，有永久性、固定性的崇拜对象，也有临时性的、陈列性的崇拜对象。在近代修建的堂横屋形式的侨房，一些陈列性对象如神像，由于年代久远，有的已经无法看到。但对于物化成为建筑本体的其他固定崇拜对象而言，仍然非常清晰、明确，并且直至今日仍保留有"香火"（图5-3-10~图5-3-12）。

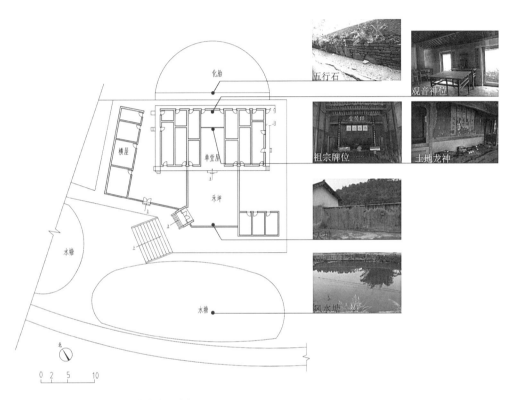

图5-3-9　梅县茶山村绍德堂的崇拜空间

图5-3-10　客家侨乡围屋的崇拜空间

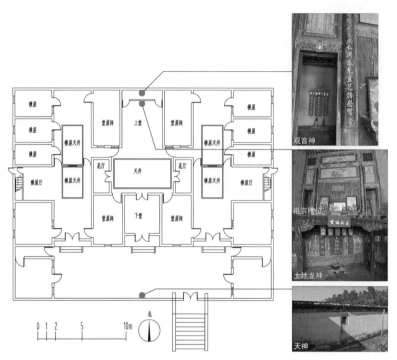

图5-3-11 梅县茶山村儒林第的崇拜空间

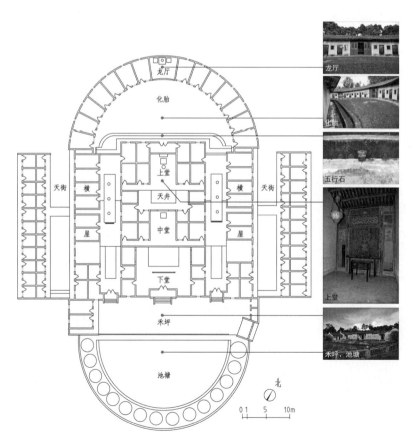

图5-3-12 梅县仙花村儒棣华居的崇拜空间

客家围屋的精神空间以实现宗族发展为文化理想，所有的祭拜点及祭拜仪式均指向实现宗族兴旺这一集体愿望。神圣的精神空间作为统领居住空间的灵魂和核心，其精神意义延续下来，空间格局的尺度、功能局部变化并未影响其存在的重要性。南华又庐，虽然明确划分了八处独立院落，但其中轴线之禾坪、厅堂、化胎包括五行石均为传统围屋的空间要素；外观洋化的联芳楼、联辉楼等，也无一例外地保存了五行石等崇拜符号。

5.3.3.3 进退两宜，尝试创新

在梅县茶山村，黄伯荣房系的围屋建筑，主要有伯荣楼、资政第、稻香楼，呈组团分布。其中，伯荣楼创建于清代中期，其余几栋均为近代建造，建筑形态呈现较为明显的差异。黄氏第十八世后裔黄南生（钧选）参与了伯荣楼的修缮和资政第的创建过程，其本人见多识广，但却以新旧不同的建设态度及方法对待两座建筑。对于具有祖屋意义的旧围屋"伯荣楼"，严格遵崇传统的风水原理，以风水之法改善其空间格局；而由其本人参与建造的新建筑资政第，则使用了诸多创新形制。

"伯荣楼"始建于清乾隆二十五年（1760年），曾于清光绪年间进行扩建、修整。楼内墙身镶嵌两块石碑，上有碑记，为风水先生堪舆方法的记载及黄伯荣后裔黄钧选手记，其内容主要是在描述当时该栋屋宇的风水状况，以及通过改建方式改善其风水格局现状的各种措施（图5-3-13）。

a 伯荣楼碑记

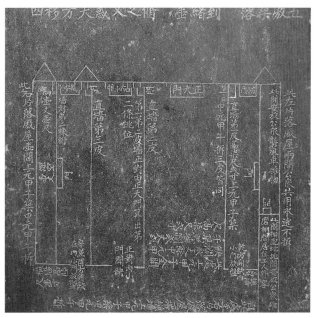
b 伯荣楼碑记房屋修整图

图5-3-13 茶山村"伯荣楼"的石碑图

资政第是茶山村唯一一座使用了外廊式立面的"洋楼"建筑，初以黄南生（钧选）之父黄镜堂的名义始建，因黄南生（钧选）的缘故，黄镜堂受封资政大夫，在荣膺这一人生荣耀之际，于80岁高龄兴建资政第，可见建屋于客家人之重要性，但房屋兴建伊始镜堂公即寿终离世，[①]因此该屋在后续的营造中，镜堂后人对房屋的营造起到主导作用。而该屋异于传统民居形态，出现种种变化，当是钧选等人走南闯北，眼界大开之后的创新之举[②]。主要表现在：1. 入口出现外廊式形制。2. 建筑融杠屋与堂横屋形制于一体。保留了杠屋并列的建筑形态，但其入口并未如传统杠屋设置于山墙面，而是与横向屋面平行设置，并以此为起点，形成三进式院落组合的纵向序列空间，营造出类似于堂横屋中轴线的厅堂院落。3. 引入瓷瓶栏杆、金属栏杆、水泥等"先进"建材供建筑装饰之用。

黄南生（钧选）本人在伯荣楼和资政第修建事宜所呈现的鲜明差异，反映其一方面在崇古心态下以虔诚恭敬之心从传统的风水营造之法中找寻智慧，对"祖屋"修缮扩建一事予以审慎对待。另一方面又在新建筑的构建过程中尝试采纳海外及城市流行的新形制。可谓老屋旧法，新屋新法，体现了客家华侨进退两宜，尝试创新的审美文化精神。

5.4 本章小结

本章基于侨乡人文品格的影响作用展开近代广东广府、潮汕和客家侨乡民居形态及审美的比较研究。

第一，在侨居地建筑文化的影响下，侨乡民居形态演化呈现早期现代化的共同趋势。乡村民间开始了自下而上的改变中国古代民居建筑固定形态模式的进程，体现在材料技术的革新改进、建筑符号的诠释运用、功能形态的渐进发展、装饰语言的中外结合等多个方面。

第二，从中外文化交流差异性的角度展开分析，广府、潮汕和客家民系侨乡民居形态演化的内容、特征及方式各异，反映了近代广东侨乡中外建筑文化融合程度差异，在地理位置上呈现由南向北阶梯性减弱的形势。具体内容见表5-4-1。

第三，侨乡文化精神的多样性，塑造了近代广东侨乡民居丰富多样的审美特征，具体内容见表5-4-2。

---

① 关于黄镜堂，族谱中记载有："光绪三十年十一月十三日筑资政第屋，甫兴工而十二月即寿终"。
② 族谱记载：镜堂公长子南生"廿九岁赴日本，卅一岁由日本赴美……卅五岁调秘鲁……"，五子鸿生"自十余岁二兄宦游异国，父亲即以家事督责，卅二岁承父兄命筑资政第屋……"黄南生（钧选）出生于茶山村，从事过外交、教育、实业、政治等方面工作，早年曾在日本、美国、秘鲁做过外交官，回国后长期在家乡和南方省份从事兴校办学、创办实业、发展农林等事业。曾当选为民国广东省临时议会会正议长，晚年还当选为民国北京国会参议院议员。

侨乡民居形态演化方式比较　　　　　　　　　　　　　　表5-4-1

		广府 中外文化的"合流式"	潮汕 本土文化吸收容纳外来文化的"吸纳式"	客家 外来文化嵌入本土文化"嵌入式"
内容	分布	洋化现象普遍、广泛出现	洋化现象少量出现	洋化现象个别出现
	形制	功能及形态整体演化和综合创新	群落式建筑功能、形态局部演化	群落式建筑功能、形态局部演化
	装饰	洋化装饰语言整体性融入建筑内外	洋化装饰语言片段性融入建筑内外	洋化装饰语言附加性融入建筑外观
特征		创新性特征	整合性特征	尝试性特征

侨乡文化精神影响下侨乡民居审美特征比较　　　　　　表5-4-2

	广府	潮汕	客家
侨乡文化精神	开放精神	双重性格	崇古心态
侨乡民居审美特征	世俗化、商品化、个性化	博采众长与复古更化 尊儒崇礼与重商炫富 宏大叙事与精益求精	回归乡土、宗族崇拜 光宗耀祖、垂裕后昆 进退两宜、尝试创新

附录

本研究田野调查清单

广府侨乡民居文化区					
中山市					
三乡镇	白石村				
	麻子村				
南朗镇翠亨村	孙中山故居				
珠海市					
香洲区					
金鼎镇会同村	辑庐				
	绍庐				
	北碉楼				

续表

金鼎镇会同村	南碉楼			
江门市				
开平市				
赤坎镇锦江里	瑞石楼			
	锦江楼			
	升峰楼			
赤坎镇	骑楼街			
	自力村			
塘口镇	赓华村（立园）			
	仓东村			

续表

百合镇马降龙村	昌庐			
	天禄楼			
	河东楼			
	林庐			
	楚庐			
	培英书室			
三埠街道	风采堂			
蚬冈镇	骑楼街			

续表

鹤山市		
址山镇东溪水边村	俊发楼	
	挺公楼	
	同安楼	
	和安楼	
址山镇大萌村	东升里	
	西圣村	
址山镇莲花里	莲花楼（璞庐）	
址山镇苍华里	广泰楼（从庆堂）	

续表

址山镇禾南白米田村	存德堂			
	四福楼			
	周公祠			
址山镇禾南掩洞村	抬杠楼			
址山镇禾南上黄村	黄氏望楼			
	295号			
台山市				
台城街道	谭宅			
水步镇	潮湾村			

续表

斗山镇	浮石村七坊然庐			
	美塘村			
	浮月村			
	美南村			
大江镇	琼林村健庐			
端芬镇	汀江圩			
四九镇南村	和平村			
四九镇南村源兴里	康英书塾			

续表

四九镇南村源兴里	向贤楼			
三合镇	永盛村			
	三合村			
	木房村			
新会区				
会城街道	天马村			
会城街道茶坑村	梁启超故居			
蓬江区				
仓后街道	启明里等			
佛山市				
南海区				
九江镇	烟桥村			

续表

桂城街道办	茶基村			
里水镇	孔西村			
	汤南村			
西樵镇	松塘村			
阳江市				
阳东区				
东平镇	大澳村			
新洲镇	北桂村			
广州市				
海珠区	黄埔村			
增城区	瓜岭村			

续表

越秀区	东山洋楼			
荔湾区	芳村聚龙村			
花都区	塱头村			
肇庆市				
高要市				
白土镇	坑尾村			
回龙镇	黎槎村			

潮汕侨乡民居文化区

揭阳市				
榕城区				
乔林乡	兰香大厦			
	仁安里			

续表

渔湖镇	长美村				
普宁市					
燎原镇泥沟村	张声趾故居				
	张声趾祖祠				
	张声趾下山虎				
	张声趾后包				
	东方别墅				
	书修厥德				
	南熏楼				

续表

燎原镇泥沟村	泰安楼			
	关友轩			
	立福里			
	似南楼			
洪阳镇	德安里			
潮州市				
潮安区				
庵埠镇	亭厦高楼			
	颍川旧家			
	大夫第			

续表

庵埠镇	时钟楼			
	文庐			
	积厚流光			
	红砖楼			
凤塘镇淇园新乡	大夫第			
	荣禄第			
	智勇学校			
彩塘镇华美二村	以成公祠			
	通奉第			

续表

彩塘镇华美二村	荣禄第			
	新丰里			
汕头市				
金平区				
金砂乡	资政第（丛熙公祠）			
	资政第（睿彤公祠）			
老城区	小公园片区			
澄海区				
隆都镇前美村	善居室			
	寿康里			
	三庐			

续表

隆都镇前美村	郎中第			
隆都镇仙池头村	明德家塾			
隆都镇福洋村	湘祖家塾			
	通祖家塾			
	涵沟土乾			
隆都镇候邦村	龙湖七座厝			
东里镇观一村	蓝氏通祖祠			
	南盛里新兴街			

续表

汕尾市				
城区				
东涌镇	民俗文化馆			
	流口村			
	骑楼街			
红海湾经济开发区				
遮浪街道	宫前村			

客家侨乡民居文化区

梅州市				
梅县区				
梅南镇下村	承裕楼			
	花萼楼			
	瑞光楼			

续表

桃尧镇桃源村	二铭室				
	衡裕楼				
	继述楼				
	铭馨室				
雁洋镇石楼村	石楼村学校				
雁洋镇桥溪村	继善楼				
	世安居				
南口镇侨乡村	南华又庐				

续表

南口镇侨乡村	焕云楼			
	毅成公家塾			
	德馨堂			
松口镇铜琶村	铜琶村			
梅江区				
西阳镇仙花村	棣华居			
	联芳楼			
	大夫第			
西阳镇	锦文楼			

续表

城北镇干光村	联辉楼				
	全凤楼				
	万秋楼				
客家博物馆	先勤楼				
	达夫楼				
河源市					
和平县					
林寨镇兴井村	林寨古村				
	谦光楼				
惠州市					
惠阳区					
秋长街道周田村（杨星星摄）	碧滟楼				

续表

公庄镇官山村（杨星星摄）	会龙楼			
深圳市				
龙岗区				
横岗街道茂盛路（杨星星摄）	茂盛世居			
龙岗街道沙背坜村（杨星星摄）	璇庆新居			

参考文献

学术期刊论文

[1] 石坚平. 近年来广东侨乡研究述评[J]. 五邑大学学报（社会科学版），2010，05.

[2] 麦国培. 四邑侨批与潮汕侨批之比较[J]. 五邑大学学报（社会科学版），2005，02.

[3] 刘进. "四邑侨汇为粤省冠"说辨析[J]. 五邑大学学报（社会科学版），2005，04.

[4] 刘进. 从银信看"开平碉楼与村落"[J]. 中国档案，2009，03.

[5] 刘进. 媲美徽州文书的跨国民间文献——五邑银信[J]. 五邑大学学报（社会科学版），2010，01.

[6] 刘进. 五邑——银信的缘起、特征及其档案文献价值[J]. 广东档案，2008，05：28-29.

[7] 陈春声. 近代华侨汇款与侨批业的经营——以潮汕地区的研究为中心[J]. 中国社会经济史研究，2000，04.

[8] 卢帆. 炫耀性消费：基于侨乡文化的分析[J]. 经济与社会发展，2008，02：117-119.

[9] 马楚坚. 潮帮批信局与侨汇流通之发展初探[J]. 韩山师范学院学报，2008，02.

[10] 肖文评. 粤东客家山村的水客、侨批与侨乡社会——以民国时期大埔县百侯村为个案[J]. 汕头大学学报（人文社会科学版），2008，04.

[11] 陈春声，肖文评. 聚落形态与社会转型：明清之际韩江流域地方动乱之历史影响[J]. 史学月刊，2011，02.

[12] 孙谦. 清代闽粤侨眷家庭的变化[J]. 南洋问题研究，1996，03.

[13] 许桂灵，司徒尚纪. 广东华侨文化景观及其地域分异[J]. 地理研究，2004，03.

[14] 吴妙娴，唐孝祥. 近代华侨投资与潮汕侨乡建筑的发展[J]. 华南理工大学学报（社会科学版），2005，01.

[15] 张国雄. 从开平碉楼看近代侨乡民众对西方文化的主动接受[J]. 湖北大学学报（哲学社会科学版），2004，05.

[16] 吴庆洲. 中西合璧的联芳楼[J]. 广东建筑装饰，1997，04.

[17] 梁晓红. 开放、混杂、优生——近代五邑侨乡民居的特色与思考[J]. 小城镇建设，2002，08.

[18] 陆映春. 近代中西建筑文化碰撞的产物——粤中侨乡民居[J]. 华中建筑，1999，01.

[19] 陈志宏. 闽南近代骑楼建筑研究[J]. 华中建筑，2006，11.

[20] 汤腊芝，汤小槛. 析五邑侨乡传统建筑风貌与特色[J]. 建筑学报，1998，07.

[21] 陆映春，陆映梅. 粤中的侨乡村落[J]. 南方建筑，1999，04.

[22] 陆映春，陆映梅. 粤中侨乡民居设计手法分析[J]. 新建筑，2000，02.

[23] 陈志宏，曾坚. 闽南侨乡近代地域性建筑文化的比较研究[J]. 建筑师，2007，01.

[24] 唐孝祥，近代岭南侨乡建筑的审美文化特征[J]. 新建筑，2002，05.

[25] 赖瑛. 试比较广东侨乡近代建筑审美文化特征[J]. 南方文物，2005，02.

[26] 张应龙. 输入与输出：广东侨乡文化特征散论——以五邑与潮汕侨乡建筑文化为中心[J]. 华侨华人历史研究，2006，03.

[27] 胡波. 碉楼：一个时代的侨乡历史文化缩影——中山与开平碉楼文化的比较和审视[J]. 学术研究，2007，05.

[28] 申秀英，刘沛林. 开平碉楼景观的类型、价值及其遗产管理模式[J]. 湖南文理学院学报（社会科学版），2006，04.

[29] 张国雄，谭金花. "开平碉楼与村落"的遗产属性与保护措施[J]. 文化遗产，2007，01.

[30] 陈忠烈. "众人太公"和"私伙太公"——从珠江三角洲的文化设施看祠堂的演变[J]. 广东社会科学，2000，01.

[31] 陈秀容. 中国海外移民类型及移民族群特征探讨[J]. 地理研究，1999，01.

[32] 张国雄. 从粤闽侨乡考察二战前海外华侨华人的群体特征——以五邑侨乡为主[J]. 华侨华人历史研究，2003，02.

[33] 戴志坚. 地域文化与福建传统民居分类法[J]. 新建筑，2000，02.

[34] 林金枝. 解放前华侨在广东投资的状况及其作用[J]. 学术研究，1981，05.

[35] 林金枝. 近代华侨在汕头地区的投资[J]. 汕头大学学报，1986，04.

[36] 唐孝祥，赖瑛. 试析近代兴梅侨乡建筑的文化精神[J]. 城市建筑，2005，11.

[37] 郑一省. 多重网络的渗透与扩张——侨华人与闽粤侨乡互动关系的理论分析[J]. 华侨华人历史研究，2004，01.

[38] 陈志宏，贺雅楠. 闽南近代洋楼民居与侨乡社会变迁[J]. 华中建筑，2010，06.

[39] 郭焕宇，唐孝祥. 基于"消费型"特征的近代广府侨乡民居文化探析[J]. 华南理工大学学报（社会科学版），2013，03.

[40] 何一，青萍. 文化势差、质差与文化流动的历史诠释[J]. 西南民族学院学报（哲学社会科学版），2003，02.

[41] 唐孝祥，朱岸林. 试论近代广府侨乡建筑的审美文化特征[J]. 城市建筑，2006，02.

[42] 张国雄. 开平碉楼的设计[J]. 五邑大学学报（社会科学版），2006，04.

[43] 唐孝祥. 试析中国传统民居建筑的文化精神[J]. 城市建筑，2004，02.

[44] 房学嘉. 客家围龙屋建构的文化解读——以梅县丙村镇温家大围屋为例[J]. 嘉应大学学报，2001，05.

[45] 李岳川，肖磊. 近代闽南与潮汕侨乡的中西建筑文化博弈[J]. 小城镇建设，2013，12：96-100.

[46] 李岳川. 近代粤闽华侨建筑审美心理描述[J]. 华中建筑，2013，04：152-155.

[47] 房学嘉. 从围龙屋的神圣空间看其历史文化积淀——以粤东梅县丙村仁厚祠为重点分析[J]. 嘉应学院学报，2006，01：69-73.

[48] 张国雄. 五邑文化刍议[J]. 五邑大学学报（社会科学版），1999，04：69-74.

[49] 李岳川. 广东近代侨乡建筑审美文化研究的现状、问题与对策[A]. 第六届优秀建筑论文评选[C]，2012：6.

学术著作

[1] 林金枝，庄为玑. 近代华侨投资国内企业史资料选辑 广东卷[M]. 福州：福建人民出版社，1989.

[2] 夏诚华. 近代广东省侨汇研究 1862—1949 以广、潮、梅、琼地区为例[M]. 新加坡：新加坡南洋学会，1992.

[3] 高珍民，等. 福建民居[M]. 北京：中国建筑工业出版社，1987.

[4] 何重义. 湘西民居[M]. 北京：中国建筑工业出版社，1995.

[5] 陆元鼎. 中国民居建筑[M]. 广州：华南理工大学出版社，2003.

[6] 潘安. 客家民系与客家聚居建筑[M]. 北京：中国建筑工业出版社，1998.

[7] 余英. 中国东南系建筑区系类型研究[M]. 北京：中国建筑工业出版社，2001.

[8] 戴志坚. 闽海系民居建筑与文化研究[M]. 北京：中国建筑工业出版社，2003.

[9] 陆元鼎. 岭南人文、性格、建筑[M]. 北京：中国建筑工业出版社，2005.

[10] 陆琦. 广东民居[M]. 北京：中国建筑工业出版社，2008.

[11] 唐孝祥. 岭南近代建筑文化与美学[M]. 北京：中国建筑工业出版社，2010.

[12] 肖旻，林垚广. 桥溪——华南乡土建筑研究报告[M]. 南京：南京大学出版社，2011.

[13] 程建军. 开平碉楼——中西合璧的侨乡文化景观[M]. 北京：中国建筑工业出版社，2007.

[14] 赵世瑜，周尚意. 中国文化地理概说[M]. 太原：山西教育出版社，1991.

[15] 司徒尚纪. 广东文化地理[M]. 广州：广东人民出版社，1993：379-380.

[16] 司徒尚纪. 岭南历史人文地理 广府、客家、福佬民系比较研究[M]. 广州：中山大学出版社，2001.

[17]（英）弗里德曼. 中国东南的宗族组织[M]. 刘晓春，译. 上海：上海人民出版社，2000.

[18] 陈晓东，适庐. 潮汕文化精神[M]. 广州：暨南大学出版社，2011.

[19] 周大鸣，等. 当代华南的宗族与社会[M]. 哈尔滨：黑龙江人民出版社，2003.

[20]（美）宋李瑞芳. 美国华人的历史和现状[M]. 朱永涛，译. 北京：商务印书馆，1984.

[21] 李晓峰. 乡土建筑——跨学科研究理论与方法[M]. 北京：中国建筑工业出版社，2005.

[22] 林家劲，等. 近代广东侨汇研究[M]. 广州：中山大学出版社，1999.

[23]《恩平风采》编写组. 恩平风采[M]. 广州：广东人民出版社，1988.

[24] 李平日，等. 韩江三角洲[M]. 北京：海洋出版社，1987.

[25] 蔡海松. 潮汕乡土建筑[M]. 北京：文化艺术出版社，2010.

[26] 陈志华，李秋香. 梅县三村[M]. 北京：清华大学出版社，2007.

[27] 刘权. 广东华侨华人史[M]. 广州：广东人民出版社，2002.

[28] 陈达. 南洋华侨与闽粤社会[M]. 北京：商务印书馆，2011.

[29] 冯江. 祖先之翼——明清广州府的开垦、聚族而居与宗族祠堂的衍变[M]. 北京：中国建筑工业出版社，2010.

[30] 吴卫光. 围龙屋建筑形态的图像学研究[M]. 北京：中国建筑工业出版社，2010.

[31] 沈建华，徐名文. 真实的原始记录 侨批例话[M]. 北京：中国邮史出版社，2010.

[32] 张健人，黄继烨. 开平立园[M]. 广州：广东人民出版社，2005.

[33] 罗杨. 中国名村——广东前美村[M]. 北京：知识产权出版社，2012.

[34] 曹春平. 闽南传统建筑[M]. 厦门：厦门大学出版社，2006.

[35] 程大锦. 建筑：形式、空间和秩序[M]. 刘丛红，译. 天津：天津大学出版社，2013.

[36] 来增祥，陆震纬. 室内设计原理 上[M]. 北京：中国建筑工业出版社，1996.

[37] 吴庆洲. 中国客家建筑文化[M]. 武汉：湖北教育出版社，2008.

[38] 罗小未. 外国近现代建筑史 第2版[M]. 北京：中国建筑工业出版社，2004.

[39] 沈福煦，孔键. 近代建筑流派演变与鉴赏[M]. 上海：同济大学出版社，2008.

[40] 全峰梅，侯其强. 居所的图景——东南亚民居[M]. 南京：东南大学出版社，2008.

[41] 冯天喻. 中国文化近代转型管窥．[M]. 北京：商务印书馆，2010.

[42] 侯幼彬. 中国建筑美学[M]. 北京：中国建筑工业出版社，2009.

[43] 王又佳. 中国建筑·形式变迁[M]. 北京：中国电力出版社，2010.

[44] 袁光明. 古今三河坝[M]. 广州：广东人民出版社，2008.

[45] 陆元鼎，魏彦钧. 广东民居[M]. 北京：中国建筑工业出版社，1990.

[46] 程建军，孔尚朴. 风水与建筑[M]. 南昌：江西科学技术出版社，2005.

[47] 肖旻. 唐宋古建筑尺度规律研究[M]. 南京：东南大学出版社，2006.

[48] 陈卓坤. 潮汕文化摭谈[M]. 北京：九州出版社，2009.

[49] 陈真，姚洛合. 中国近代工业史资料 第4辑 中国工业的特点资本结构等和工业中各行业概况[M]. 北京：生活·读书·新知三联书店，1961.

[50]（英）莫里斯·弗里德曼. 中国东南的宗族组织[M]. 刘晓春，译. 上海：上海人民出版社，2003.

[51] 吴庆洲. 建筑哲理. 艺匠与文化[M]. 北京：中国建筑工业出版社，2005.

地方志、族谱

[1]（清）吴宗焯修，温仲和纂. 嘉应州志[M]. 台北：成文出版社，1968.

[2] 新会县地方志编纂委员会. 新会县志[M]. 广州：广东人民出版社，1995.

[3] 司徒星，余玉晃，开平市地方志办公室. 开平县志[M]. 北京：中华书局，2002.

[4] 郭运腾，鹤山县县志编纂委员会. 鹤山县志[M]. 广州：广东人民出版社，2001.

[5] 广东省地方史志编委会. 广东省志. 华侨志[M]. 广州：广东人民出版社，1996.

[6] 江门市地方志编纂委员会. 江门市志 下 [M]. 广州：广东人民出版社，1998.

[7] 台山县侨务办. 台山县华侨志[M]. 1992.

[8]（清）吴宗焯修，温仲和纂. 嘉应州志[M]. 台北：成文出版社，1968.

[9] 广东省地方史志编纂委员会. 广东省志 华侨志[M]. 广州：广东人民出版社，1996.

[10] 梅县地方志编纂委员会. 梅县志[M]. 广州：广东人民出版社，1994.

[11] 台山县地方志编纂委员会. 台山县志[M]. 广州：广东人民出版社，1998.

[12]《广东台山华侨志》编纂委员会. 广东台山华侨志[M]. 香港：香港台山商会有限公司，2005.

[13] 桥之自辑家谱[Z].

[14] 黄氏云祖公族谱[Z]. 1975.

[15]（清）佛山脚创立新村小引[Z].

[16] 汕头市人民政府侨务办公室，汕头市归国华侨联合会. 汕头华侨志 初稿[M].

[17] 澄海县人民政府侨务办公室，澄海县归国华侨联合会. 澄海县华侨志 初稿[M]. 1987.

[18] 潮州市地方志编纂委员会编. 潮州市志[M]. 广州：广东人民出版社，1995.

后记

本书系在本人博士学位论文的基础上编辑修改而成，研究工作在华南理工大学唐孝祥教授的指导下进行，笔者走访大量广东村落，并对其中具有典型侨乡特色的重点村落进行了深入研究。

近年有关广东侨乡建筑文化的专题研究不断深入并更具现实意义，特别是在岭南传统村落及文化遗产的保护传承工作中，侨乡建筑的文化价值得到社会各界广泛重视。笔者希望本书能够为岭南建筑的审美文化研究添加素材，为广东侨乡建筑遗产的理论研究和保护实践提供依据。

有关侨乡民居的研究，仍有待不断深化和拓展：第一，本书根据文化遗产的界定原则，突出了近代广东侨乡乡村民居文化的独特性和重要性，主要关注侨乡独有的关键动因要素，突出了华侨群体的影响作用；而若从更为广阔的时代背景来看，政府意志、教会力量等其他动因要素对侨乡建筑文化的影响作用亦有待深化研究。第二，本书主要集中于侨乡民居文化特征及其演化规律的研究，而对营建技术层面建筑师、工匠资料的挖掘有限。若及时加以关注，将有助于全面了解近代侨乡民居营建技术的变迁机制。第三，本文研究对象集中于广东的典型侨乡，事实上在近代时期闽、台、滇、桂、琼等地均形成了相当规模的侨乡聚落，对此进行归纳梳理和比较研究可以进一步拓展侨乡建筑的研究视野。

十多年来，在岭南传统村落及民居建筑文化的研究工作中，众多师友给予笔者诸多扶持、指点和帮助，点点滴滴，弥足珍贵，感恩感谢！衷心感谢中国建筑工业出版社和导师唐孝祥教授组织丛书的出版工作，感谢教育部人文社会科学研究项目青年基金项目，华南理工大学中央高校基本科研业务费资助培育项目，亚热带建筑科学国家重点实验室的资助。